Rüdiger Görner
Franz Kafkas akustische Welten

Untersuchungen
zur deutschen
Literaturgeschichte

—
Band 156

Rüdiger Görner

Franz Kafkas akustische Welten

—

DE GRUYTER

ISBN 978-3-11-076291-4
e-ISBN (PDF) 978-3-11-054224-0
e-ISBN (EPUB) 978-3-11-054100-7
ISSN 0083-4564

Library of Congress Control Number: 2019937566

Bibliografische Information der Deutschen Nationalbibliothek
Die Deutsche Nationalbibliothek verzeichnet diese Publikation in der Deutschen Nationalbibliografie; detaillierte bibliografische Daten sind im Internet über http://dnb.dnb.de abrufbar.

© 2021 Walter de Gruyter GmbH, Berlin/Boston
Dieser Band ist text- und seitenidentisch mit der 2019 erschienenen gebundenen Ausgabe.
Druck und Bindung: CPI books GmbH, Leck

www.degruyter.com

Noch umschwebt mich die Erinnerung
an den Spaziergang
an dem Sonntagsmorgen,
an die weiße, träumerische,
leicht blaue Aussicht
von der Bank aus,
an das Gespräch über Kunst
und an ... es läutet.
Robert Walser, *Fritz Kochers Aufsätze*

Dem das Gehörte quillt aus dem Ohr
und die Nächte durchströmt:
ihm
erzähl, was du abgelauscht hast
deinen Händen.
Paul Celan, *Von Schwelle zu Schwelle*

[...] nachts saugen meine Ohren Geräusche an [...].
Wolfgang Hildesheimer, *Hamlet. Ein Fragment*

Inhalt

I Befunde

Akustische Phänomenologie: Geräusch und Lärm um 1900 —— 3

„Die gehörte Musik zieht natürlich eine Mauer um mich": Prolegomena zu einer Poetik des Akustischen bei Franz Kafka —— 13

Hörspuren in Kafkas Briefen und Tagebüchern —— 25
    Fremdklänge um Milena Jesenská —— 29
    Sonanzen unter Freunden: Das Klangverhältnis zu Max Brod —— 34
    Der Klangprozess: Hören mit Felice Bauer —— 38
    Akustik des Diaristischen —— 44

II Bereiche

Erzählte Geräusche und andere auditive Verwandlungen —— 57
    Geräusche in *Betrachtung* —— 61
    Das Unverwandelte in *Die Verwandlung*: Geräusche in Zimmerlautstärke —— 64
    „Schakale, Affen, Hunde, Mäuse: Tiere, von Musik ergriffen" —— 69
    Forschungen eines Hundes —— 71
    Exkurs: Des Kafka'schen Forscherhundes Stammbaum oder: Der Fall *Berganza* —— 77
    Josefine, Sängerin des Nicht-Gesangs —— 83

Trompeten (meist) ohne Pauken: Was Karl Roßmann in der Neuen Welt hörte —— 89

K. wie Kakophonie in *Der Proceß* und *Das Schloß* —— 103
    Akustische Signale im *Proceß* —— 104
    Das Schloß als akustische Eigenwelt —— 112

III Beziehungen

Akustische Nöte: *Das Schweigen der Sirenen* und andere Unhörbarkeiten —— 127
    Seitenblicke auf Rilke und Joyce —— 133

Akustische Folter? Oder: Was man *In der Strafkolonie* hört —— 139

Telephon, Parlograph, Grammophon: Geräusch der Dinge, verdinglichtes Geräusch —— 143
    Das „Telephon" als „Zwillingsbruder" —— 143
    Kafkas (und Rilkes) „Nachbar" und das Telephon —— 147
    Felice Bauer als Parlographin: Der andere Klangprozess —— 150

***Der Bau* oder: Im Labyrinth der Geräusche —— 154**

Finaler Exkurs: György Kurtág, *Kafka-Fragmente* op. 24 —— 160

Kadenzloser Schluss: „Einmal dem Fehlläuten der Nachtglocke gefolgt" —— 166

Siglenverzeichnis —— 175

Bibliographie —— 176
    Primärquellen —— 176
    Sekundärliteratur —— 178
    Audioquellen —— 183

I Befunde

Akustische Phänomenologie: Geräusch und Lärm um 1900

An der Jahreswende 1912/13 liegt Franz Kafka abends in seinem Prager Bett, „verlassen wie ein Hund" – Vergleiche seines Zustands mit einem Hundedasein bleiben ihm wie auch seinem K. in *Der Proceß* bis zuletzt –, und lässt seinen Blick auf der Zimmerdecke herumwandern, „bedrückt" von der Aussicht, das „Sylvesterfest" mit „guten Bekannten" verbringen zu sollen. Was ihn jedoch noch „trostloser und vergrabener" macht, ist, wie er Felice Bauer nach Berlin schreibt, die er dort irgendwo in einer Grunewald-Villa Champagner trinkend und tanzend vermutet, der „Mitternachtsschuß, Schreien auf der Gasse und der Brücke, wo ich eigentlich keinen Menschen sehe, Glockenläuten und Uhrenschlagen".[1] Geräusche aller Art, die genannten zumal, bedeuten für Kafka meist Irritationen.

Was aber ist ein Geräusch? Anders als die japanische, überhaupt (ost-)asiatische und afrikanische Musikkultur unterhält die abendländische zum Geräusch ein eher gespanntes bis negatives Verhältnis. Es gilt als unästhetisch, unkünstlerisch zumal, weil es als Gegensatz zum (potentiell) harmonischen Klang wahrgenommen wird. Erst die musikalische Avantgarde (zum Beispiel John Cage, Luciano Berio, Pierre Boulez) gingen daran, das Geräuschhafte als Teil ihres Komponierens zu emanzipieren.

Die meines Erachtens überzeugendste Definition des Geräuschs stammt aus der Feder des französischen Komponisten und Musikwissenschaftlers Philippe Manoury. Er schreibt: „‚Geräusch' wird alles genannt, was keine erkennbare Tonhöhe ergibt. So gesehen sind die geräuschhaften Klänge unter den in der Natur auffindbaren Klängen bei weitem in der Mehrzahl: der Klang von Wind und Meer, Schaben, Reiben, Kratzen, Schlagen, aber auch die Konsonanten unserer Sprechstimme sind geräuschhaft."[2] Im Flüstern unterdrücken wir die Vokale. Die geräuschhafte „Emission von Konsonanten" genügt dagegen, um einen „semantischen Inhalt zu übermitteln." Manoury weiter: „Der Sinn der Wörter bedarf nur des Geräuschs, um sich zu verbreiten; die Tonhöhen, die ihm eine Orientierung verleihen, können als Melodie gehört werden."[3] Das aber bedeutet: Wer sich solchermaßen an Geräuschen stört wie Kafka, orientiert sich im Grunde an vo-

---

[1] Franz Kafka, Briefe an Felice und andere Korrespondenz aus der Verlobungszeit, hrsg. von Erich Heller u. Jürgen Born, 11. Aufl., Frankfurt a. M. 2009, S. 222 f. (nachfolgend im Text unter der Sigle BaF mit Seitenzahl zitiert).
[2] Philippe Manoury, Die Erfindung der Musik. In: Lettre International 123 (Winter 2018), S. 89–94, hier: S. 90.
[3] Ebd.

kalischen ‚Wohllauten' der Sprache. In seinem Fall handelte es sich jedoch um mehr als nur um ein Gestört-Werden durch Geräusche. Denn sie verursachten in ihm offenbar eine akustische Reizung, die seine ganze Existenz betraf.

Akustisch bedingte „nervöse Reizbarkeit" hielt schon Max Nordau im Jahr 1892 für ein Zeichen seiner Zeit. In seiner „Prognose" für das 20. Jahrhundert figurierte sie übrigens neben seinem Befund, dass auch „Sexual-Psychopathien aller Art [...] so allgemein und so mächtig" geworden seien.[4] Offenbar sah er einen Zusammenhang zwischen sexuellem Fehlverhalten oder Versagen und der Unfähigkeit, mit akustischen Phänomenen fertig zu werden. Es ist vorstellbar, wenngleich nicht nachzuweisen, dass Kafka den Namen Max Nordau gekannt hat und – zumindest vom Hörensagen – dessen zwischen Kulturanalyse und polemischer Übertreibungsprosa oszillierende Kolossalstudie *Entartung*. Denn als Kafka am 8. September 1913 den wenige Tage zuvor eröffneten XI. Internationalen Zionistenkongress in Wien besuchte,[5] hallten am Tagungsort, dem Musikvereinsgebäude am Karlsplatz, noch die Hochrufe nach, die man dort auf Max Nordau ausgebracht hatte, als dessen Grußadresse in seiner Abwesenheit verlesen worden war. In seinem Monumentalessay *Entartung* nun hatte sich Nordau in Sachen ‚Lärm' so geäußert:

> Nachdem es sich häufig ereignet hat, daß aufgeregte Personen, die einem plötzlichen Zwangsantrieb nicht widerstehen konnten, aus ihren Fenstern mit Windbüchsen, oder sogar ohne den Versuch der Heimlichkeit in offenem Überfall, Gassenjungen totgeschossen haben, die schrille Pfiffe oder grundlose Gellquietsche ausgestoßen, daß sie in fremde Wohnungen, wo von Anfängern Klavierspiel oder Gesang geübt wurde, eingedrungen sind und Metzeleien angerichtet, daß sie Dynamit-Anschläge auf Pferdebahnwagen ausgeführt haben, deren Schaffner läutete und pfiff, ist es gesetzlich verboten worden, auf der Straße zu pfeifen und zu grölzen, für Klavier- und Gesangsübungen sind eigene Gebäude hergestellt worden, die so eingerichtet sind, daß aus ihrem Innern kein Ton nach außen dringt, das öffentliche Fuhrwerk darf kein Geräusch machen und gleichzeitig ist auf den Besitz von Windbüchsen die schwerste Strafe gesetzt.[6]

Theodor Lessing sollte diese Passage genüsslich zitieren und in seinem eigenen Kampf gegen den Lärm instrumentalisieren. Er fügte hinzu: „Was hier im Hohn und zum Spott ausgesprochen wurde, nehme ich als ernstes Postulat der Zukunft in Anspruch; einen Teil seiner Verwirklichung hoffen wir noch zu erleben."[7]

---

4 Max Nordau, Entartung, hrsg., kommentiert u. mit einem Nachwort versehen von Karin Tebben, Berlin/Boston 2013, S. 531.
5 Vgl. Reiner Stach, Kafka. Die Jahre der Entscheidungen, Frankfurt a. M. 2002, S. 404 u. 408.
6 Nordau, Entartung, S. 530 f.
7 Theodor Lessing, Der Lärm. Eine Kampfschrift gegen die Geräusche unseres Lebens, Wiesbaden 1908; reproduzierte Neuausgabe Berlin 2014, S. 44.

Auch wenn Kafka nie zum Luftgewehr griff oder zum Berserker wurde, wann immer ihn Geräusche störten, hat es den Anschein, als habe er diese Störung intensiv internalisiert und als hätten ihn akustische Zumutungen in seinem Arbeiten blockiert. Dieser Umstand, der in seinen ästhetischen Folgen für Kafkas Schaffen bislang kaum zureichend gewürdigt worden ist,[8] steht nun in dieser Studie in Rede. Dabei geht es nicht nur um seine epistolarisch-literarischen Reflexionen akustischer Phänomene, sondern auch um die Hervorbringung akustischer Momente im Text sowie um die Frage – soweit sich dies erschließen lässt: Wie hörte dieser Autor?

Wie verhielten sich die Dinge in der Stadt der Adressatin, in Berlin, etwa am Potsdamer Platz um 1910? Als „ohrenzerreißend" empfand man dort das Tuten, Rasseln, Klingeln der Vehikel, zudem das Rattern der Fuhrwerke auf dem Pflaster in den Hauptverkehrsstraßen.[9] In anderen Großstädten verhielt sich die Belastung durch Lärm kaum anders. Bekannt sind Extremreaktionen darauf auch aus dem vorausgehenden Jahrhundert, jene etwa von Thomas Carlyle im damals noch eher ländlichen Chelsea bei London. Ihn störte sogar das Hahnenkrähen und Miauen von Katzen, weswegen er sein Haus im Cheyne Walk aufstocken ließ, um „über allen Geräuschen schreiben zu können". Man hat in diesem Zusammenhang von Carlyles regelrechter „Lärmneurose" gesprochen.[10] Dabei wäre auch an Marcel Proust und an seine mit Korkeichenplatten schalldicht gemachten Wände zu denken.

Längst sind vielfältige Belastungen durch neue akustische Zivilisationsphänomene hinzugekommen. Psychovegetative Erschöpfungszustände geräuschempfindlicher Menschen sind die Folge. Ein „Tag gegen Lärm", inzwischen in seinem einundzwanzigsten Jahr und organisiert von der Deutschen Gesellschaft für Akustik,[11] Arbeitskreise gegen Lärm, Veranstaltungen wie „Akustische Vielfalt in Deutschland", sogenannte Lärmkoffer für den schulischen Unterricht, die der Sensibilisierung für die Leistungen und Belastungen des Gehörs in frühem Alter dienen sollen, gar eine internationale Konferenz unter dem Titel „Noise in Europe – Lärm in Europa", alle diese Initiativen setzen auf eindrückliche Weise fort,

---

[8] Vgl. Jürgen Daiber, Kafka und der Lärm. Klanglandschaften der frühen Moderne, Münster 2015. Während der Arbeit an dieser Studie waren die Ergebnisse der Tagung „Kafka und die Musik", die vom 29. bis 31. Oktober 2015 in Berlin stattgefunden hatte, bedauerlicherweise noch nicht zugänglich.
[9] Volker Ullrich, Quietschen, hupen, fauchen. In: DIE ZEIT vom 21. Mai 2013 (ZEIT Geschichte, Nr. 2/2013).
[10] Lessing, Lärm, S. 25.
[11] Vgl. den Internetauftritt www.tag-gegen-laerm.de (abgerufen am 12. November 2018).

was Theodor Lessing mit seinem am 1. November 1908 gegründeten deutschen Antilärmvereins hatte erreichen wollen.[12]

Ein Jahr vor dieser Initiative hatte der Potsdamer Apotheker Maximilian Negwer ein Produkt entwickelt und 1908 schließlich auf den Markt gebracht, das dem Ohr ‚Frieden' schenken, es vor Geräuschen schützen sollte: Ohro-pax (‚Friede dem Ohr') wurde zu einem Markenartikel, den Sanitätsgeschäfte und Kaufhäuser vertrieben; eine Blechdose enthielt sechs Paar Wachskugeln.[13] Auch Franz Kafka, dem man, wie seine Erzählungen, Briefe und Tagebücher belegen, eine ungewöhnliche Reizbarkeit des Gehörsinns attestieren kann, sollte sich mit diesem Produkt versorgen. Felice Bauer gegenüber erwähnt er in einem Brief vom 5. April 1915 das Folgende: „Für den Tageslärm habe ich mir aus Berlin [...] eine Hilfe kommen lassen, Ohropax, eine Art Wachs von Watte umwickelt. Es ist zwar ein wenig schmierig, auch ist es lästig, sich schon bei Lebzeiten die Ohren zu verstopfen, es hält den Lärm auch nicht ab, sondern dämpft ihn bloß – immerhin." (BaF, 632)

Immer wieder hat sich die Literatur dem Phänomen und Problem ‚Lärm' gestellt als Teil einer Poetisierung des Akustischen, auch wenn bislang keine literaturästhetische Theorie des Auditiven vorliegt. Ein herausragendes Beispiel für die Literarisierung akustischer Wahrnehmung in der deutschsprachigen Literatur der Gegenwart liefert Peter Handkes Erzählung *Die morawische Nacht* (2008). Wie nachdrücklich Handke diese Problematik beschäftigt, geht auch aus seinem „Märchen aus den neuen Zeiten" *Mein Jahr in der Niemandsbucht* (1994) hervor, das einen längeren, „Die Fabel vom Lärmmacher, der gesteinigt wird von den Ureinwohnern" betitelten Erzählabschnitt enthält. Im Falle von *Die morawische Nacht* gehört die Auseinandersetzung mit dem Akustischen zu einer der Voraussetzungen, welche die Erzählung bedingen. Es handelt sich um die Disposition des Besitzers des Hotel-Hausbootes namens „Morawische Nacht":

> Er wiegte zu dem Geknarr der Froschmyriaden den Kopf, und das, wenn auch ferne, Tosen und Röhren der Warentransporter begleitete er mit einem Summen, das geradezu auf eine

---

[12] Vgl. zum Kontext dieser Initiative u. a. Frank Uekötter, Umweltgeschichte im 19. und 20. Jahrhundert, München 2007, S. 14–22 (Kap. 3: „Das deutsche Kaiserreich als umwelthistorische Sattelzeit"). Die ‚theoretische' Grundlage hierfür war Lessings „Kampfschrift" *Der Lärm*.
[13] Vgl. Wolf H. Goldschmitt, Künstliche Ruhe. Ohropax beherrscht seit 99 Jahren den Markt für Ohrstöpsel. In: Die Welt vom 11. Februar 2006. Offiziell führte das deutsche Militär Ohropax 1916 ein; vgl. dazu Burkhard Jürgens, Siegeszug von Ohropax begann im Ersten Weltkrieg. In: Die Welt vom 2. August 2014. Vgl. dazu auch: John Goodyear, Escaping the Urban Din. A Comparative Study of Theodor Lessing's Antilärmverein (1908) and Maximilian Negwer's Ohropax (1908), in: Florence Feiereisen und Alexandra Merley Hill (Hg.), Germany in the Loud Twentieth Century. An Introduction, New York 2011, S. 19–34.

Melodie aus schien. Neu war das, weil wir niemand Geräuschempfindlicheren kannten als ihn da. Hatte nicht zuletzt schon ein jähes Windsausen, ein auch noch so leichtes, genügt, und er war zusammengefahren wie bei einer Feindberührung? Und ob es einzig zum Scherz war, wenn er ständig wiederholte, er habe das Schreiben sein lassen auch aus zunehmendem Widerwillen gegen die Geräusche, gleichwelche? Ein jedes Geräusch habe er mit der Zeit als Krach empfunden, als Lärm, bösartigen. Selbst die Musik? Auch die, gerade die, die von Claudio Monteverdi genauso wie die von Franz Schubert. Und nach dem Windsausen und dem Blätterrauschen, den beiden ihm vorzeiten nicht nur liebsten, sondern ihn auch immer neu ‚mit einer unbestimmten Liebe' erfüllenden Geräuschen, sei ihm dann ganz zuletzt das dritte, das den zwei anderen, in seinen Ohren jedenfalls, gleichgestimmte Geräusch zuwider geworden, das Rascheln, das so rhythmische wie melodische, seines Bleistifts in der Stille. Konnte seine offenbar veränderte Einstellung zur Geräuschwelt ein Ergebnis seiner Teilnahme an dem Internationalen Kongreß über ‚Akustik der Stille und Akustik des Schalls' sein, dem, wie einer von uns, sein Begleiter dorthin, wußte, eine der Etappen seiner Rundreise gegolten hatte?[14]

Das Geräusch erweist sich hierbei nicht nur als tatsächliches Phänomen, sondern auch als akustische Zwangsvorstellung. Das Geräusch als Plage empfinden – zudem noch bei Nacht: Robert Walser hat die Umkehrung dieses Sachverhalts aus der Sicht des Kindes in seinem ersten Roman *Geschwister Tanner* (1907), einem Roman, den Franz Kafka schätzte,[15] besonders eindrücklich dargestellt. Dem Erzähler geht es um den Unterschied zwischen Hören und Horchen, um das Qualvolle, für das Kind im Dunkel Peinigende der Geräuschlosigkeit. Man will etwas hören und kann nur horchen, ob es in der Stille etwas zu hören gibt:

Das Kind glaubt, jemand horche im Dunkel. Wie schwermütig einen das macht, sich solch ein armes Kind vorzustellen. Wie die armen Öhrchen sich anstrengen, ein Geräusch zu erhorchen: nur den tausendsten Teil eines Geräuschleins. Nichts hören ist viel angstvoller als etwas hören, wenn man schon einmal im Dunkel steht und hinhorcht. Überhaupt schon: hinhorchen und beinahe das eigene Horchen hören. Das Kind hört nicht auf, zu hören. Manchmal horcht es, und manchmal hört es nur, denn das Kind weiß zu unterscheiden in seiner namenlosen Angst. Wenn man sagt: hören, so wird eigentlich etwas gehört, aber wenn man sagt: horchen, so horcht man vergeblich, man hört nichts, man möchte hören.[16]

Wenn dagegen Glocken läuten, dann verstehen sich diese sogar darauf, in uns „Bilder aufzuwecken", wie Walsers Erzähler auch weiß.[17] In Theodor Lessings Typologie der Geräusche, die sich zum Lärm auswachsen können, bedachte er das

---

14 Peter Handke, Die morawische Nacht. Erzählung, Frankfurt a. M. 2009, S. 16 f.
15 Vgl. Robert Walser, Geschwister Tanner, Zürich/Frankfurt a. M. 1986, S. 323 f. (Nachwort des Herausgebers).
16 Ebd., S. 51.
17 Ebd., S. 223.

Glockenläuten weniger gnädig. Denn ein „reizbares, feines Gehör, ein kultiviertes Ohr empfindet dergleichen als Barbarei, wenn man, (wie mir in Liegnitz geschah), gezwungen wird, neben einem Kirchturm zu schlafen, von dem Stunde um Stunde die selbe Choralmelodie seelenlos mechanisch herniederdröhnt".[18] Nicht unerheblich für uns, dass Lessing drei mechanische „Musikkunstwerke" ausnimmt: jene der Sebalduskirche in Nürnberg, des Straßburger Münsters – und der Rathausuhr in Prag.

In der Sammlung *Fritz Kochers Aufsätze* (1904) hatte Robert Walser seinen früh verstorbenen Protagonisten das Verhältnis von Hörvermögen, Schweigen, Lärm und Musik diskret reflektieren lassen, etwa in Passagen wie diesen: „Die Glocken klangen voll aus der Tiefe. Es war mir, als klängen sie so ganz in meiner Nähe, gerade neben meinen Ohren, und dann war mir's wieder, als verstummten sie und ich könnte sie nun mit meinem schwachen Gehör nicht mehr fangen."[19] Doch erwies sich Kochers (und offenbar Walsers) Gehör als so fein gestimmt, dass es vermeinte, sogar „das Denken leise flüstern" zu hören.[20] Anders als Kafkas Erzähler oder Josef K. wagte sich Robert Walsers Fritz Kocher sogar an einen „Aufsatz" über das Wesen der Musik, der jedoch einen Mangel artikuliert und gleichzeitig eine Heiligung des Anhörens von Musik im Gegensatz zum eigentlichen Musizieren: „Vor der Musik habe ich immer nur die eine Empfindung: mir fehlt etwas."[21] Und weiter: „Musik ist ein Weinen in Melodien, ein Erinnern in Tönen, ein Gemälde in Klängen." Dem folgt eine paradoxe Modifizierung der ersten Bemerkung zur Mangelerfahrung im Verhältnis zur Musik, und er beschließt diesen Aufsatz: „Mir fehlt etwas, wenn ich keine Musik höre, und wenn ich Musik höre, fehlt mir erst recht etwas. Dies ist das Beste, was ich über Musik zu sagen weiß."[22] Einlassungen wie diese zum Problem des Musikalischen und der auditiven Wahrnehmung bilden den Hintergrund zu dem, was Peter Utz mit einem trefflichen Neologismus als Robert Walsers „Ohralität" gekennzeichnet und als die „Wechselbeziehung zwischen Mund und Ohr" im Schaffen dieses Schriftstellers untersucht hat. Dabei konnte er die Motive „Lärm und Stille" ebenso wie „Sprechen und Horchen" als Eckpunkte jenes „akustisch strukturierte[n] Raum[es]" identifizieren, in denen sich vor allem Walsers in Bern entstandene Texte „aufspannen". Genauer gesagt, es ist der „Raum zwischen Sprechen und Horchen", der sich als Walsers „poetischer Ort" bezeichnen lässt, prägte dieser doch die Wendung „Hängematt' des Horchens", in der sich das Ohr befinde. Im

---

18 Lessing, Lärm, S. 52.
19 Robert Walser, Fritz Kochers Aufsätze, Zürich/Frankfurt a. M. 1986, S. 23.
20 Ebd., S. 25.
21 Ebd., S. 43.
22 Ebd., S. 44.

oben erwähnten *Tanner*-Roman erkennt Utz in Simon Tanner die „akustische Reflektorfigur" des Textes, der den Leser zum Zuhörer macht. Man darf mit Utz spekulieren, ob gerade Kafka dieses Phänomen herausgehört hat, wenn er behauptet, Simon Tanner sei „glücklich bis an die Ohren".[23] Bei Walser kommt hinzu, dass er die Verbindung von Geräusch und Gespräch, aber auch Lärm als akustische Form der „Jetztzeit" wahrnehmen konnte, womit er den Lärm auch nicht *per se* abgewertet oder gar verteufelt hätte, sondern als akustisches Lebenszeichen gelten ließ. Utz weist darauf hin, dass gerade bei Walser und seinem Spaziergänger-Dasein das Stillstehen die Voraussetzung für das Horchen sei. Es entspricht einem Schweigen, das für die Wahrnehmung der „Geräusche der Aussenwelt"[24] unerlässlich ist. Doch kann sich bei Walser auch eine Klangkonstellation ergeben, die dem Naturton entspringt, so etwa in einem seiner Mikrogramme „In einem Stübchen wuchs er auf", wo es heißt: „[...] an sein Ohr hallte der gemütgefangennehmende Ton der Kuhglocken."[25] Im agglutinierten Adjektiv ballt sich die Wirkung des Tons, ein Schreibverfahren, das Kafka im Gegensatz zu Walser mied.

In *Berliner Kindheit um Neunzehnhundert* hatte Walter Benjamin in den 1930er Jahren dagegen versucht, vermittels eines Gedankenexperiments ein ganzes Jahrhundert, das neunzehnte nämlich, wie eine Hörmuschel an sein Ohr zu halten. Vergleichbares versuchte Lessing mit seiner Gegenwart. Doch zunächst Benjamin:

> Was höre ich? Ich höre nicht den Lärm von Feldgeschützen oder von Offenbachscher Ballmusik, auch nicht das Heulen der Fabriksirenen oder das Geschrei, das mittags durch die Börsensäle gellt, nicht einmal Pferdetrappeln auf dem Pflaster oder die Marschmusik der Wachtparade. Nein, was ich höre, ist das kurze Rasseln des Anthrazits, der aus dem Blechbehälter in einen Eisenofen niederfällt, es ist der dumpfe Knall, mit dem die Flamme des Gasstrumpfs sich entzündet, und das Klirren der Lampenglocke auf dem Messingstreifen, wenn auf der Straße ein Gefährt vorbeikommt. Noch andere Geräusche, wie das Scheppern des Schlüsselkorbs, die beiden Klingeln an der Vorder- und der Hintertreppe;

---

23 So Kafka in einem Brieffragment aus dem Jahre 1909 an den Direktor Eisner in der Assicurazioni Generali, mitgeteilt von Werner Haas, Webpage der Universität Wien: https://homepage.univie.ac.at/werner.haas/1909/br09-021.htm (abgerufen am 28. November 2018). Dazu auch: Peter Utz, Robert Walsers Ohralität. Eine Einladung, Walsers Werk horchend zu lesen. In: Neue Zürcher Zeitung vom 25./26. Oktober 1997 (Nr. 248), S. 52. Vgl. auch Peter Utz, Tanz auf den Rändern. Robert Walsers „Jetztzeitstil", Frankfurt a. M. 1998.
24 Utz, Robert Walsers Ohralität, S. 52.
25 In: Robert Walser, Aus dem Bleistiftgebiet. Mikrogramme aus den Jahren 1925–1932. Bd. 6: Gedichte und Dramatische Szenen. Hrsg. v. Bernhard Echte. Entzifferung in Zusammenarbeit mit Werner Morlang. Frankfurt am Main 2000, S. 526–528, hier: S. 527.

endlich ist auch ein kleiner Kindervers dabei. „Ich will dir was erzählen von der Mummerehlen."[26]

Es ist das intime häusliche Geräusch, das Benjamin als wohltuend erinnert, wogegen er „Marschmusik der Wachtparade" später im Text einer scharfen Kritik unterzieht, die auch in ihrer Tonlage an Theodor Lessing erinnert:

> Nie mehr hat Musik etwas derart Entmenschtes, Schamloses besessen wie die des Militärorchesters, das den Strom von Menschen temperierte, der sich zwischen den Kaffeerestaurationen des Zoo die Lästerallee entlangschob. [...] Die Rufe und Schreie [der] Tiere mischten sich mit dem Lärm der Pauken und des Schlagzeugs.[27]

Ein unmittelbarer Vergleichspunkt mit Geräuschbeschreibungen Kafkas ergibt sich aus Benjamins Einlassung über „Das Telephon" in Berliner Kindheit, die später noch zu untersuchen sein wird. Wenden wir uns jedoch erst noch einmal Theodor Lessings Schrift gegen den Lärm zu, da sie ein für die Zeit Kafkas bezeichnendes, ungewöhnlich reiches Arsenal an Geräuschtypologien und deren (oft polemische) Kritik bietet. Dass sie sich oft frappierend mit der akustischen Wahrnehmung Kafkas als einem seelischen Störfaktor decken, sei hier bereits vorweggenommen, auch wenn es keine konkreten Hinweise darauf gibt, dass Kafka mit Theodor Lessings Schriften vertraut gewesen wäre.

Was sich aus diesen fünf wie stets bei Theodor Lessing abschweifungsreichen Kapiteln an Einsichten destillieren lässt und was ihnen zum gemeinsamen Nenner wird, äußert Lessing bereits zu Anfang: Neben der Unruhe in seiner Zeit, der großen Nervosität,[28] hielt Lessing den Lärm für das Grundübel seiner Zeit, weil er eine allgemeine ‚Betäubung' fördere. Wer dem Lärm ausgesetzt ist, denkt nicht mehr nach und kann die Nuancen in den Zeitschwingungen bestenfalls nur noch überhören.

Lessing kennt nur die eine Ausnahme eines bedeutenden Künstlers, der mitten im Lärmen sich zu konzentrieren und zu schaffen verstand: Mozart. Störend war diesem bekanntlich nur das eine, vereinzelte Geräusch, sofern es seine Aufmerksamkeit zu fesseln verstand. Doch gemeinhin galt Lessing Kultur nur dann als wertvoll, wenn sie sich zum Schweigen entwickelte. Eine späte Resonanz

---

26 Walter Benjamin, Berliner Kindheit um Neunzehnhundert. In: Benjamin, Gesammelte Schriften, Bd. IV/1, hrsg. von Tillman Rexroth, Frankfurt a. M. 1991, S. 235–304, hier S. 262.
27 Ebd., S. 273.
28 Vgl. Joachim Radkau, Das Zeitalter der Nervosität. Deutschland zwischen Bismarck und Hitler, München/Wien 1998.

fand diese Auffassung übrigens bei Paul Celan und Ilse Aichinger, die dem Gedicht die Tendenz zum Verstummen zuschrieben.[29]

Neben einer Kategorisierung der Geräuscharten interessiert Lessing ihre wahrnehmungspsychologische Seite, wobei er betont, wie nachdrücklich „musikalische Elemente der Sprache, wie Tönung und Klangfärbung, bei allem Verstehn und Sichverständigen leitend" seien: „Nicht was wir ‚vernehmen‘, sondern was wir hören, ist das für uns Wichtige." Daraus leitet er die These ab, dass die durch Töne, Laute, Klänge und Geräusche ausgelösten Empfindungen unser Erleben beeinflussen. Das zeige sich bereits in der Art der Sprachbildung, etwa daran, „dass die Namen der meisten Geräusche das betreffende Geräusch selber hervorbringen, d.h. dass der Laut des Wortes der Höhe und Tiefe des Geräusches *entspricht*, das durch das betreffende Wort bezeichnet wird."[30] Gerade für eine Poetik des Akustischen ist diese schlichte, aber zutreffende Einsicht grundlegend: Im Wort für das jeweilige Geräusch findet dieses sein Echo und seine neuerliche Hervorbringung. Für Kafkas Umgang mit Geräuschen, aber auch für den Expressionismus sollte sie verbindlich bleiben. Lessing wies dabei der Wissenschaft – namentlich der Physiologie und experimentellen Psychologie – die Aufgabe zu, „somatische Korrespondenzen von Tönen, Klängen oder Geräuschen und insbesondere ihre Beziehungen zu den Empfindungen anderer Sinnesgebiete wie zum Beispiel der Farbenempfindung durch Experimente aufzuzeigen."[31]

Im Folgenden entwirft Lessing eine Art Phänomenologie der Geräusche, wobei es ihm darauf ankam, ‚Lärm‘ und Geräusche zu differenzieren, einzelne Erscheinungen zu segmentieren und ihre Wirkung (an sich selbst) zu illustrieren. Sein Verfahren begründete er mit einem Bericht „aus einer New Yorker Zeitung" über die Anti-Lärm-Aktivitäten einer gewissen Miss Rice. Sie habe nicht den Fehler begangen, ‚Lärm‘ an sich bekämpfen zu wollen, sondern einzelne Komponenten einer Geräuschkulisse, die Kafkas Protagonist Karl Roßmann ebenso erleben sollte: „Zunächst eröffnete sie einen Feldzug gegen das Höllengetöse, das bisher im New Yorker Hafen durch die zahllosen Dampfpfeifen und Glocken der Schiffe, Petroleum- und Benzinboote, Vaparettos und Fähren veranstaltet wurde." Sie erreichte bei den Stadt- und Hafenbehörden, dass das „Lärmen mit Nebelhörnern und Sirenen sowie das überflüssige Tuten und Pfeifen allen Schiffen [...] innerhalb der Bai [sic!] von New York strengstens verboten wurde."[32] Dann habe

---

29 Vgl. etwa Paul Celan, Der Meridian. In: Celan, Der Meridian und andere Prosa, 3. Aufl., Frankfurt a. M. 1994, S. 40–62, hier S. 54: „[D]as Gedicht zeigt, das ist unverkennbar, eine starke Neigung zum Verstummen."
30 Lessing, Lärm, S. 36 f.; Hervorh. im Orig.
31 Ebd., S. 37.
32 Ebd., S. 43.

sie ihre Initiative auf andere Geräuschherde gerichtet, mit Lärmverboten in der Nähe von Schulen und Krankenhäusern. Lessing vermerkt mit Genugtuung, „dass die Stadt New York auch schon früher den Anfang zu einer eignen Lärmgesetzgebung gemacht" habe. So gelte dort „das Gesetz, dass ein Kutscher, der Baumstämme oder Eisenstäbe transportiert, gehalten ist, die Enden des Holzes oder Eisens mit Tüchern oder Stroh zu umwickeln", um die Transportgeräusche zu dämpfen.[33]

Schalldämpfung ist seither zu einem integralen Bestandteil der physikalischen Akustik und Elektromechanik geworden. Die erste Patentierung eines Schalldämpfungs- oder Lärmkontrollsystems erfolgte bereits 1934; beantragt hatte sie der Göttinger Philosoph, Mediziner und Physiker Paul Lueg ein Jahr zuvor für ein Verfahren, das Oszillationsgeräusche durch das Versetzen von Frequenzen neutralisiert.[34] Es war das Jahr, in dem Theodor Lessing in seinem tschechischen Exil von rechtsradikalen Fanatikern ermordet wurde, während dem Erfinder Lueg Repressalien seitens der nazistischen Behörden noch bevorstanden.

Lärm und seine Bekämpfung waren längst ein Politikum geworden und sollten es bleiben. Auch literarisch gehörte die Lärmbekämpfung zum Arsenal zeitgenössischer Themen; so beschrieb Arthur C. Clarke, unter anderem Verfasser des futuristischen Romans *2001: A Space Odyssey* (1968), eine Anti-Klang-Maschine, die zu den jeweiligen Geräuschen eine Antifrequenz produziert, um diese auszuschalten oder wenigstens zu neutralisieren. In Gestalt der sogenannten *sound cancellation technology* ist dieses Verfahren inzwischen ubiquitäre Wirklichkeit geworden, ob in Kopfhörern oder in Flugzeugkabinen.

Vom Lärm Aufhebens machen, Lärm um vieles als Ausdruck akustischer Zumutung: Hier scheidet sich tatsächlich Kultur von Zivilisation. Denn erst die Art des Umgangs mit dem Zivilisationsphänomen ‚Lärm' entscheidet über das Niveau der entsprechenden Kulturformen. Kafkas Versuch, mit diesem Phänomen zu arbeiten, liefert dafür ein staunenswertes Beispiel.

---

33 Ebd., S. 44.
34 Vgl. U.S. Patent 2.043.416 A. Ich verdanke diesen Hinweis meiner Kollegin Rebecca Lingwood, Professorin für Fluid Dynamics an der Queen Mary University of London.

„Die gehörte Musik zieht natürlich eine Mauer um mich": Prolegomena zu einer Poetik des Akustischen bei Franz Kafka

Um nun das akustische Feld im Werk Kafkas abzustecken und einzugrenzen, seien zunächst vier vorläufige, im Laufe dieser Studie weiter zu präzisierende oder zu verwerfende Thesen aufgestellt:
1. Für Kafkas erzählerisches Verfahren ist das Akustische mehr als nur ein Hintergrundgeräusch; es ist konstitutiv für seine Narrative.
2. Das Akustische oder geräuschhaft Disparate gehört zum Dissonanten in seinem Erzählen. Ein Partikel oder Element des Akustischen sei hier ‚Akusticon' genannt.
3. Die Verwendung des Geräuschs in seinen Narrativen entspricht Kafkas Neigung zur Illusionszerstörung und Entromantisierung (aus harmonischer Musik wird bloßes krudes Geräusch).
4. Das vielbemühte ‚Kafkaeske', das auf unergründliche Weise Bedrohliches bezeichnet,[35] soll als die im eigentlichen Sinne dissonante Tonart dieses Erzählens verstanden werden.

„Ein wenig Gesang unter mir, ein wenig Türenzuschlagen auf dem Gang und alles ist verloren": Nehmen wir diesen im Februar 1922 von Franz Kafka im Tagebuch vermerkten Sachverhalt als Ausgangspunkt unserer Überlegungen.[36] Der Satz umspannt das akustische Spektrum unseres Vorhabens – von der Musik zum Geräusch und vom Geräusch zur Musik – und bietet gleichzeitig einen verstörenden Befund: „[A]lles ist verloren." *Alles*, das bezieht sich vermutlich auf die Fähigkeit zu schreiben und sich zu konzentrieren, hatte Kafka doch bereits im Januar 1913 Felice Bauer gegenüber geäußert, dass für ihn Stille die unumstößliche Bedingung allen Schreibens sei. Das war gegen die zeittypische Alltagsgeräuschkulisse gesagt, von der sich Kafka regelrecht bedroht fühlte – vom Quietschen der Straßenbahnen und Eisenbahnen bis zum unablässigen Hämmern und

---

35 Vgl. zur Bedeutung des Begriffs Joseph P. Strelka, Kafkaesque Elements in Kafka's Novels and in Contemporary Narrative Prose. In: Comparative Literature Studies 21/4 (1984), S. 434–444. Der Begriff ‚Kafkaesque' selbst tauchte erstmals 1939 auf in einem Beitrag der englischen Zeitschrift *Direction* (Heft 2/3, S. 21).
36 Franz Kafka, Tagebücher in der Fassung der Handschrift. Textband, hrsg. von Hans-Gerd Koch, Michael Müller u. Malcolm Pasley, Frankfurt a. M. 1990, S. 907 (nachfolgend im Text unter der Sigle T mit Seitenzahl zitiert).

Rattern der Schreibmaschinen in den ersten Großraumbüros, vom Lärm in den Maschinenhallen zu schweigen, die er in offizieller Inspektionsmission für seine Arbeiter-Unfall-Versicherungs-Anstalt von Betrieben in Nordböhmen, aber auch von den familieneigenen Prager Asbestwerken Hermann & Co. her kannte. Kafkas Lärmempfindlichkeit, um nicht zu sagen Lärmphobie, lag im Trend der Zeit. Wie erwähnt, hatte Theodor Lessing, Aktionist der er war, mit seiner „Kampfschrift gegen die Geräusche unseres Lebens", so der Untertitel seiner Polemik *Der Lärm*, Maßstäbe gesetzt, auch wenn, wie gesagt, jeglicher Hinweis darauf fehlt, dass Kafka diese Schrift gekannt hat. Kafka wurde jedoch, wie gleichfalls bereits angesprochen, zum dankbaren Kunden des damals entwickelten Produkts ‚Ohropax', was eine noch auszulotende Pointe ist im Kontext seiner Parabel *Das Schweigen der Sirenen!*

Scharfsinnig brachte Elias Canetti Kafkas Sensitivität gegenüber akustischen Einflüssen mit dessen „besondere[n] Empfindlichkeit für alles, was mit seinem Körper zusammenhing", in unmittelbare Verbindung. Mehr noch: „Seine Lärmempfindlichkeit ist wie ein Alarm, sie meldet überflüssige, noch unartikulierte Gefahren."[37] Zunächst schuf vor allem häuslicher Lärm für Kafka Leiden. Als im Oktober 1912 in der avantgardistischen Prager Zeitschrift *Herder-Blätter* sein kleines Prosastück *Großer Lärm* erschien, geschah dies, wie er Felice Bauer anvertraute, „zur öffentlichen Züchtigung meiner Familie" (BaF, 87).[38] Man kann in diesem Text die Keimzelle der Literarisierung des Geräuschs und des Akustischen überhaupt im Werk Kafkas erkennen. Daher sei dieses Prosastück hier vollständig zitiert:

> Ich sitze in meinem Zimmer im Hauptquartier des Lärms der ganzen Wohnung. Alle Türen höre ich schlagen, durch ihren Lärm bleiben mir nur die Schritte der zwischen ihnen Laufenden erspart, noch das Zuklappen der Herdtüre in der Küche höre ich. Der Vater durchbricht die Türen meines Zimmers und zieht im nachschleppenden Schlafrock durch, aus dem Ofen im Nebenzimmer wird die Asche gekratzt, Valli fragt, durch das Vorzimmer Wort für Wort rufend, ob des Vaters Hut schon geputzt ist, ein Zischen, das mir befreundet sein will, erhebt noch das Geschrei einer antwortenden Stimme. Die Wohnungstüre wird aufgeklinkt und lärmt, wie aus katarrhalischem Hals, öffnet sich dann weiterhin mit dem Singen einer Frauenstimme und schließt sich endlich mit einem dumpfen, männlichen Ruck, der sich am rücksichtslosesten anhört. Der Vater ist weg, jetzt beginnt der zartere, zerstreutere, hoffnungslosere Lärm, von den Stimmen der zwei Kanarienvögel angeführt. Schon früher dachte ich daran, bei den Kanarienvögeln fällt es mir von neuem ein, ob ich nicht die Türe bis zu

---

[37] Elias Canetti, Der andere Prozeß. Kafkas Briefe an Felice. In: Canetti, Das Gewissen der Worte. Essays, Frankfurt a. M. 1992, S. 78–169, hier S. 96 u. 97.
[38] Zu diesem Komplex vgl. vor allem Stach, Kafka, S. 8–31, bes. S. 8–10.

einer kleinen Spalte öffnen, schlangengleich ins Nebenzimmer kriechen und so auf dem Boden meine Schwestern und ihr Fräulein um Ruhe bitten sollte.[39]

Dieses lärmempfindliche, lärmgeplagte Ich protokolliert die häuslichen akustischen Verhältnisse. Das Protokoll gleicht einem verbalisierten Lautstärkepegel nebst Angaben zu seiner psychoakustischen Wirkung. Die Maßeinheit heißt hier noch nicht ‚ein Phon'; sie sollte erst ein Jahr nach Kafkas Tod von Heinrich Georg Barkhausen eingeführt werden. Im übertragenen Sinne wird im Text Kafkas das Wort selbst zum Phon *avant la lettre*. Es beschreibt eine häusliche Kakophonie. Der junge Kafka befand sich damals in bester, ihm vermutlich nicht bekannter Gesellschaft, was die Umsetzung der häuslichen Lautwelt in kunstvollen Ausdruck anging. Richard Strauss hatte mit seiner *Symphonia Domestica* (op. 53), uraufgeführt im Jahre 1904, genau diesen Versuch in großem Maßstab und mit ebenso großem Erfolg unternommen. Freilich gelang hier die Überführung des Kakophonen ins Symphonische, wogegen Kafkas erheblich bescheidenere Leistung darin bestand, dem Lärm strukturierten sprachlichen Ausdruck zu verleihen. Beschreibend erreichte er zudem eine subtile Differenzierung der häuslichen Geräuschkulisse – vom Türenschlagen bis zum Zuschlagen der Herdklappe, dem Schleifen des schweren väterlichen Schlafrocks bis zum Auskratzen der Asche und den diversen Stimmen. Die Pointe des Textes lässt bereits an *Die Verwandlung* denken: Das Ich trägt sich mit dem Gedanken, „schlangengleich" aus seinem Zimmer zu kriechen, nicht um den geifernden Kanarienvögeln womöglich den Garaus zu machen, sondern um die Schwestern untertänig um Ruhe zu bitten. Die späte, eingangs zitierte Tagebuchstelle („Ein wenig Gesang unter mir, ein wenig Türenschlagen auf dem Gang, und alles ist verloren") zeigt, wie Kafkas Wahrnehmung des Lärms als Störung, aber auch Aufforderung an sich selbst, ihn, diesen Lärm, zum literarischen Motiv erhebt.[40] Es ist dies ein Phänomen, das sein fragmentarisches Gesamtwerk umrahmt und durchsetzt.

Die vielfach belegte Musikskepsis Kafkas, seine vor allem in den Briefen oft bekundete Unfähigkeit, zur Welt der Musik in ein angemessen rezeptives, gar produktives Verhältnis zu treten, gilt es übrigens zu relativieren. Und das allein schon aufgrund seines Interesses für das jiddische Theater, wo er musikalische Darbietungen reisender ostjüdischer Theatergruppen erleben konnte. Gesangs-

---

39 Franz Kafka, Die Erzählungen. Drucke zu Lebzeiten aus dem Nachlass, hrsg. von Dieter Lamping in Zusammenarbeit mit Sandra Poppe, Düsseldorf 2008, S. 299 f. (nachfolgend im Text unter der Sigle E mit Seitenzahl zitiert).
40 Vgl. Arndt Niebisch, Noise – Rauschen zwischen Störung und Geräusch im 19. Jahrhundert, in: Das ‚Prinzip Störung' in den Geistes- und Sozialwissenschaften, hrsg. von Carsten Gansel u. Norman Ächtler, Berlin/Boston 2013, S. 83–96.

nummern mit Klavierbegleitung waren bei diesen Aufführungen die Regel;[41] so hat Kafka das „orientalische, musikalische Melodram in 4 Acten" von Abraham Goldfaden *Shulamith oder Bas Jeruscholaim* (1883) im Prager Savoy-Theater im Oktober 1911 gesehen, vermutlich angeregt durch seinen zeitweiligen Freund, den jiddischen Schauspieler Jizchak Löwy.[42]

Diese auch mit kleiner Besetzung spielbare Oper versucht, die Atmosphäre in Judäa aus der Zeit des Zweiten Tempels zu beschwören, wobei auch die Lobpreisung Gottes durch die Musik, wie sie Psalm 150 – das ‚große Halleluja' – feiert, Thema ist.[43] Die Musik führt sich hierbei in sakralem Kontext gleichsam selbst vor, verwandt in etwa mit Kompositionen zur heiligen Cäcilie als Göttin der Musik. Die dürftige Handlung selbst konzentriert sich auf Shulamit, die sich in ihren Lebensretter Absalom verliebt. Sie befindet sich inmitten der Wüste in einer Zwangslage; „vor Durstqualen" hat sie sich, wie Kafka schreibt, „in eine Zisterne gestürzt" (T, 79; 14.10.1911); doch Absalom verliebt sich in die reiche Awigail, vergisst auf Jahre seine Shulamit, die sich ihrerseits im väterlichen Haus in Bethlehem vorgeblich in den Wahnsinn flüchtet, um Absalom treu bleiben zu können, und alle Freier abweist. Nun ist weniger diese schlicht gestrickte Handlung als vielmehr die Musik das Besondere an dieser erfolgreichen, bis in die frühen zwanziger Jahre auch wiederholt in New York und London aufgeführten Oper. Werke wie diese und überhaupt musikalische Darbietungen im Umfeld der jiddischen Kulturveranstaltungen in Prag gehörten wesentlich zu Kafkas zeitgenössischem Klanghintergrund. Bemerkenswert nun ist, wie ausführlich sich Kafka mit dieser Aufführung im Tagebuch auseinandergesetzt hat (T, 79 – 83; 14.10.1911), dabei freilich kein Wort über die Musik verliert, sondern ausführlich das in der Oper verhandelte Beziehungsproblem wiedergibt. Offenbar faszinierte ihn Shulamits vorgetäuschter Wahnsinn als Selbstschutz und Ausdruck ihrer Treue.

Wenden wir uns nun einem scheinbar marginalen Phänomen zu, das jedoch sogleich ins Zentrum der anstehenden Überlegungen führt. Die Worte ‚Lied' und ‚Leid' sind bekanntlich phonetisch eng miteinander verwandt und eignen sich als Beispiel für ein psychopathologisches Alltagsphänomen, das Verhören oder Verschreiben, auch wenn Sigmund Freud sich dieses Falles in seiner einschlägigen Untersuchung nicht annahm. Das „alte Lied" und „Leid" brachte Emanuel

---

[41] Vgl. bes. Friederike von Moellendorff, Die Musik des Jiddischen Theaters, München 2008.
[42] Vgl. ebd., S. 46. Vgl. auch die seinerzeit pionierhafte und immer noch lesenswerte Arbeit von Ritchie Robertson, Kafka. Judentum – Gesellschaft – Literatur, Stuttgart 1988. Zu Goldfaden speziell vgl. Alyssa P. Quint, Pomul Verde. In: Enzyklopädie jüdischer Geschichte und Kultur (EJGK), hrsg. von Dan Diner, Bd. 4, Stuttgart/Weimar 2013, S. 590 – 597.
[43] Vgl. Jascha Nemtsov, Der Zionismus in der Musik. Jüdische Musik und nationale Idee, Wiesbaden 2009, S. 199.

Geibel in einer Verszeile unter, wobei er beides auf die Erkenntnis bezog, dass erst schmerzvolle Lebenserfahrung den Menschen zu wirklichen Einsichten in die Natur des Daseins befähige.

In der von Gilles Deleuze und Félix Guattari für ihre Arbeit an der später epochemachenden Studie *Kafka. Für eine kleine Literatur* benutzten Übersetzung der Werke Kafkas, so belehrt uns der Übersetzer Burkhart Kroeber, steht für ‚Leid' fälschlicher Weise ‚un autre chant'.[44] Es handelt sich um die markante Stelle im *Amerika*-Fragment, wo von Karl Roßmanns zu langsamem Spiel die Rede ist. Weiter heißt es über den Protagonisten: „[...] außerdem fühlte er in sich ein Leid entstehn, das, über das Ende des Liedes hinaus, ein anderes Ende suchte und es nicht finden konnte."[45]

Vom Buchstabenlaut hängt viel ab, eine Einsicht, die Kafka bereits im zweiten Satz seines 1910 begonnenen Tagebuchs konstatiert und – charakteristisch für ihn – imaginierend reflektiert: „‚Wenn er mich immer frägt.' Das ä, losgelöst vom Satz, flog dahin wie ein Ball auf der Wiese." (T, 9) Laute werden zu Spielbällen in freier Natur, wenn sie sich von ihrer Sinn-Mitträgerschaft emanzipieren. Überhaupt fällt der Kontext des Akustischen in Kafkas ersten Tagebucheintragungen auf. So zeichnet er einen Traum auf, in dem er angeblich die russische Ballett-tänzerin, Evgenija Eduardowa, darum bittet, einen Csárdás noch einmal zu tanzen. Er dürfte sie anlässlich von Gastvorstellungen gesehen haben, die das St. Petersburger Mariinski-Theater in Prag gegeben hatte. Er scheint ihr entweder nachgestellt zu haben, oder er entnahm die folgende Information für seinen Tagebuchvermerk den Feuilletons der Prager Zeitungen:

> Die Tänzerin Eduardowa, eine Liebhaberin der Musik, fährt wie überall so auch in der Elektrischen in Begleitung zweier Violinisten, die sie häufig spielen läßt. Denn es besteht kein Verbot, warum in der Elektrischen nicht gespielt werden dürfte, wenn das Spiel gut, den Mitfahrenden angenehm ist und nichts kostet, das heißt, wenn nachher nicht eingesammelt wird. Es ist allerdings im Anfang ein wenig überraschend, und ein Weilchen lang findet jeder, es sei unpassend. Aber bei voller Fahrt, starkem Luftzug und stiller Gasse klingt es hübsch. (T, 10 f.)

Bemerkenswert an diesem Eintrag Kafkas ist die latente Spannung zwischen dem Transportmittel, der Straßenbahn, der Anwesenheit einer bühnengewöhnten, aber hier in der „Elektrischen" wohl bewegungslosen Tänzerin, ihrer Begleitung

---

44 Vgl. Gilles Deleuze u. Félix Guattari, Kafka. Für eine kleine Literatur, übers. von Burkhart Kroeber, Frankfurt a. M. 1976, S. 10, Anm.
45 Franz Kafka, Romane. Der Proceß. Das Schloß. Der Verschollene, hrsg. u. mit einem Nachwort versehen von Dieter Lamping, Düsseldorf 2007, S. 686 (nachfolgend im Text unter der Sigle R mit Seitenzahl zitiert).

durch Musiker, den sozialen Konventionen und der ästhetischen Wirkung des Violinspiels, das durch externe Faktoren (volle Fahrt, Luftzug und stille Gasse) verstärkt wird.

Der nächste und letzte Eintrag zur Eduardowa geht dann zu ihrer außerhalb des Theaters weniger vorteilhaften physischen Erscheinung über, der in einem nüchternen Befund gipfelt: „[D]a ist wirklich nichts, was zum Schwärmen Staunen oder auch nur zur Achtung Anlaß gäbe." (T, 11) Mit anderen Worten: Die sie begleitende Musik zieht mehr Aufmerksamkeit auf sich als die Tänzerin in Zivilkleidung.

Darauf folgt die ans Surreale grenzende Bemerkung: „Meine Ohrmuschel fühlte sich frisch rauh kühl saftig an wie ein Blatt", was nur bedingt zur „Verzweiflung über meinen Körper und über die Zukunft mit diesem Körper" passen will, von der er unmittelbar danach spricht. (T, 12) Das Skurrile des Vergleichs, die Ohrmuschel als ein Stück Vegetation, erlaubt Kafka eine unmittelbarere Identifikation, als ihm diese mit seinem Körper als bloßem Körper möglich ist. Das Besondere hierbei liegt in der Tatsache, dass es sich um das Äußere des Hörorgans handelt, um den Rezeptor sozusagen, der ihn auf die nicht-menschliche, aber gleichwohl organische Natur zurückweist und zudem etwas Nahrhaftes hat.

Kafka interessiert hier nicht die physische Wirkung von Musik, sondern die metaphorische Verwandlungsfähigkeit der physischen Voraussetzung für das Wahrnehmen von Musik, Lauten oder bloßen Geräuschen. Der Naturlaut hat sich auf die imaginierte Renaturierung des Ohres übertragen.

In der vom Tastsinn vermittelten Vorstellung vom Ohr als einem nahrhaften Blatt (*fühlte sich an wie*) äußert sich eine für Kafka auch später bedeutsame Surrealisierung romantischer Relikte an, wie sie in diesem Fall etwa in der betonten Naturverbundenheit des Musikalischen bei Eichendorff erinnerlich ist. Aus der vielfach erörterten Beziehung Kafkas zu romantischen Vorgaben lässt sich eine Einsicht Lilian Fursts auch für das Verhältnis zur Musik und zum Akustischen überhaupt fruchtbar machen. In *Kafka and the Romantic Imagination* befand sie 1970 – und Bert Nagel zitiert sie an prominenter Stelle in seinem Romantik-Kapitel in *Kafka und die Weltliteratur:* „The Romantics saw the possibility of a world transformed by the imagination; Kafka confronts us with the reality of the transformation . . . He is a literalist of the imagination."[46] Letztere Bemerkung rührt übrigens von einem Ausdruck her, den William Butler Yeats auf William Blake gemünzt hatte, und betrifft das Wörtlich-Nehmen der Vorstellung, aber auch ihr Verwörtlichen.

---

[46] Zit. nach Bert Nagel, Kafka und die Weltliteratur. Zusammenhänge und Wechselwirkungen, München 1983, S. 244 u. 417 f.

Als Dichter „des Grotesken und des Grauens" ist das Erzählen E.T.A. Hoffmanns als wichtigste Bezugsgröße für Kafka seit Langem erkannt worden;[47] dabei hat man die musikalisch grundierten Darstellungsformen bei Hoffmann in ihrer potentiellen Wirkung auf Kafka seltsamerweise kaum berücksichtigt – und das, obgleich Hoffmann mit seinem Rat Krespel eine Figur geschaffen hat, so recht eine K.-Gestalt, die durch das Zerlegen wertvoller Geigen die durch die Musik erzeugte Illusion auf dramatische Weise zerstört. Diese Erzählung Hoffmanns thematisiert auch das Absurdisieren der Instrumente, also der technischen Hilfsmittel im Verhältnis zur Musikerzeugung, die in der Telephon-Szene in Kafkas *Das Schloß* wiederum uminterpretiert wird (– ich werde im Folgenden an dieser Schreibweise von „Telephon" festhalten, um dem Phonischen, also Klanglichen Rechnung zu tragen):

> Aus der Hörmuschel kam ein Summen, wie K. es sonst beim Telephonieren nie gehört hatte. Es war, wie wenn sich aus dem Summen zahlloser kindlicher Stimmen – aber auch dieses Summen war keines, sondern war Gesang fernster, allerfernster Stimmen – wie wenn sich aus diesem Summen in einer geradezu unmöglichen Weise eine einzige hohe, aber starke Stimme bildete, die ans Ohr schlug, so, wie wenn sie fordere, tiefer einzudringen als nur in das armselige Gehör. K. horchte, ohne zu telephonieren, den linken Arm hatte er auf das Telephonpult gestützt und horchte so. (R, 277)

Vergessen ist das Ohrmuschelblatt des Tagebucheintrags von einst. Das Entscheidende, die konzentrierende Verwandlung von „kindliche[n] Stimmen" in die eine „starke Stimme", geschieht nun in der Hörmuschel und nicht mehr im „armselige[n] Gehör". Das technische Gerät ist zum aktiven Verwandlungsorgan geworden. Die Stimme selbst hat einen Eigenwert gewonnen. Was sie vermittelt, bleibt im Dunkeln und quasi in der Leitung stecken. Hier findet sich akustisch vorgebildet, was Marshall McLuhan mit der Aussage ‚the medium is the message' gemeint hat. Auf diese Hörmuschel-Szene wird später noch ausführlicher einzugehen sein.

Die Reduktion des Klanglichen auf das Geräusch, so legte bereits Walter Benjamin nahe, könnte in Zusammenhang stehen mit Kafkas Interesse am Gestisch-Mimischen. Benjamin bemerkt: „Vielfach und oft aus sonderbarem Anlaß klatschen Kafkas Figuren in die Hände. Einmal jedoch wird beiläufig gesagt, daß diese Hände ‚eigentlich Dampfhämmer' sind."[48] Die Bemerkung bezieht sich auf Kafkas erstmals Ende 1919 in der Sammlung *Ein Landarzt* veröffentlichte Parabel

---

[47] Ebd., S. 258–277.
[48] Walter Benjamin, Franz Kafka. Zur zehnten Wiederkehr seines Todestages. In: Benjamin, Gesammelte Schriften, Bd. II/2, hrsg. von Rolf Tiedemann u. Hermann Schweppenhäuser, Frankfurt a. M. 1991, S. 409–438, hier S. 410.

Auf der Galerie und findet sich in deren erstem, auffallend komplexem Satz, eine Komplexität, die sich nicht zuletzt auch der differenzierten Wiedergabe akustischer Phänomene verdankt:

> Wenn irgendeine hinfällige, lungensüchtige Kunstreiterin in der Manege auf schwankendem Pferd vor einem unermüdlichen Publikum vom peitschenschwingenden erbarmungslosen Chef monatelang ohne Unterbrechung im Kreise rundum getrieben würde, auf dem Pferde schwirrend, Küsse werfend, in der Taille sich wiegend, und wenn dieses Spiel unter dem nichtaussetzenden Brausen des Orchesters und der Ventilatoren in die immerfort weiter sich öffnende graue Zukunft sich fortsetzte, begleitet vom vergehenden und neu anschwellenden Beifallsklatschen der Hände, die eigentlich Dampfhämmer sind – vielleicht eilte dann ein junger Galeriebesucher die lange Treppe durch alle Ränge hinab, stürzte in die Manege, rief das – Halt! durch die Fanfaren des immer sich anpassenden Orchesters. (E, 183)

Dieser Satz gleicht einer Auffächerung im Akustischen – das jedoch in der Möglichkeitsform. Das Akustische besteht aus Peitschenknall, brausendem Orchester, Ventilatorengeräusch, anschwellendem Beifallklatschen, erzeugt von dampfhammergleichen Händen, dem präsumtiven Halt-Ruf des „junge[n] Galeriebesucher[s]" und den Fanfaren. Zirkulare Dauer sieht sich hier inszeniert, angetrieben durch Klang und Geräusch; beides setzt nicht aus, sondern versteht sich anzupassen, mit Ausnahme, so darf man vermuten, der gellenden Fanfaren und des durchdringenden Halt-Rufs. Dieser geräusch-, laut- und klangvirtuose Satz bietet ein Konditionalgefüge, das nur zu bestehen scheint, um sprachakustische Möglichkeiten zu erproben. Die Szene, die Ernst Ludwig Kirchner in seinem Gemälde *Die Zirkusreiterin* von 1913 ebenso wie vor ihm Georges Seurat in *Le Cirque* (1891) gleichsam vorweggenommen hatten,[49] besteht aus instabilen Komponenten: Die Reiterin ist hinfällig, das Pferd schwankt, der Beifall schwillt an und ab; konstant ist allein der angenommene Zeitraum („monatelang") und das Immer des sich jeder Situation anpassenden Orchesters. Die gebieterische Interjektion „Halt!" würde freilich nicht bedeuten, dass ihr Folge geleistet würde. Sie wäre eine – womöglich aber nur kurzzeitige – Störung; die Vorstellung selbst, das Peitschen des Chefs (auffallend, diese in der Zirkuswelt unübliche Bezeichnung, die eher an den Büro-Chef erinnert!), könnte unverändert weitergehen. Mit welcher Autorität der „junge[ ] Galeriebesucher" aufzutreten und damit gegen diese Grausamkeit einzuschreiten imstande wäre, bleibt offen.

Doch bereits der nächste Halbsatz in Gestalt eines absoluten Kausalnebensatzes klärt auf, deutet auf einen jähen Umschlag im Text und Verlauf des Geschehens: „Da es aber nicht so ist; [...]." Was folgt, ist ein syntaktischer Bruch, durch den der wirkliche Sachverhalt geschildert wird: Der Zirkusdirektor be-

---

[49] Vgl. Jeremy Adler, Franz Kafka. London 2001, S. 64.

handelt seine kunstfertigste Artistin und sein bestes Pferd geradezu rücksichtsvoll und mit gebotener Vorsicht. Das „Peitschenzeichen" zum Beginn der Darbietung „knallend" zu geben kostet ihn Überwindung. Auffallend wieder der Umstand, dass er „vor dem großen Saltomortale das Orchester mit aufgehobenen Händen beschwört, es möge schweigen". (E, 184) Gestik und Akustik bleiben aufeinander abgestimmt.

Damit fehlt dem jungen Galeriebesucher die Handhabe, die von ihm vergötterte Artistin zu retten. Er sieht sich stattdessen um die dramatische Wirkung seiner Vorstellungskraft betrogen: „[D]a dies so ist, legt der Galeriebesucher das Gesicht auf die Brüstung und, im Schlußmarsch wie in einem schweren Traum versinkend, weint er, ohne es zu wissen." (E, 184) Jenes triumphal zu denkende musikalische Finale dieses Programmteils bewirkt im jungen Besucher das Gegenteil: Niedergeschlagenheit.

Im nämlichen Essay über Kafka, der im Dezember 1934, von Gershom Scholem vermittelt, in der *Jüdischen Rundschau* in Jerusalem erscheinen konnte, verweist Benjamin auf eine weitere akustische Szene; man könnte nun auch sagen: auf einen klanglichen Gestus, übrigens mit Bezug auf Werner Kraft und dessen damals noch unveröffentlichten Kommentar zu Kafkas szenischer Geschichte *Ein Brudermord*. Kraft schreibt, von Benjamin zustimmend zitiert: „Das Spiel kann beginnen, und es wird wirklich durch ein Glockenzeichen angekündigt. Dieses entsteht auf die natürlichste Weise, indem Wese das Haus verläßt, in welchem sein Büro liegt. Aber diese Türglocke, heißt es ausdrücklich, ist ‚zu laut für eine Türglocke', sie tönt ‚über die Stadt hin zum Himmel auf'."[50]

Es erstaunt, dass weder Kraft noch Benjamin die übrigen akustischen Elemente in dieser ebenfalls in die Sammlung *Ein Landarzt* aufgenommenen Mordparabel Kafkas reflektierten. Da ist die Mordwaffe mit ihrer im Mondlicht blitzenden Schneide, die an das Messer in Büchners *Woyzeck* erinnert, nur dass Schmar, der Täter, davon einen zunächst skurrilen Gebrauch macht, so als wollte er sich auf die Eigenart dieses mörderischen Dings buchstäblich einstimmen: „[E]r hieb mit ihr [der Schneide] gegen die Backsteine des Pflasters, daß es Funken gab; bereute es vielleicht; und um den Schaden gutzumachen, strich er mit ihr violinbogenartig über seine Stiefelsohle, während er, auf einem Bein stehend, vorgebeugt, gleichzeitig dem Klang des Messers an seinem Stiefel, gleichzeitig in die schicksalsvolle Seitengasse lauschte." (E, 204) Darauf folgt die Glockenepisode und schließlich die geräuschvolle Tat; denn Schmar, der Täter, schreit sein Opfer,

---

50 Zit. nach Benjamin, Franz Kafka, S. 418. Der betreffende Kommentar, auf den sich Benjamin bezieht, wurde in Buchform erst über dreißig Jahre später veröffentlicht: Werner Kraft, Franz Kafka. Durchdringung und Geheimnis, Frankfurt a. M. 1968, S. 21–29 (Kap. „Der Mensch ohne Schuld"), hier S. 24.

Wese, an, bevor er es ermordet. Dessen Ächzen vergleicht der Erzähler, geräuschkundig bis ins kleinste Detail, mit dem Laut, den „Wasserratten, aufgeschlitzt" (E, 205), von sich geben.

Doch zurück zum violinbogenartigen Bestreichen der Stiefelsohle, das Schmar mit seinem Messer vollführt. Die Tatwaffe erweist sich somit im doppelten Sinn als ‚Instrument', nämlich als absurdes Streich- und grausames Mordinstrument. Und noch eine akustische Doppelung ereignet sich hier: ein gleichzeitiges Hören in verschiedene Richtungen: „der Klang des Messers an seinem Stiefel" und das Lauschen „in die schicksalsvolle Seitengasse". (beide: E, 204) In diesem synchronen Hören artikuliert sich jedoch auch eine Gespaltenheit oder zumindest die Fähigkeit des Täters zu duplizitärer Wahrnehmung.

Der „Klang des Messers" präludiert in Kafkas Parabel der Mordtat. Im *Schweigen der Sirenen* nennt der Erzähler deren Gesang eine schreckliche Waffe; schrecklicher sei nur deren Schweigen. Benjamin folgerte daraus, dass bei Kafka die Sirenen auch deswegen schweigen, „weil die Musik und der Gesang bei ihm ein Ausdruck oder wenigstens ein Pfand des Entrinnens sind". Ein „Pfand der Hoffnung" also.[51] Für Walter Sokel ist „bei Kafka Musik zunächst immer mit der Sphäre des Utopischen und Idyllischen verknüpft."[52] Und Sokel geht noch weiter, indem er bei Kafka auch eine von Nietzsche inspirierte dionysische Wirkung der Musik identifiziert, aber eben „als das andere, das dem Ich Entgegengesetzte, ersehnt und gefürchtet, allerkräftigste Potenz und Gewalt gegenüber der allerkraftlosesten Impotenz und Selbstschwächung des verhungernden, sich in seinem eigenen Blut und Unrat wälzenden Ichs", wie Sokel nicht ohne rhetorische Exaltiertheit formuliert.[53]

Als einen Restbestand dionysischer Erfahrung könnte man die Präsenz des Rauschens im Werk Kafkas werten. Rauschen steht zumeist, jedoch nicht immer in Verbindung mit dem Kommunikationsmittel Telephon, aber in der späten Erzählung *Der Bau* lässt sich sogar die Stille als ein Rauschen wahrnehmen.[54] Auch hierauf wird noch näher einzugehen sein. Die phonetisch-etymologische Nähe zwischen dionysischem Rausch und akustischem Rauschen, aber auch ihre Dif-

---

51 Benjamin, Franz Kafka, S. 416.
52 Walter H. Sokel, Franz Kafka. Tragik und Ironie. Zur Struktur seiner Kunst, Frankfurt a. M. 1986, S. 573.
53 Ebd., S. 579.
54 Vgl. dazu Gerhard Kurz, Das Rauschen der Stille. Annäherungen an Kafkas ‚Der Bau'. In: Franz Kafka. Eine ethische und ästhetische Rechtfertigung, hrsg. von Beatrice Sandberg u. Jakob Lothe, Freiburg i. Br. 2002, S. 151–174, hier S. 166.

ferenz[55] bilden den Hintergrund zu Kafkas Interesse an diesem diffusen, klare Konturen verwischenden Geräusch. So auch in einem akustisch geprägten Traum, den er Felice Bauer in der Nacht vom 22. auf den 23. Januar 1913 mitteilt:

> Wie gestern z. B., wo ich im Traum zu einer Brücke oder einem Quaigeländer hinlief, zwei Telephonhörmuscheln, die dort zufällig auf der Brüstung lagen, ergriff und an die Ohren hielt und nun immerfort nichts anderes verlangte, als Nachrichten vom ‚Pontus' zu hören, aber aus dem Telephon nichts und nichts zu hören bekam, als einen traurigen, mächtigen, wortlosen Gesang und das Rauschen des Meeres. Ich begriff wohl, daß es für Menschenstimmen nicht möglich war, sich durch diese Töne zu drängen, aber ich ließ nicht ab und ging nicht weg. (BaF, 264)[56]

Gerhard Neumann spricht hierbei von einer poetologischen Urszene,[57] wobei wir uns das Rauschen als eine Art akustischen Urschlamm vorstellen können. Vergleichbares hört K. übrigens auch in ersten Telephonaten ‚mit dem Schloß', jedoch mit einem entscheidenden Erzählerkommentar versehen: „Nun ist aber dieses Rauschen und dieser Gesang das einzige Richtige und Vertrauenswerte, was uns die hiesigen Telephone übermitteln, alles andere ist trügerisch." (R, 334)

Aus ‚Pontus', Ovids Exil, erhofft sich der träumende Kafka eine poetische Botschaft; diese aber besteht – *nach* dem Zeitalter des Humanismus – eben in diesem „traurigen, mächtigen, wortlosen Gesang" und dem „Rauschen des Meeres" und eben nicht (mehr) in einer menschlichen Stimme. Der traurige Grundton spielt auf Ovids *Tristia* an, Elegien und Lamentationen im Zustand ihrer Selbstauslöschung im Meersrauschen.

Mit dieser Betonung des Rauschens knüpfte Kafka an die Klangbildwelt der Romantik an, wie Gerhard Kurz bemerkt hat.[58] In der romantischen Lyrik äußert sich im Rauschen der Quellen und Wälder, Brunnen und Wellen eine „Entgrenzungserfahrung".[59] Das Rauschen wäre im Kontext des Romantischen als das akustische Bild ästhetischer Unschärfebeziehungen zu verstehen. Vorsicht ist jedoch geboten, mit Kurz hierbei auch auf Nietzsche zu rekurrieren und namentlich

---

55 Vgl. dazu Martin Seel, Ästhetik des Erscheinens, München 2000, S. 227 f.; ebenso den Forschungsband von Andreas Hiepko u. Katja Stopka (Hrsg.), Rauschen. Seine Phänomenologie und Semantik zwischen Sinn und Störung, Würzburg 2001, darin bes. den Beitrag von Katja Stopka, „Töne der Ferne". Über das Rauschen in der Literatur, S. 59–70.
56 Die Interpunktion in Kafkas Briefen und jenen – soweit vorhanden – seiner Briefpartner wurde beibelassen.
57 Vgl. Gerhard Neumann, Nachrichten vom ‚Pontus'. Das Problem der Kunst im Werk Franz Kafkas. In: Franz Kafka. Schriftverkehr, hrsg. von Wolf Kittler u. Gerhard Neumann, Freiburg i. Br. 1990, S. 164–198.
58 Vgl. Kurz, Das Rauschen der Stille, S. 165 f.
59 Ebd., S. 166.

auf *Die Geburt der Tragödie* (1872). Denn in ihr dominiert der dionysische Rausch, nicht das Rauschen – und falls doch, dann in akustisch gesteigerter Form, etwa wenn Nietzsche im ersten Abschnitt der Tragödienschrift Schopenhauer zitiert und dessen Bild vom Ich, das „wie auf dem tobenden Meere, das, nach allen Seiten unbegränzt, heulend Wellenberge erhebt und senkt", auf einem Kahn als Schiffer sitzt, auf diesen und das *principium individuationis* vertrauend.[60] Ansonsten unterscheidet Nietzsche zwischen dem „apollinischen Traumkünstler" und dem „dionysischen Rauschkünstler", die er jedoch in der griechischen Tragödie in ihrem Zugleichsein fusioniert sieht. In ihr sinke er

> in dionysische Trunkenheit und mystische Selbstentäusserung, einsam und abseits von den schwärmenden Chören nieder[ ] und wie sich ihm nun, durch apollinische Traumeinwirkung, sein eigener Zustand d. h. seine Einheit mit dem innersten Grunde der Welt in einem gleichnissartigen Traumbilde offenbart.[61]

Das jedoch trifft recht genau auf Kafkas besagten Traum zu, wie er ihn Felice Bauer mitgeteilt hat. Entgrenzungsphänomen und Einsicht in den eigenen Zustand, Nachrichten aus der traurig-tragischen Welt Ovids als Wunschvorstellung, die kaum artikulierte Kunde vom Meer verdichten sich zu einer Erfahrung am Rande eines rauschhaften Zustands und in jedem Sinne zu einem Traumbild, das Kafka ‚gleichnisartig' für seine Lebenslage vorgekommen sein dürfte.

---

60 Friedrich Nietzsche, Sämtliche Werke. Kritische Studienausgabe in 15 Einzelbänden, Bd. 1: Die Geburt der Tragödie, hrsg. von Giorgio Colli u. Mazzino Montinari, München 1988, S. 28.
61 Ebd., S. 30 f.

Hörspuren in Kafkas Briefen und Tagebüchern

> Viel Gesang in Lindau auf dem Bahnhof in der Nacht.
> Kafka, 26. August 1911 (T, 946)

Inzwischen wertet die Forschung einen Gutteil der Briefe und Tagebucheintragungen Kafkas als integralen Bestandteil seines Werks. Das in ihnen in Erscheinung tretende Ich eignet etwas entsprechend Selbstreflexiv-Fiktionalisiertes.[62] Wenn nun nachfolgend den ‚Hörspuren' in diesen Werkkomponenten nachgegangen werden soll, dann wären diese Spuren als akustische Züge in Kafkas literarischer Physiognomie zu deuten, seien sie verstärkt durch eine eigenständige erzählerische Komponente[63] oder als weiterer Aufweis einer „Bruchlinie zwischen Faktizität und Imagination".[64] Zu fragen ist hierbei, wie es um das Wechselverhältnis von konkreter und imaginierter Erfahrung akustischer Phänomene in diesen Ausdrucksmedien im Werk Kafkas bestellt ist. Dabei kann von Überprüfbarkeit keine Rede sein, wohl aber von der ästhetischen Repräsentation dieser realen oder ins Imaginierte gesteigerten Erfahrung durch den Autor Kafka in Brief und Tagebucheintrag.

Kafkas Aufzeichnungen und Reflexionen über akustische Phänomene illustrieren das, was die Forschung inzwischen als „auditory anxiety" bezeichnet,[65] als eines der Charakteristika der ‚sonic modernity'. Sam Halliday, der diesen Begriff geprägt hat, behauptet: „To fully grasp the significance of sound in modern culture, [...] we must consider visual cultures of sound and verbal cultures of sound, and see all of these in dialogue with ‚sounded' cultures of sound, more self-evidently made out of sound itself."[66]

Allein schon die bislang aufgerufenen Beispiele von Kafkas Wahrnehmung akustischer Phänomene belegen, dass sich in seinem Werk Kritik am akustischen

---

62 Vgl. Georg Guntermann, Vom Fremdwerden der Dinge beim Schreiben. Kafkas Tagebücher als literarische Physiognomie des Autors, Tübingen 1991, S. 26.
63 Vgl. Philipp Theisohn, [Art.] Die Tagebücher. In: Kafka-Handbuch. Leben – Werk – Wirkung, hrsg. von Manfred Engel u. Bernd Auerochs, Stuttgart/Weimar 2010, S. 378–390, hier S. 382.
64 Ekkehard W. Haring, [Art.] Das Briefwerk. In: Kafka-Handbuch. Leben – Werk – Wirkung, hrsg. von Manfred Engel u. Bernd Auerochs, Stuttgart/Weimar 2010, S. 390–401, hier S. 400.
65 Vgl. dazu grundlegend Rolf J. Goebel, Auditory Desires, Auditory Fears. The Sounds of German Literary Modernism. In: Germanisch-Romanische Monatsschrift 66/4 (2016), S. 417–437. Goebel entwickelt seinen Ansatz am Beispiel von Stefan Georges, Rainer Maria Rilkes und Siegfried Kracauers Verhältnis zum ‚Sonischen' – als Klang und Lärm.
66 Sam Halliday, Sonic Modernity. Representing Sound in Literature, Culture and the Arts, Edinburgh 2013, S. 3.

Terror der zivilisatorischen Moderne und sein Interesse an ungewöhnlichen Erscheinungsformen des Akustischen überlagern. Kafka interessierte dabei vorrangig die Materialität des Klanglichen, wobei mit Rolf Goebel von einer prinzipiellen „sonic sensibility" Kafkas auszugehen ist.[67] Goebel leitet diese von der ‚psycho-ästhetischen Dynamik der Musik' ab, von der Sebastian Leikert gesprochen hat.[68]

Versichern wir uns zunächst eines wichtigen Merkmals im Schreibverfahren Kafkas. Am genauesten traf es meines Erachtens Martin Walser in einer Rezension der letzten Briefe und Postkarten Kafkas.[69] Walser unterscheidet darin zwischen Autoren, die mit Vorliebe „Gott und die Welt" bezichtigen oder sich selbst. Kafka schrieb er dagegen zutreffend „Selbstbezichtigungsvirtuosität" zu. Die erste Kategorie Schriftsteller tendierten, so Walser, zum „Dröhnen", die zweite zu dessen Gegenteil, dem stillen Selbstaufheben alles Gesagten.[70] Zu dieser „Selbstbezichtigungsvirtuosität" gehört auch Kafkas wiederholte Behauptung, kein Verhältnis zur Musik zu haben und überhaupt seine Ohren als ein fremdes Organ zu betrachten. Die Entschiedenheit dieser Selbstbezichtigung kennt zu Kafkas Zeit nur einen prominenten Parallelfall: die Musikskepsis Rilkes, weswegen im Verlauf dieser Studie auch ein eingehender Vergleich ihres Verhältnisses zum Akustisch-Musikalischen erfolgen soll. Zu fragen wird sein, ob diese Äußerungen als Beiträge zu einer „Ästhetik des Antimusikalischen" gelten können, von der Adorno mit Blick auf Paul Valérys gleichfalls musikskeptischer Haltung sprach.[71]

In seiner besagten Rezension berichtet Walser übrigens auch von seiner Begegnung mit Dora Dymant an einem Nachmittag im Februar 1952 in London, der er nicht zu entsprechen gewusst habe, weil zu seinem Bild von Kafka nicht jener „Religionston[ ]" passen wollte, den Kafkas letzte Lebensgefährtin im Gespräch anschlug. Nach dieser durch sein Verhalten verfehlten Begegnung mit Dora Dymant in ihrer kleinen dunklen Wohnung in Chelsea habe ihn – hier übernimmt Walser geradezu den Selbstbezichtigungsstil Kafkas – widersinnigerweise aus-

---

67 Goebel, Auditory Desires, Auditory Fears, S. 421.
68 Sebastian Leikert, Die vergessene Kunst. Der Orpheusmythos und die Psychoanalyse der Musik, Gießen 2005.
69 Franz Kafka, Briefe an die Eltern aus den Jahren 1922–1924, hrsg. von Josef Čermák u. Martin Svatoš, Frankfurt a. M. 1990.
70 Martin Walser, Kafkas Stil und Sterben. In: DIE ZEIT vom 26. Juli 1991, S. 44.
71 Theodor W. Adorno, Valérys Abweichungen. In: Adorno, Gesammelte Schriften, Bd. 11: Noten zur Literatur, hrsg. von Rolf Tiedemann unter Mitwirkung von Gretel Adorno, Susan Buck-Morss u. Klaus Schultz, Frankfurt a. M. 2003, S. 158–202, hier S. 169.

gerechnet nach dem Piccadilly Circus verlangt, nach Theater: „Etwas mit Musik."⁷²

Was Walser in dem zu besprechenden Kafka-Band *Briefe an die Eltern aus den Jahren 1922–1924* von Dora Dymant lesen konnte, ohne dass er es jedoch zitiert hätte, lässt aufmerken. Es handelt sich um einen dem vorletzten Brief Kafkas an seine Eltern vorgeschalteten Stimmungsbericht Doras, der an sprachlicher Intensität nichts zu wünschen übrig lässt. Aus unserer Sicht sind daraus zwei Aspekte hervorzuheben. Zum einen nennt sie Kafkas Freund, Robert Klopstock, der sein Studium unterbrochen hatte, um Kafka in seiner letzten Lebensphase beizustehen, „Klopfstock" und verwandelt damit den Namen in ein akustisches Instrument. Zu vermuten steht, dass Dora und Kafka ihn tatsächlich so nannten, was durchaus Kafkas Vorliebe für Sprach- und Wortwitz entsprochen hätte, den er offenbar bis zuletzt, als ihm wirkliches Sprechen nicht mehr möglich war, beibehielt. Zum anderen schreibt sie, dass aus dem Park des Kierlinger Sanatoriums im Monat Mai ein „wunderbar berauschender Duft aus den Tiefen" aufsteige, der auf die Patienten, auch auf Kafka, wie Balsam wirke. Und darauf folgt diese Passage:

> Bis Abend steigert er [der Duft; d. Verf.] sich zu einer unglaublichen fast nicht zu ertragenden Stärke. Und die Aussicht und die Klänge rings-herum, schaft [sic!] dem Auge und dem Gehör auch Atem-Organe. Alle Sinne verwandeln sich zu Atem-Organen und alle zusammen atmen in sich die Genesung, den Segen, der in der Fülle rings-herum verbreitet ist ein. Schade, daß ich nicht die Gabe besitze, es Ihnen schöner zu beschreiben.⁷³

Das Gehör als ‚Atem-Organ' – *schöner*, treffender hätte Dora die Besonderheit dieser Stimmung gar nicht ausdrücken können, wohl ahnend, wenn nicht wissend, dass ihr geliebter Patient zu diesem Zeitpunkt dem Tode längst anheimgegeben war. Doch eben genau diese Empfindung, die Klänge ringsum einzuatmen, blieb Kafka bis zuletzt verwehrt. Nur fünf Monate zuvor hatte er den Eltern aus Berlin-Steglitz unter dem Eindruck der Sylvesternacht geschrieben, wo er im Grunde in einer Idylle, in der Grunewaldstraße 13, mit Dora lebte:

> Trotzdem ich nur zwischen Gärten wohne, das städtische Steglitz ziemlich entfernt ist und Berlin erst recht, war doch der Lärm bei offenem Fenster stundenlang ungeheuerlich, ohne Rücksicht auf den Frost, der Himmel voll Raketen, im ganzen großen Umkreis Musik und Geschrei.⁷⁴

---

72 Walser, Kafkas Stil und Sterben.
73 Dora Dymant an Kafkas Eltern, um den 19. Mai 1924, In: Kafka, Briefe an die Eltern, S. 77 f.
74 Kafka an die Eltern, 5.–8. Januar 1924. In: Ebd., S. 51.

Das Hören, Hören-Müssen als Last, das Ohr als das am meisten geprüfte Organ: Reizvoll ist es, Kafkas briefliche Äußerungen zu akustisch-klanglichen Wahrnehmungen im unmittelbaren zeitlichen Umfeld zu diesen beiden Zitaten im Austausch mit Milena Jesenská zu sichten und auf ihre auditive Qualität hin zu prüfen. Gehen wir hierbei diachronisch vor, um zu sehen, wo Kafka mit diesen Äußerungen ankam: überraschender Weise bei Eichendorffs Gedicht „Abschied vom Walde", vertont von Mendelssohn Bartholdy (op. 59, Nr. 3) zu einem der beliebtesten Lieder im romantischen Chorrepertoire: „O Täler weit, o Höhen!" Kafka sieht, so schreibt er Jesenská vermutlich im September 1922, dieses gefühlvoll empfindsame Gedicht als Aufweis für das ‚Wunderbare' an „den Deutschen", offensichtlich auch an der deutschen Sprache. Der Folgesatz empfiehlt dann den Gegensatz, das weitaus weniger bekannte Gedicht „Der Wanderer in der Sägemühle" von Justinus Kerner, von Kafka nur „das Gedicht von der Säge" genannt, wobei er aufschlussreicherweise nur das martialische Instrument nennt. „Wenn Sie sie nicht kennen", so Kafka weiter, „werde ich sie Ihnen einmal abschreiben."[75] Kerners Gedicht lautet:

Der Wanderer in der Sägemühle

Dort unten in der Mühle
Saß ich in süßer Ruh
Und sah dem Räderspiele
Und sah dem Wasser zu.

Sah zu der blanken Säge,
Es war mir wie ein Traum,
Die bahnte lange Wege
In einem Tannenbaum.

Die Tanne war wie lebend,
In Trauermelodie,
Durch alle Fasern bebend
Sang diese Worte sie:

Du kehrst zur rechten Stunde,
O Wanderer! hier ein,
Du bist's, für den die Wunde
Mir dringt ins Herz hinein.

---

[75] Franz Kafka, Briefe an Milena, erw. u. neu geordnete Ausgabe, hrsg. von Jürgen Born u. Michael Müller, 15. Aufl., Frankfurt a. M. 2015, S. 305 (nachfolgend im Text unter der Sigle BaM mit Seitenzahl zitiert).

Du bist's, für den wird werden,
Wenn kurz gewandert du,
Dies Holz im Schoß der Erden,
Ein Schrein zur langen Ruh.

Vier Bretter sah ich fallen,
Mir ward um's Herze schwer,
Ein Wörtlein wollt' ich lallen,
Da ging das Rad nicht mehr.[76]

Im Zustand des Zersägt-Werdens singt die Tanne dem Wanderer das Lied von seinem Eingesargt-Werden, wobei das Sägen und Singen eine scharf dissonantische Geräusch- und Klangkonstellation ergeben, die Kafka besonders angesprochen haben dürfte. Auch der doppeldeutige Ausdruck „Schrein zur langen Ruh" mag hierzu beigetragen haben, verstanden als Sarg-Schrein, aber auch als ein Schreien, das die ‚lange Ruh' begleitet. Dem Wanderer kommt dies wie ein (Alb-)Traum vor, den er am Ende nicht weiter kommentieren kann. Das „Wörtlein", das er noch „lallen" wollte, bleibt ihm im Hals stecken, als er die aus der Tanne gewonnenen Bretter, aus denen sein Sarg gezimmert werden könnte, fallen sieht und hört.

Fremdklänge um Milena Jesenská

In dieser späten Phase seines Lebens sah sich Kafka sogar in der Lage, eine seiner frühen Erzählungen, auf die er stets großen Wert gelegt hatte, *Das Urteil*, mit Klanglichem zu assoziieren. Auslöser dafür war Milenas Übersetzung der Erzählung ins Tschechische. Im August 1920 schreibt er ihr: „Die Übersetzung des Schlußsatzes ist sehr gut. In jener Geschichte hängt jeder Satz, jedes Wort, jede – wenn's erlaubt ist – Musik mit der Angst zusammen, damals brach die Wunde zum erstenmal auf in einer langen Nacht und diesen Zusammenhang trifft die Übersetzung für mein Gefühl genau, mit jener zauberhaften Hand, die eben Deine ist." (BaM, 235) Die Sprachmusik im Tschechischen war es, die ihn ansprach, wobei er jene der Božena Němcová, deren bekanntesten Roman *Babička* (1885) er um 1902 kennengelernt hatte, von jener in Milenas Übersetzung zu unterscheiden vermochte (BaM, 22), ein Beleg für sein ausgeprägtes auditives Sprachempfinden. Wie anschaulich sich Kafka zum Sprachklang äußern konnte, belegt eine weitere Stelle in den Briefen an Milena, wo es um das Wort ‚nechápu' geht, Tschechisch

---

[76] In: Gustav Brugier, Geschichte der Deutschen Literatur. Berlin u. Leipzig 1904, S. 453.

für ‚verstehe nicht'. Kafka kommentiert ebenso subtil wie buchstäblich beißend ironisch:

> Ein fremdartiges Wort im Tschechischen und gar in Ihrer Sprache, es ist so streng, teilnahmslos, kaltäugig, sparsam und vor allem nußknackerhaft, dreimal krachen im Wort die Kiefer aufeinander oder richtiger: die erste Silbe macht einen Versuch die Nuß zu fassen, es geht nicht, dann reißt die zweite Silbe den Mund ganz groß auf, nun paßt schon die Nuß hinein und die dritte Silbe endlich knackt, hören Sie die Zähne? (BaM, 28; Brief v. 30. Mai 1920)

Ob nun vor allem die erste Aussage Kafkas über den Zusammenhang von Musik und Angst ein Beleg dafür ist, dass selbst er Walter Paters These bestätigt, die besagt: „[A]ll art constantly aspires towards the condition of music",[77] sei dahingestellt. Zumindest bezeichnet der Schlusssatz von *Das Urteil* („In diesem Augenblick ging über die Brücke ein geradezu unendlicher Verkehr"; E, 44) einen wundersamen Kontrapunkt, und zwar jenen zwischen dem „Augenblick" und einem unaufhörlichen Übergang, zwischen einem Todesmoment und einer *transitio in perpetuo*.

In der Erzählung konzentriert sich das Akustische auf ihren letzten Teil; ja es scheint, als habe der Erzähler die akustischen Effekte bis zuletzt aufgespart, um sie dann emphatisch einzusetzen. Sie setzen denn auch an einer prägnanten Stelle ein, als nämlich Georg Bendemann sich von seinem Vater bedroht fühlt und er darauf hofft, dass dieser sich vorbeuge und dabei „fiele und zerschmetterte". Dieses freilich nur *gedachte* Wort „durchzischte seinen Kopf". (E, 42) Die Vorwürfe des Vaters führen im Mund des Sohnes zu einer ironischen Replik, jedoch mit „toternste[m] Klang". (E, 43) Der Vater wird dann „lauter", wenn er das „Urteil" über den Sohn verkündet: „[...] zum Tode des Ertrinkens." (E, 44) Georg exekutiert es daraufhin selbst, wobei er „den Schlag, mit dem der Vater hinter ihm aufs Bett stürzte" noch „in den Ohren davon" trug. (E, 44) Dieses akustische Moment treibt ihn aus dem Haus und in den Selbstmord. Zuletzt nimmt Georg noch einen „Autoomnibus" wahr, von dem er glaubt, sein Motorengeräusch werde „mit Leichtigkeit seinen Fall" in den Fluss *übertönen*. (E, 44) Kafka bestätigt mit der Bemerkung zum Zusammenhang von Musik und Angst in seinem Brief an Milena vom 28. August 1920 – dem Goethe-Bewunderer Kafka dürfte die Symbolik des Briefdatums nicht entgangen sein, handelt es sich doch um den Geburtstag des

---

[77] Walter Pater, The School of Giorgione. In: Pater, The Renaissance. Studies in Art and Poetry, hrsg. von Donald L. Hill, Berkeley 1980, S. 102–122, hier S. 104.

Dichters – die zuvor zitierte These von der „ambivalent auditory anxiety" in der deutschsprachigen literarischen Moderne.[78]

In einem weiteren Brief aus dem August 1920 trug Kafka diese Verbindung von Angst und Musik mitten in das Verhältnis von Ethik und Musik hinein – und das wiederum vermittels seiner Selbstbezichtigungsrhetorik: „Schmutzig bin ich Milena, endlos schmutzig, darum mache ich ein solches Geschrei mit der Reinheit. Niemand singt so rein, als die welche in der tiefsten Hölle sind; was wir für den Gesang der Engel halten, ist ihr Gesang." (BaM, 228) Die ‚tiefste Hölle' als Voraussetzung für ‚reinen Gesang', also eine Musik der Läuterung, wobei hier ein dantesker Aufstieg aus der Hölle mit Hilfe des Gesangs keineswegs gesichert scheint. Der einmal gefallene Engel bleibt gefallen, gleich wie er singt. Der Gedanke, dass die Kenntnis des Höllischen eine entscheidende Voraussetzung für das Schaffen ‚reiner' Musik sei, sollte sich ganz erst im Teufelsgespräch in Thomas Manns *Doktor Faustus* (1947) entfalten, dessen Motto ja ein Zitat aus dem II. Gesang des Infernos aus Dantes *Göttlicher Komödie* sein wird („Lo giorno se n'andava [...]").[79]

Dass sich Kafka in Sachen ‚Musik' darauf verstand, entsprechende sprachliche Register zu ziehen, belegt eine zeitnahe Briefstelle. Darin simuliert oder imaginiert er eine vermeintlich von Milena gestellte Frage und lässt sie ostinat werden: „Du warst also wirklich nicht in Wien? Bekamst diesen Brief [von Milena; d. Verf.] und warst nicht in Wien? Warst nicht in Wien? Warst nicht in Wien?" Sein Selbstkommentar dazu lautet: „Ich verstehe nicht Musik aber diese Musik verstehe ich leider besser als alle Musikalischen." (BaM, 167; Brief v. 31. Juli 1920) Er meint offenbar die Fragen, die wiederholt werden, bis sie etwas Musikalisches annehmen, gleichsam singbar, spielbar werden. Hierher gehört auch eine aufschlussreiche Bemerkung von Kurt Tucholsky zur Wirkung von Kafkas Prosa, der er „Melodie" zuschrieb und als „singend" bezeichnete.[80]

Eine unmittelbar werkbezogene Aussage zum Musikalischen findet sich in Kafkas Briefen an Milena mit Bezug auf Franz Grillparzers Künstlernovelle *Der arme Spielmann* (1848), die neben Kleists *Michael Kohlhaas* (1810) zu den bevorzugten, wenngleich nicht unkritisch gesehenen Lektüren Kafkas gehörte.[81] War es im Falle des Kleist'schen *Kohlhaas* „der schwächere, teilweise grob hinuntergeschriebene Schluß" (BaF, 291; Brief v. 9./10. Februar 1913), der ihn störte, kritisierte

---

[78] Goebel, Auditory Desires, Auditory Fears, S. 417.
[79] Thomas Mann, Gesammelte Werke in dreizehn Bänden, Bd. VI: Doktor Faustus, Frankfurt a. M. 1990, S. 296–333 (Kap. XXV).
[80] Zit. nach: Jürgen Born (Hrsg.), Franz Kafka. Kritik und Rezeption zu seinen Lebzeiten 1912–1924. Frankfurt am Main 1979, S. 19f.
[81] Vgl. Nagel, Kafka und die Weltliteratur, S. 61.

er an Grillparzer „die Art der Musikausübung", die dieser in seiner Novelle gezeigt habe; Kafka nennt sie eine „kläglich lächerliche Erfindung". (BaM, 108; Brief v. 13. Juli 1920) Er sah diese Geschichte sogar „an ihren eigenen Elementen" zugrunde gehen, wobei er bezeichnenderweise hinzufügte: „Allerdings gibt es kein schöneres Schicksal für eine Geschichte als zu verschwinden [...]." (Ebd.) Doch darauf folgt die eigentliche Kritik: „Auch der Erzähler, dieser komische Psychologe wird damit sehr einverstanden sein, denn wahrscheinlich ist er der eigentliche arme Spielmann, der diese Geschichte auf möglichst unmusikalische Weise vormusiciert [...]." (BaM, 108 f.)

Der Erzähler als ‚armer Spielmann', als unmusikalisch Musizierender, der sich gerade deswegen auf die Schilderung von „Übelklang" und „Mißklang" versteht,[82] weil dies seiner eigenen psychologischen Disposition entspricht. Dieser Spielmann dürfte für Kafka jedoch den Modellfall einer dissonantischen Ästhetik verkörpert haben, deren genaue Darstellung der Erzähler durchaus zu leisten versteht, dabei den Wert literarischer Beschreibung von Musik betonend:

> Ein leiser, aber bestimmt gegriffener Ton schwoll bis zur Heftigkeit, senkte sich, verklang, um gleich darauf wieder bis zum lautesten Gellen emporzusteigen, und zwar immer derselbe Ton, mit einer Art genußreichem Daraufberuhen wiederholt. Endlich kam ein Intervall. Es war die Quarte. Hatte der Spieler sich vorher an dem Klange des einzelnen Tones geweidet, so war nun das gleichsam wollüstige Schmecken dieses harmonischen Verhältnisses noch ungleich fühlbarer. Sprungweise gegriffen, zugleich gestrichen, durch die dazwischenliegende Stufenreihe höchst holperig verbunden, die Terz markiert, wiederholt. Die Quinte darangefügt, einmal mit zitterndem Klang wie ein stilles Weinen, ausgehalten, verhallend, dann in wirbelnder Schnelligkeit ewig wiederholt, immer dieselben Verhältnisse, die nämlichen Töne.[83]

Man vergegenwärtige sich, dass Kafka diese Erzählung wie auch den *Kohlhaas* gerne vorlas, die performative Qualität solcher Stellen vermutlich diskret auskostend. So vermerkt er am 9. August 1912 im Tagebuch sein „aus Eingebungen fließendes Vorlesen" dieser Novelle, wobei er damals noch anerkennender vom „ruhige[n] Verfügen" des Erzählers „über sich selbst" sprach und den „langsame[n] Schritt der nichts versäumt" im Erzählen pries. (T, 176) Grete Bloch gegenüber räumte er am 15. April 1914 ein, dass er die Novelle einst seiner Schwester vorgelesen habe; sie sei mit einer „unmenschlichen Selbstverständlichkeit" aus ihm herausgebrochen: „[...] ich war über jedes Wort glücklich, das ich aussprach. Das wird sich nicht mehr wiederholen, ich würde niemals mehr wagen, es vor-

---

[82] Franz Grillparzer, Der arme Spielmann. In: Deutsche Künstlernovellen des 19. Jahrhunderts, hrsg. von Jochen Schmidt, Frankfurt a. M. 1982, S. 197–250, hier S. 212.
[83] Ebd., S. 201 f.

zulesen." Mehr noch: Er sei von diesem Text so „ausgefüllt" gewesen, „daß für keinen Irrtum der Betonung, des Atems, des Klangs, des Mitgefühls, des Verständnisses Platz in mir gewesen wäre." (BaF, 551)

Was daran, an dieser Textstelle, am Erzähler, dem armen Spielmann oder der Erzählung ‚musikalisch' ist oder nicht, ja das Verhältnis von ‚musikalisch' und ‚unmusikalisch' beschäftigte Kafka weiterhin – zumindest sporadisch. Im letzten seiner Meraner Briefe vom Sommer 1920, also vor seiner ersten bedeutsamen Wiederbegegnung mit Milena in Wien Ende Juni 1920, äußerte sich Kafka dazu ausdrücklich:

> So zweifellos ist es nicht, daß Unmusikalität ein Unglück ist; zunächst ist es für mich keines, sondern ein Erbstück der Vorfahren (mein väterlicher Großvater war Fleischhauer in einem Dorf bei Strakonitz [...]) und gibt mir einigen Halt, ja Verwandtschaft bedeutet für mich viel, dann aber ist es doch ein menschliches Unglück, ähnlich oder gleich dem Nicht-Weinen-, dem Nicht-Schlafen-können. Und musikalische Menschen verstehn bedeutet ja schon fast Unmusikalität. (BaM, 79)

Dem Problem des Musikalischen, so zeigt der letzte Satz, lässt sich offenbar nur in Form eines Paradoxons beikommen: Wer versteht, was musikalisch sei, grenzt bereits an sein Gegenteil; offenbar weil der Akt des Verstehens das Musikalische entzaubern, ihm seine Besonderheit nehmen würde. Kafka sah beides, Musikalität und Unmusikalität, als einen erblich bedingten Zustand *und* als ein Verstehensproblem.

Bezeichnenderweise schickte er Milena nach ihrem Wiener Wiedersehen ein Exemplar der Grillparzer'schen Novelle, „nicht weil er eine große Bedeutung für mich hat, einmal hatte er sie vor Jahren". (BaM, 85; Brief v. 5. Juli 1920) Und Kafka präzisiert: „Ich schicke ihn aber, weil er so wienerisch, so unmusikalisch, so zum Weinen ist, weil *es* im Volksgarten auf uns hinuntergesehen hat [...]." (Ebd.; Hervorh. d. Verf.)

Man mag es als reizvolle Koinzidenz ansehen, dass in Grillparzers Novelle der namenlose ‚arme Spielmann' bei einem Fleischer wohnt und Kafka gerade diesen Berufsstand seines Großvaters betonte. Wesentlich dagegen ist, dass er bereits hier am ‚Unmusikalischen' dieser Novelle festhält. Es, dieses Unmusikalische, wäre die einzige mittelbar grammatische Erklärung für den pronominalen Wechsel vom „er" zum „es" in diesem Briefsatz. Dieses ‚Unmusikalische' mag auf die beiden im Volksgarten „hinuntergesehen" haben, eine Art von unsentimentaler Nüchternheit, die diese intime Zweisamkeit an öffentlichem Ort konditioniert haben könnte.

Sonanzen unter Freunden: Das Klangverhältnis zu Max Brod

Fragt man nach der Entwicklung in Kafkas Hörgewohnheiten und seinem Verhältnis zum Akustischen über einen längeren Zeitraum seines Lebens, bietet der Briefwechsel mit seinem musikalisch versierten Freund Max Brod wesentliche Aufschlüsse. Anfangs konnte es noch vorkommen, dass Kafka wie am 5. April 1905 dem philosophischen Zirkel im Prager Café Louvre, wo Brod sich über „Evidenz in der Ethik" verbreitete, einen Kammermusikabend vorzog.[84] Sogar von „Tanzschritten" (MBFK, 29) ist bald danach die Rede. Später findet sich Kafka selbst in Karl Millöckers Operette *Der Vice-Admiral* (1886), wobei ihn das Verfahren der Komposition in diesem Genre als beispielhaft für jegliche Art des Stückeschreibens anmutet – „nur bei Operetten" könne man lernen:

> Und selbst wenn es einmal oben [auf der Bühne; d. Verf.] gleichgültig und ohne Ausweg wird, fängt unten der Kapellmeister etwas an, hinter der Meerbucht schießen Kanonen aller Systeme ineinander, die Arme und Beine des Tenors sind Waffen und Fahnen und in den vier Winkeln lachen die Choristinnen, auch hübsche, die man als Seeleute angezogen hat. (MBFK, 42; etwa März / April 1908)

Schon hier zeigt sich, dass Kafka weniger ein Ohr für Millöckers Melodien hatte als vielmehr ein Auge und Sinn für die surrealen Szenen und das Verfahren, das notwendig ist, um Unsinniges wirkungsvoll zu zeigen: *die Arme und Beine des Tenors sind Waffen und Fahnen*. Für kurze Zeit konnte ihn offenbar das fesseln, was Siegfried Kracauer im Zusammenhang mit Jacques Offenbach die „Operetten-Urwelt"[85] nennen wird: die Urszenen des Frivolen in der Moderne.

Doch schon wenig später setzen Kafkas Klagen über den ‚Lärm' ein, die seine Briefe an Brod ebenso wie jene an Felice Bauer durchziehen werden. In seinem Brief an Brod vom 17. Dezember 1910 stellt Kafka dann erstmals einen Zusammenhang her zwischen Geräuschkulisse und eigenem Schaffen. Da ist das „Fräulein unter uns" mit ihrem gelegentlichen Klavierspiel, an dem er nichts auszusetzen hat. Das eigentliche Problem ist die Situation in der eigenen Wohnung: „Wenn links der Frühstückslärm aufhört, fängt rechts der Mittagslärm an, Türen werden jetzt überall aufgemacht, wie wenn die Wände aufgebrochen würden." Diese akustischen Zerreißproben übertragen sich nun auf das auch physisch konditionierte Verhältnis zur eigenen Sprache und zum Schreiben: „Mein ganzer Körper warnt mich vor jedem Wort; jedes Wort, ehe es sich von mir

---

[84] Max Brod u. Franz Kafka, Eine Freundschaft. Briefwechsel, hrsg. von Malcolm Pasley, Frankfurt a. M. 1989, S. 17 (nachfolgend im Text unter der Sigle MBFK mit Seitenzahl zitiert).
[85] Siegfried Kracauer, Jacques Offenbach und das Paris seiner Zeit, mit einem Nachwort von Karsten Witte, Frankfurt a. M. 1994, S. 31–42.

niederschreiben läßt, schaut sich zunächst nach allen Seiten um; die Sätze zerbrechen mir förmlich, ich sehe ihr Inneres und muß dann aber rasch aufhören." (MBFK, 84) Dass es sich hierbei um eine Anspielung auf Hofmannsthals 1902 veröffentlichten Chandos-Brief handelt, ist durchaus vorstellbar; nachweislich kannte Kafka das nur eineinhalb Jahre später erschienene *Gespräch über Gedichte*.[86] Übrigens sollte er Hofmannsthal, als er ihn bei einer Lesung im Prager Herder-Verein im November 1912 hörte, kritisch einen „falschen Klang in der Stimme" (T, 379) bescheinigen. Wenn es sich nun bei der Bemerkung über die Worte um die zerbrechenden Sätze tatsächlich um eine Anspielung auf den Chandos-Brief handelt, dann geht Kafka jedoch noch einen erheblichen Schritt weiter. Nicht dass ihm wie Hofmannsthals Chandos die Worte wie „modrige Pilze" im Mund zerfielen,[87] vielmehr werden sie selbst aktiv, halten vor ihrer Verwendung Umschau und nehmen offenbar die Geräuschwerte um sie herum in sich auf. Wenn sie Sätze gebildet haben, brechen diese auf wie scheinbar die Wände, wenn Türen aufgemacht oder aufgerissen werden. Einmal aufgebrochen – vermutlich bedingt durch die akustischen Spannungen ihrer Worte –, enthüllen sie dem Autor ihr Inneres, ein wie zu vermuten steht grausiger Anblick, der diesen zum ‚Aufhören' nötigt.

Fühlte sich Kafka einer in seinen Ohren lärmenden Musik ausgesetzt, verfiel er auf ungewöhnliche Vergleiche. So sieht er sich in einem Brief aus Zürau zu einem Geier werden, der, Ruhe suchend, über einem Zimmer schwebt, sich „schnurgerade" in dasselbe hinunterlässt, mit Drohgebärde genau gegenüber einem „Klavier", dessen Pedale „wild geschlagen" werden. (MBFK, 162; Brief v. 18. September 1917)

Durch Brod, der von sich sagte, er hätte lieber Musiker werden sollen statt Dichter (MBFK, 235), sieht sich Kafka immer wieder an musikalische Werke seiner Zeit herangeführt, so an Leoš Janáčeks Oper *Jenůfa* (1904), deren Libretto Brod ins Deutsche übersetzt hatte. Kafka nennt bereits das Lesen dieser Übersetzung „Musik". Die Musik des Textes spricht Kafka an, wobei er durchaus kritisch auf einige Stellen eingeht. (MBFK, 178; Brief v. 6. Oktober 1917) Nun fällt aber auch auf, dass Kafka in der Art, wie er seine Wahrnehmung akustischer Phänomene benennt oder ansatzweise beschreibt, Ironie und Ernst einander durchwirken lässt. So etwa, wenn er am 24. November 1917 an Brod schreibt: „Mein Gehör hat sich tausendmal verfeinert und ist ebensoviel unsicherer geworden, streiche ich mit

---

[86] Vgl. Ekkehard W. Haring, [Art.] Leben und Persönlichkeit. In: Kafka-Handbuch. Leben – Werk – Wirkung, hrsg. von Manfred Engel u. Bernd Auerochs, Stuttgart/Weimar 2010, S. 1–27, hier S. 7.
[87] Hugo von Hofmannsthal: Ein Brief. In: Hofmannsthal, Erzählungen, Erfundene Gespräche und Briefe, Reisen, Frankfurt a. M. 1979, S. 460–472, hier S. 464.

dem Finger übers Leintuch, weiß ich nicht mehr ganz bestimmt, ob ich nicht eine Maus höre. Aber Phantasien sind die Mäuse deshalb nicht, mager kommt abends die Katze zu mir herein und wird am Morgen dick hinausgetragen." (MBFK, 199)

Dass diese Verfeinerung steigerungsfähig war, belegt ein Brief Kafkas aus der zweiten Januarhälfte 1921, in dem er davon spricht, dass seine „angstgeschärften Ohren jetzt alles hören, hören sogar den Zahntechniker, trotzdem er durch 4 Fenster und 1 Stockwerk von mir getrennt ist". Allein seine Stimme verursache ihm „Herzbeschwerden", auch wenn sie „matt" und „schwer beweglich" sei, „eigentlich leise", so dringe sie doch durch Mauern. (MBFK, 307) Zuvor hatte Brod seinem Freund eine Diagnose ganz eigener Art geliefert: „[M]eine vielleicht allzu nüchterne Auffassung deines Zustandes ist: daß du infolge deiner Krankheit geschwächt ganz ähnlich wie kein Geräusch auch keine noch so zarte Beziehung zu einer Frau erträgst, selbst wenn diese Beziehung an sich für dich und für diese Frau [gemeint ist Milena; d. Verf.] sehr glückverheißend scheint." (MBFK, 303; Brief v. 19. Januar 1921) Eindrücklich, wie Brod versuchte, seinem Freund ein entspannteres Verhältnis zum Lärm nahezubringen, wenn nicht vorzuleben:

> Diese nervösen Lärmstörungen kenne ich zu gut. Sie sind natürlich nicht Sache des Ohres. Jetzt, wo mein Herz wieder einverstanden ist mit seinem Schicksal, schreibe ich unter Klavierbegleitung – und ein Bau mir gegenüber, der täglich neue Sorten von Großgeräusch erfindet, der mir früher einfach Gesundheit und Besinnung geraubt hätte, er ist mir eine Quelle von Vergnügen, ich transformiere z. B. das Schneiden von Holzbalken in eine Brettsäge mitten im Walde und habe auf diese Art einen Gratisausflug. (MBFK, 345 f.; Brief v. 14. Mai 1921)

Wie beiläufig erwähnt Brod dabei noch, dass er unter diesen Geräuschbedingungen Liedtexte von Janáček übersetzt. Überflüssig zu erwähnen, dass Kafka diesem Vorbild nicht (mehr) nachzueifern vermochte. Beinahe ist man ja versucht, Brods knappe, aber ungemein treffende Einsicht in die Psyche Kafkas vom Oktober 1917 („Du bist in deinem Unglück glücklich"; MBFK, 179) auch auf dessen Verhältnis zum Lärm zu übertragen: Kafka habe die negativ besetzte Geräuschkulisse gebraucht, um sich an ihr akustisch ‚reiben', aber auch von ihr abstrahieren zu können. Charakteristisch für Kafkas argumentativen Umgang mit akustischen Phänomenen ist die Abfolge von quälender Wahrnehmung, Einsicht in das ihnen Ausgeliefertsein und einer überraschenden Auswertung im folgenden, Ende Mai 1921 geschriebenen Brief an Brod:

> [I]ch liege da steif und still, gequält bis ins Innerste von dem Mann der in den Nebenzimmern Öfen aufstellt und dabei jeden Tag, auch an Feiertagen, um 5 Uhr früh mit Hämmern, Gesang und Pfeifen anfängt und es bis 7 Uhr abends ununterbrochen fortsetzt, dann ein wenig ausgeht und vor 9 Uhr sich schlafen legt. […] Aber es ist auch nicht der Lärm hier, um den es

sich handelt, sondern der Lärm der Welt und nicht einmal dieser Lärm, sondern mein eigenes Nichtlärmen. (MBFK, 349)

Selbst das verschlafene südböhmische Städtchen Planá nad Lužnicí, wo sich Kafka mit seiner Schwester Ottla im Juni 1922 aufhält, wäre ihm „schön" vorgekommen,

> wenn Ruhe wäre, es ist doch paar Stunden Ruhe, aber bei weitem nicht genug. Keine Komponierhütte [vermutlich eine Anspielung auf Gustav Mahlers Toblacher Einsiedelei; d. Verf.]. [...] Heute z. B. ein unglücklicher Tag, ein Holzhacker hackt der Hausfrau schon den ganzen Tag Holz. Was er unbegreiflicherweise den ganzen Tag mit den Armen und mit dem Gehirn aushält, kann ich mit den Ohren gar nicht aushalten, nicht einmal mit Ohropax (das nicht ganz schlecht ist; wenn man es ins Ohr steckt, hört man zwar genau so viel wie früher, aber mit der Zeit wird doch eine leichte Kopfbetäubung erzielt und ein schwaches Gefühl des Beschütztseins, nun, viel ist es nicht. Auch Kinderlärm und sonstiges. (MBFK, 373)

Gerade in seinen Briefen erweist sich Kafka immer wieder als ein Meister der Schilderung von Beiläufigkeiten. Das zeigt in diesem Brief nicht nur der Verweis auf die „Komponierhütte", sondern auch wenig später der Ausdruck „heilige Nüchternheit" (MBFK, ebd.) von ihm in Anführungszeichen gesetzt, bezogen auf einen anstehenden Zimmerwechsel in seiner Pension, aber auf die ihm offenbar geläufige *sobria ebrietas*-Tradition anspielend, wie sie in Hölderlins Gedicht „Hälfte des Lebens" exemplarisch zum Ausdruck kam.[88] Zwei Wochen nach diesem Brief kam Kafka übrigens noch einmal auf die „Komponierhütte" zu sprechen, nunmehr mit explizitem Bezug auf Mahler mit dem bezeichnenden Zusatz: An dessen „Stelle hätten mich vielleicht die Vögel gestört." (MBFK, 387) Auffallend wiederum, wie das Phantasievolle sich Lärmerlebnissen anschließt, auch wenn Kafka behauptet, dass sein Schreiben „immerfort vom Lärm gefährdet" sei und er überdies „jeden Sinn auch für guten Lärm" verliere. Dass man „etwa in Teatern nur des Lärmens halber zusammenkommt", werde ihm folglich „bald unbegreiflich werden". (MBFK, 384) Doch legt er eben in demselben Brief eine Probe seines durchaus noch intakten, erzählerisch-imaginierend angereicherten akustischen Unterscheidungsvermögens ab. Und das liest sich dann so:

> Aber gestern z. B. nachmittag spielen Kinder vor meinem Fenster, knapp unter mir eine böse Gruppe, weiter links eine artige, lieb anzusehende, aber der Lärm beider ist gleichwertig, treibt mich aus dem Bett, verzweifelt aus dem Haus, mit schmerzenden Schläfen durch Feld und Wald, ganz hoffnungslos, nachteulenartig. [...] Auf dem nahen Bahnhof, der aber nicht mehr störend ist, werden fortwährend Stämme verladen, dabei wird immer gehämmert, aber

---

[88] Vgl. dazu Jochen Schmidt, Sobria ebrietas. Hölderlins „Hälfte des Lebens". In: Hölderlin Jahrbuch 23 (1982–1983), S. 182–190.

> milde und pausenweise, diesen Morgen aber, ich weiß nicht, ob das jetzt immer so sein wird, wurde schon so frühzeitig angefangen und durch den stillen Morgen und das schlafdurstige Hirn klang das ganz anders als bei Tag. Es war sehr schlimm. [...] Es sind seit ein paar Tagen etwa 200 Prager Schulkinder hier untergebracht. Ein höllenmäßiger Lärm, eine Geißel der Menschheit. Ich begreife nicht, wie es kommt, daß die Leute in dem davon betroffenen Ortsteil [...] nicht irrsinnig geworden aus ihren Häusern in die Wälder flüchten [...]. (MBFK, 384; Brief v. 12. Juli 1922)

In seiner letzten Lebensphase las Kafka dann intensiver über Musik als je zuvor – sieht man vom Jahr 1916 ab, als er seinem Freund Ernst Weiß bei den Korrekturen seines Musikerinnenromans *Franziska* (zunächst unter dem Titel *Der Kampf* bei S. Fischer veröffentlicht) half, ein Roman, den er ausgesprochen schätzte. Nun beschäftigten ihn ein (nicht überlieferter) Aufsatz von Max Brod über Modest Mussorgski und vor allem Franz Werfels wenige Monate vor Kafkas Tod erschienener „Roman der Oper" *Verdi*. In seinem „Vorbericht" spricht Werfel von einem „Mißklang", der bei einem historischen Roman unweigerlich entstehe, verursacht durch das Aufeinandertreffen einer „erfabelten Welt und einer Welt erforschbarer Wirklichkeit".[89] Ein „Mißklang", der Kafka wohl zustimmend hatte aufhorchen lassen.

Der Klangprozess: Hören mit Felice Bauer

Im Briefwerk Kafkas weisen die Briefe an Felice Bauer und Grete Bloch die höchste Dichte an Verweisen auf akustische Wahrnehmungen verschiedenster Art auf. Nachfolgend sollen wiederum nur beispielhafte Stellen herangezogen werden, um hinreichend die Frage nach der ästhetischen Repräsentation des Akustischen im Briefwerk beantworten zu können. Bedenkt man den prinzipiellen Fragmentcharakter dieses Gesamtwerkes, womit auch die innere Disposition vieler Texte Kafkas zum Fragmentarischen gemeint ist, dann kann der wissenschaftliche Anspruch auf eine vollständige Darstellung seiner Textbereiche ohnehin nur hohl klingen.

Von Anbeginn schreibt Kafka seine Briefe an Felice Bauer „im Regen von Nervositäten", wobei er immerhin anfangs vermelden kann, „ein wenig singend ins Bureau" gekommen zu sein. (BaF, 44, Br. v. 28.9.1912) In Kafkas zweieinhalb Monate alter Erinnerung an die erste Begegnung mit Felice im Prager Haus der Familie Brod spielt das Klavier eine auffällige Rolle. Das Klavier sei für sie gespielt worden, meinte er. Und „im Klavierzimmer saßen Sie mir dann gegenüber und ich

---

[89] Franz Werfel, Verdi. Roman der Oper, Frankfurt a. M. 1992, S. 5.

fing an, mich mit meinem Manuskript auszubreiten". (BaF, 58; Br. v. 27.10.1912) Wo man Klavierauszüge erwartet, lagen die kleinen Prosastücke umher, die Kafka für sein erstes Buch *Betrachtung* sichtete und ordnete. Als man dann dem Klavierspiel lauscht, hört Kafka weniger, als dass er sieht: „Während des Klavierspiels saß ich schief hinter Ihnen, Sie hatten ein Bein über das andere geschlagen und zupften mehrmals an Ihrer Frisur [...]." (BaF, 59; ebd.) Das Instrument und bürgerliche Möbelstück Klavier wird zum Medium einer unerwarteten Vermittlung. Es gewährt Kafka – oder soll man sagen: dem Ich des Briefes? – die Möglichkeit, sein Fräulein Bauer näher in Augenschein zu nehmen. Akustisches und Optisches spielen ineinander. Was er später hört und was ihm als akustische Erinnerung bleibt, ist das, was Felice Bauer einem Kellner sagte. Ihre Ansprache, „deren Klang ich – wenn ich innehalte – noch in den Ohren habe" (BaF, 61; ebd.), ersetzte im Rückblick die Musik.

Die Darstellung der häuslichen ‚akustischen Verhältnisse' hatte Kafka, wie im vorigen Kapitel bereits besprochen, durch seinen Text *Großer Lärm* öffentlich gemacht, den er freilich nicht in seine Sammlung *Betrachtung* aufgenommen hatte. Dadurch wollte er offenbar signalisieren, dass es sich bei diesem Text nicht um eine Fiktionalisierung, sondern um einen im strengen Sinne ‚Bericht' handelte, den er auch Felice Bauer wie als gedruckten Beleg für seine Lebensumstände schickte. Dass er zuletzt freilich auch dieses Genre zu fiktionalisieren verstand, belegt seine Novelle *Ein Bericht für eine Akademie*. Immer wieder zeigt sich, dass Kafka, wie bereits gesehen, akustische Phänomene mit Hinweisen auf seine prinzipielle Unmusikalität verbindet. Doch nur gegenüber Felice bringt er sein paradoxes Verhältnis zur Musik so pointiert auf den Begriff: „Liebste, meine Liebste, ich bin ganz unmusikalisch, aber wenn dazu nicht Musik gehört!" (BaF, 92; Br. v. 14.11.1912) Die intime Anrede führt zu einem schein-intimen Eingeständnis in der Frühphase ihrer Beziehung. Die Akzeptanz der Unmusikalität gehört zu seinen wesentlichen Eigenschaften, die zu tolerieren seien, wenn man Kafka nahe sein möchte, so will dieser Satz verstanden sein. Doch gehört eben Musik dazu, um diese Unmusikalität wirklich einschätzen zu können und den Kontrast zu ermessen zwischen seiner, Kafkas, Disposition zur Musik und ihrer Eigentlichkeit, wenn es denn eine solche gibt. Mit diesem Satz könnte jedoch auch gemeint sein: Man muss musikalisch sein, um diese seine Unmusikalität zu begreifen. Oder wäre zu fragen: Gibt es (vielleicht) eine Musik, die dieser Unmusikalität gewissermaßen aufspielt?

Auch in der Folgezeit öffnet sich Kafka seiner fernen Freundin weiterhin dadurch, dass er ihr verständlich zu machen versucht, wie es um sein Verhältnis zur Musik als Teilaspekt seines Verhältnisses zum Akustischen überhaupt bestellt ist. Dass dies wichtig wurde, belegt Felice Bauers Interesse offenbar gerade an diesem Phänomen, das für Kafka allem Anschein nach nicht weniger heikel war als alle anderen psychischen und physischen Dispositionen. Am 18. November 1912 etwa bezieht er sich in einem Brief an Felice auf ein Lied, das er vier Monate zuvor in Rudolf Justs Kuranstalt Jungborn im Harz gehört hatte. Die „Trauer des Gedichts" sei wahrhaftig gewesen, wie er „beschwören" könne. Er klagt:

> Wenn ich nur die Melodie des Liedes behalten könnte, aber ich habe gar kein musikalisches Gedächtnis, mein Violinlehrer hat mich aus Verzweiflung in der Musikstunde lieber über Stöcke springen lassen, die er selbst gehalten hat, und die musikalischen Fortschritte bestanden darin, daß er von Stunde zu Stunde die Stöcke höher hielt. Und darum ist meine Melodie zu dem Lied sehr einförmig und eigentlich nur ein Seufzer. Liebste! (BaF, 103)

Geigenunterricht wurde Kafka demnach immerhin erteilt. Und die Stöcke? Eigentlich Züchtigungsinstrumente im damaligen Erziehungswesen, werden nun zu symbolischen Messlatten für – vermeintlich – Unerreichbares umfunktioniert. Doch dieses Lied hatte es ihm angetan, wie aus einem Brief an Max Brod vom 22. Juli 1912 hervorgeht. „Kennst Du Max das Lied ‚Nun leb wohl …' Wir haben es heute früh gesungen und ich habe es abgeschrieben. Die Abschrift heb mir ganz besonders gut auf! Das ist eine Reinheit und wie einfach es ist; jede Strophe besteht aus einem Ausruf und einem Kopfneigen." (MBFK, 109) Gemeint ist das Lied „Nun leb wohl, du kleine Gasse" des baltendeutschen Dichters Albert Graf von Schlippenbach in der Vertonung Friedrich Silchers (1853). Der Text lautet:

> Nun leb' wohl, du kleine Gasse,
> Nun ade, du stilles Dach!
> Vater, Mutter sahn mir traurig
> Und die Liebste sah mir nach.
>
> Hier in weiter, weiter Ferne,
> Wie's mir nach der Heimat zieht!
> Lustig singen die Gesellen,
> Doch es ist ein falsches Lied.
>
> Andre Städtchen kommen freilich,
> Andre Mädchen zu Gesicht. Ach!
> wohl sind es andre Mädchen,
> Doch die Eine ist es nicht.
>
> Andre Städtchen, andre Mädchen,
> Ich da mitten drin so stumm!
> Andre Städtchen, andre Mädchen,
> O, wie gerne kehrt' ich um![90]

---

[90] Zit. nach https://www.volksliederarchiv.de/nun-leb-wohl-du-kleine-gasse (abgerufen am 12. November 2018).

Die Vertonung könnte, wie so oft bei Silcher, nicht schlichter, nicht eingängiger sein. Dreivierteltaktiger Volksliedton, zum Nachsingen wie geschaffen. Es bedarf keiner großen Auslegekunst, um zu sehen, weshalb es Kafka dieses Lied besonders angetan hatte. Sollte er tatsächlich nicht in der Lage gewesen sein, diese einfache Melodie zu erinnern, dann spräche dies zumindest für ‚Unmusikalität' im herkömmlichen Sinne. Um sein Unverständnis für Musik zu begründen, wählt Kafka zudem zuweilen betont absurde Vergleiche, so in einem Brief an Felice vom 10. zum 11. März 1912, in dem er schreibt, dass sein Unverständnis für Blumen „sich zum Teil mit meinem Unverständnis der Musik" decke. (BaF, 333) Nicht minder bizarr klingt das folgende Argument vom 12. Oktober 1916, das sich offenbar auf eine Bemerkung Felices bezieht: „Bin ich übrigens nicht musikalisch? Der Satz: ‚Ich fühle mich unter Kindern sehr wohl und eigentlich viel besser am Platze als im Bureau' klingt mir als allerbeste Musik im Ohr." (BaF, 724)

‚Musik' war für ihn zwar als eine – im Positiven wie Negativen – mögliche „Ablenkung" (BaF, 758; Br. v. 16.10.1917) denkbar, wie er noch in seinem letzten überlieferten Brief an Felice schreibt, aber das Melodische an ihr konnte in seinen Ohren jederzeit ins bloß Geräuschhafte, Lärmende umschlagen. Dabei wurde ihm der Brief als essentielles Medium seines unausgesetzten Mitteilungsbedürfnisses auch zu einem Resonanzraum seines eigenen Ichs. Resonanzraum selbst dann, wenn ihm um Stille zu tun war. Felice gesteht er am 8. September 1916: „Wie habe ich mich gestern nach Stille gesehnt, nach vollkommener, undurchdringlicher Stille. Glaubst Du, daß ich sie jemals haben werde, solange ich Ohren zum Hören und einen Kopf habe, der den unentbehrlichen Lärm des Lebens in Überfülle selbst vollführt." (BaF, 691 f.) Diese Art des Lärms glaubte Kafka durch das erzeugt, was ihm durch den Kopf ging – Gedankenlärm also, vor allem Beziehungsfragen, wie er Felice Ende 1913 unumwunden zu verstehen gibt: „Eine Unmenge im Laufe des Jahres aufgehäufter Konstruktionen gingen mir fortwährend, geradezu ohrenbetäubend, durch den Kopf. Von Venedig aus machte ich ein Ende, ich konnte den Lärm in meinem Kopf wirklich nicht mehr ertragen." (BaF, 484; Br. v. 29.12.1913)

Was Kafka hier beschreibt, ließe sich als psychisch-kognitiver Lärm bezeichnen, der sich für ihn durch äußere Geräuscheinwirkungen noch verstärkte. Darunter fielen das Schlagwerk einer Uhr ebenso wie die schweren Atemgeräusche des Vaters und das mit „Ausrufen, Lachen und Streit" angereicherte Kartenspiel, vom „Pfeifen" der Kartenspieler zu schweigen. (BaF, 509, Br. v. 3.3.1914 – an Grete Bloch)

Bedeutsam jedoch ist, dass Kafka (und offenbar auch Felice) Briefe zu schreiben verstand, die dem Empfänger wie „Musik" vorkamen. So zumindest wirkte offenbar jener (nicht überlieferte) Brief, den beide Kafkas Onkel, Alfred Löwy, nach Madrid schickten, in dem sie ihre Verlobung ankündigten und ihn nach Berlin zur Verlobungsfeier einluden. Löwy charakterisierte diesen Brief so: „[E]r klingt wie ein Liebes-Duo und nicht als Brief sondern als Musik werde ich ihn aufbewahren." (BaF, 585 f.; Br. v. 14.5.1914)

Handelt man von Kafkas (Un-)Musikalität als einem Spezifikum seines Verhältnisses zum Akustischen schlechthin, dann übersieht man häufig seinen Sinn für die aus der Musik hervorgehende Bewegung, den Tanz. Einen der Briefe an Felice, den vom 7. zum 8. März 1913, hatte Kafka sogar im Kabarett in einer Vorstellungspause geschrieben, wobei er sich auf eine Tänzerin bezieht, „die als Matrose getanzt hat". Seine Charakterisierung ihres Tanzes ist konkreter als irgendein Verweis auf Musik, die ihn in diesem Fall übrigens „störte". Nicht dagegen ihre performative Wirkung: „[...] der Schwung und das Aufstampfen und das Körperdehnen und der leicht gesenkte Kopf, als sie den Rundgang von neuem begann [...]." (BaF, 329)

Die Erinnerung an sein frühes Balletterlebnis, die russische Tänzerin Eduardowa, von der bereits im vorigen Kapitel die Rede war, löste in Kafka eine ganze Reihe von Assoziationen aus. Das sogenannte Zarenballett gastierte im Januar 1913 zum dritten Mal in Prag. Nicht nur Kafka ebenso wie Robert Walser, auch die Kritik hatte von Eugenia Eduardowa und ihrem Auftritt geschwärmt und von einem „Sieg" einer „noch nie dagewesenen wilden Grazie" gesprochen.[91] Walser sprach in der Zeitschrift *Kunst und Künstler* von der „schönen, durch Zucht und Takt geadelten Wildheit" der Darbietung. Die Eduardowa verkörperte für Walser „das Sinnlich-Schöne", ihre Kollegin, Anna Pawlowa, „das Geistig-Bezaubernde".[92] Kafka wiederum lenkt zum neuen Modetanz der Zeit, dem Tango, über, bringt aber auch die reformpädagogisch-rhythmische Gymnastik des Komponisten Émile Jaques-Dalcroze vergleichend mit ins Spiel, was für sein staunenswertes Interesse an Fragen der tänzerischen Performanz von Musik zeugt – staunenswert deshalb, weil Kafka sich an anderer Stelle ausdrücklich als Nicht-Tänzer zu erkennen gibt:

> Einmal erwähntest Du das russische Ballett in einem Brief, eine Debatte sollte im Bureau über das russische Ballett stattgefunden haben. Was war denn das? Und wie ist dieser Tangotanz, den Du tanztest? Heißt er überhaupt so? Ist es etwas Mexikanisches? Warum gibt es von jenem Tanz kein Bild? Schöneren Tanz als bei den Russen und schönern Tanz als in einzelnen Bewegungen einzelner Tänzerinnen hier und da habe ich dann nur bei Dalcroze gesehen. Hast Du seine Schule in Berlin tanzen sehn? Sie tanzt dort öfters, glaube ich. (BaF, 254 f.)

---

91 So das *Prager Tagblatt* vom 25. Mai 1909, zit. nach Franz Kafka, Tagebücher in der Fassung der Handschrift. Kommentarband, hrsg. v. Hans-Gerd Koch, Michael Müller u. Malcolm Paseley, Frankfurt a. M. 1990, S. 11.
92 Zit. nach ebd., S. 12.

Diese Bemerkungen Kafkas sind im Zusammenhang mit jenem Einbekenntnis zu verstehen, die er einen Monat zuvor, in der Nacht vom 17. Auf den 18. Dezember 1912, Felice gegenüber geäußert hatte, offenbar auf ein Wort ihrerseits zu seiner Defizienz im Tänzerischen reagierend:

> Daß keiner Deiner Tänzer im Tanzen mit mir verglichen werden konnte, glaube ich gern. Mein Nichttanzenkönnen wird ja verschiedene Gründe haben. Vielleicht hätte ich mehr allein üben sollen, wenn ich mit Mädchen tanzte, war ich immer sowohl allzu befangen als auch allzu zerstreut. Ich erinnere mich, in unserer Tanzstunde war ein junger, zweifellos sehr energischer Mensch, der immer, wenn ringsherum die Paare tanzten, allein in einer Ecke das Tanzen übte. Ob er es auf diese Weise erlernt hat, weiß ich nicht, ich weiß nur, daß ich oft zu ihm hinübergeschaut und ihn um seine Entschlossenheit und Freiheit beneidet habe. (BaF, 189)

Vielleicht hatte Kafka hier die Entwicklung eines Eintänzers beobachtet, wie sie in der Weimarer Republik vor allem in Berlin *en vogue* werden sollte und dem der spätere US-amerikanische Filmregisseur Billy Wilder in seiner 1927 von der *B.Z. am Mittag* abgedruckten Artikelserie „Herr Ober, bitte einen Tänzer! Aus dem Leben eines Eintänzers" ein Denkmal setzte.[93]

Doch zurück zu den im engeren Sinne auditiven Reaktionen Kafkas: Der Zusammenhang von Akustik und Geräusch, aber auch von der physischen Disposition als Teil der Voraussetzungen ihrer Wahrnehmung sowie den physikalischen Bedingungen ihrer Entstehung spiegelt sich in seinen dazu bisher herangezogenen Aussagen zumindest ansatzweise. Um ihren Kontext weiter abzustecken, sei auch die folgende Information genannt: Im Jahr 1913 erschien in sechster Auflage *Die Lehre von den Tonempfindungen als physiologische Grundlage für die Theorie der Musik*, die Hermann Helmholtz erstmals 1863 veröffentlicht hatte. Richard Wachsmuth, der die Neuausgabe besorgte, sprach in seinem an einen Forschungsbericht erinnernden Vorwort davon, dass die gegenwärtige Psychologie „außerordentlich viel akustisch" arbeite.[94] Auch wenn eine Kenntnis Kafkas dieser grundlegenden Darstellung der menschlichen Tonwahrnehmung durch Helmholtz höchst unwahrscheinlich ist, was freilich nicht für seinen in musikalischen Fragen profund gebildeten Freund Brod gilt, so gehört sie wesentlich zum diskursiven Umfeld, das sein Interesse und Leiden an akustischen Phänomenen beeinflusste, wenn nicht bedingte. Gerade weil Helmholtz sich mit seinen Un-

---

93 Vgl. dazu Mihaela Petrescu, Billy Wilder's Work as Eintänzer in Weimar Berlin. In: New German Critique 40/3 (2013), S. 65–84.
94 Hermann von Helmholtz, Die Lehre von den Tonempfindungen als physiologische Grundlage für die Theorie der Musik, 6. Aufl., Braunschweig 1913, S. IX–XII (Richard Wachsmuth, Vorwort zur sechsten Ausgabe), hier S. IX.

tersuchungen nach eigener Aussage auf das „niederste Gebiet der musikalischen Grammatik"[95] bezog und damit eine physiologische Grundlage der Musikästhetik schuf, konnte *Die Lehre von den Tonempfindungen* gerade durch diesen wissenschaftlichen Reduktionismus eine solche Verbreitung finden.

Zum Arsenal der Klänge und Geräusche, das Kafka in seinen Briefen an Felice aufbot, gehörte – vom physiologischen Standpunkt her nicht uninteressant – sogar der „Klang", der beim Aufschneiden der „gespannten Haut [...] saftiger jüdischer Würste", die so „rundlich wie Wasserratten" gewesen seien, entstand. Diesen „Klang" habe er „noch von den Kinderzeiten her im Ohr" gehabt. (BaF, 259 f.; Br. v. 20. zum 21.1.1913)

Im Schlussteil dieser Studie, das den ‚neuen Medien' und ihrer akustischen Präsenz in Kafkas Welt gewidmet ist, wird noch einmal ausführlich auf diese Briefe an Felice einzugehen sein, da sie eine Fülle an überraschenden kultur- und mediengeschichtlich aufschlussreichen Reflexionen über Grammophone, Phonographen und ihre kommerzielle Umsetzung enthalten.

Akustik des Diaristischen

Deutlicher noch als in den Briefen arbeitet Kafka in seinen Tagebuchaufzeichnungen den Zusammenhang zwischen Körperlichkeit und akustischen Phänomenen heraus, insbesondere in seinen Eintragungen im ersten Tagebuchheft, das jiddische Theater und dessen Klangwelt betreffend. So beurteilt er die Darbietung der „Herrenimitatorin" Flora Klug, die zu einer jiddischen Theatergruppe aus Lemberg gehörte und Ende 1911, Anfang 1912 in Herrmanns Café Savoy am Ziegenplatz in Prag gastierte, vor allem im Hinblick auf ihre optisch-melodische Wirkung: „Die Melodien sind lang, der Körper vertraut sich ihnen gerne an. Infolge ihrer gerade verlaufenden Länge wird ihnen am besten durch das Wiegen der Hüften, durch ausgebreitete in ruhigem Atem gehobene und gesenkte Arme, durch Annäherung der Handflächen an die Schläfen und sorgfältige Vermeidung der Berührung entsprochen." (T, 59; 5.10.1911) Diese genaue Verbalstudie zur performativen Umsetzung eines melodischen Verlaufs ist in Kafkas diaristischen Aufzeichnungen kein Einzelfall; besonders die Klangwelt des Jiddischen regte ihn zu dergleichen Beschreibungen an, etwa die „talmudische Melodie genauer Fragen, Beschwörungen oder Erklärungen". (T, 60; 5.10.1911) Dabei stehen immer wieder die physischen Auswirkungen jiddischer Melodik im Mittelpunkt seiner sprachlich ungewöhnlichen Art von Klangreflexionen:

---

[95] Ebd., S. 9.

> Die Melodien sind dazu geeignet, jeden aufspringenden Menschen aufzufangen und ohne zu zerreißen seine ganze Begeisterung zu umfassen [...]. Denn besonders die 2 im Kaftan eilen zum Singen hin, als strecke es ihnen den Leib nach seinem eigentlichsten Bedürfnis und das Händezusammenschlagen während des Gesanges zeigt offenbar das beste Wohlsein des Menschen im Schauspieler an. – Die Kinder des Wirtes in einer Ecke bleiben mit der Frau Klug auf der Bühne in kindlicher Beziehung und singen mit, den Mund zwischen den sich aufstülpenden Lippen voll von der Melodie. (T, 61; 6.10.1911)

Das ‚Ungewöhnliche' betrifft die Segmentierung des Körperlichen unter dem Eindruck des Gesangs oder der Melodie. So scheint der „Mund" hier etwas Eigenständiges, ein Organ zu sein, ein Melodienspeicher – „zwischen den sich aufstülpenden Lippen".

Motivisch aufschlussreich ist zudem Kafkas Beobachtung, dass die Musik auf den Körper übergreift, ihn dadurch zunächst fremdbestimmt, dabei aber sympathetische Wirkungen erzeugt, die den Körper idealerweise in ein harmonisches Verhältnis zur Musik versetzen: „Inzwischen hat der Klavierspieler eine Melodie angeschlagen, die 2 im Kaftan fühlen sich von ihr ergriffen und müssen lostanzen." (T, 66; 8.10.1911) Sie *müssen* – sie haben keine Wahl. Kafkas diaristische Darstellung ergibt durchaus eine kleine Erzählung über die Aufführungspraxis des jiddischen Theaters bis hin in die durch die Musik bedingte Gestik. Bemerkenswert dabei ist, dass Kafka in seiner Beobachtung anderer seinen für die theatralische Gestik des jiddischen Theaters geschulten Blick und die Melodik des religiösen Ritus auch auf theater- oder priesterferne Bereiche überträgt, so etwa bei seiner Beschreibung des Leiters der drittgrößten Holzhandlung Böhmens, Löwy und Winterberg, die er von Amts wegen aufsuchen musste. So beobachtet er beim Firmenchef ein

> Zusammenspiel und gegenseitige[s] Sichverstärken des Hände- und Mienenspiels. Manchmal verbindet er beides, indem er entweder seine Hände ansieht oder sie zur Bequemlichkeit des Zuhörers nahe beim Gesicht hält. Tempelmelodien im Tonfall seiner Rede, besonders beim Aufzählen mehrerer Punkte führt er die Melodie von Finger zu Finger wie über verschiedene Register. (T, 90 f.; 20.10.1911)

Doch kehren wir wieder zurück zur theatralischen Melodik im Umfeld des jiddischen Theaters. Als Kafka die Shulamith aus der gleichnamigen Operette von Abraham Goldfaden wieder hört, Amalie Tschisik, deren Namen er nach eigenem Bekunden besonders gerne schrieb – offenbar der konsonantischen Explosivlaute wegen, die er durch doppelte Schreibung des ‚s' noch verstärkte –, bemerkte er Folgendes:

> Ihr Gang bekommt leicht etwas feierliches, da sie die Gewohnheit hat, ihre langen Arme zu heben, zu strecken und langsam zu bewegen. Besonders als sie das jüdische Nationallied

sang, in den großen Hüften schwach schaukelte und die parallel den Hüften gebogenen Arme auf und ab bewegte mit ausgehöhlten Händen, als spiele sie mit einem langsam fliegenden Ball. (T, 95 f.; 21.10.1911)

Gemeint ist hier die zionistische Hymne von Naphtali Herz Imber „HaTikvah" (1878), ‚Die Hoffnung' und spätere Nationalhymne Israels, deren wiegenden Rhythmus Kafka buchstäblich auf die Physis dieser Sängerin übertragen *gesehen* hatte.

Dieser für den Nicht-Tänzer Kafka erstaunliche Blick für musikinspirierte Bewegungsabläufe beschränkte sich in den Aufzeichnungen im ersten Tagebuchheft nicht nur auf rituelle Musik oder die melodiebestimmte Gestik im jiddischen Theater. Als Max Brod ihm am 20. Oktober 1911 auf dem Klavier den sogenannten Zigeunertanz aus Georges Bizets, auf einer Novelle von Walter Scott und einem Libretto von Jules-Henri Vernoy de Saint-Georges und Jules Adenis basierender Oper *Das schöne Mädchen von Perth* vorspielte, löste dies in Kafka eine auffallend genaue Charakterisierung von Musik und körperlicher Umsetzung sowie eine prägnant abschließende Assoziation aus:

> Ein Tanz in dem sich seitenlang nur die Hüften mit eintönigem Ticken wiegen und das Gesicht einen langsamen herzlichen Ausdruck hat. Bis dann gegen Ende kurz und spät die angelockte innere Wildheit kommt, den Körper schüttelt, ihn überwältigt, die Melodie zusammendrückt, daß sie in die Höhe und Tiefe schlägt, (besonders bittere dumpfe Töne hört man heraus) und dann einen unbeachteten Schluß macht. Am Anfang und unverlierbar während des Ganzen ein starkes Nahesein dem Zigeunertum, vielleicht weil ein im Tanz so wildes Volk sich ruhig nur dem Freunde zeigt. (T, 88; 20.11.1911)

Dieser Tagebuchstelle lässt nicht nur erneut Kafkas Sinn für musikalisch inspirierte Bewegung erkennen, sondern auch für sympathetisches Hören und Sehen: Nur wer mit freundschaftlich geneigten Sinnesorganen wahrnimmt, kann Nähe zum Wahrgenommenen verspüren.

Gerade das Tagebuch belegt Kafkas außergewöhnlichen Sinn für Akustisches, der sich eben nicht nur in Lärmempfindlichkeit erschöpfte, sondern akustische Einwirkungen differenziert protokollierte. Als er am 6. November 1910 einer Vorstellung der französischen Vortragskünstlerin Marguerite Chenu im Prager Palace-Hotel beiwohnte, vermerkte er, dass die „Akustik des Saales" das „Husten in den Logen mehr" begünstigte „als das vorgetragene Wort". (T, 120) Doch damit nicht genug: Kafka oder sein diarisierendes Ich übt sich an diesem Ort in differenziertem Hören: „Über der Vortragsbühne ist eine Gallerie für das Orchester. Aller mögliche Lärm stört. Kellner aus dem Flur, Gäste in ihren Zimmern, ein Klavier, ein fernes Streichorchester, ein Hämmern endlich eine Zänkerei, deren Lokalisierung große Schwierigkeiten macht und deshalb reizt." (T, 121; 7.11.1910)

Wissen woher die Geräusche kommen, woher sie rühren, das galt Kafka als Bedingung für ihre Bewältigung. In jene Zeit fällt auch die im Tagebuch vorskizzierte Prosa, die Kafka in seine erste Buchveröffentlichung *Betrachtung* unter dem Titel *Unglücklichsein* aufnehmen wird. Der Ich-Erzähler, von Unruhe in seinem Zimmer umhergetrieben, schreit auf, als er sich im Spiegel sieht, aber nur, „um den Schrei zu hören, dem nichts antwortet und dem auch nichts die Kraft des Schreiens nimmt, der also aufsteigt ohne Gegengewicht und nicht aufhören kann, selbst wenn er verstummt". (E, 24 f.) Das Ich in Gesellschaft mit seinem eigenen Schrei – damit ist die Herkunft des Geräuschs geklärt. Es kann dann getrost wieder ‚verstummen', denn der Schmerz scheint damit fürs erste bewältigt, indem er benannt ist. Doch folgt dem Gespenstisches: Wilde Nachtmahre brechen in der Imagination des Ichs aus den Wänden hervor, womöglich gerufen durch diesen mächtigen Schrei, das Einzige, wozu dieses Ich fähig gewesen ist. Dann taucht ein Kind aus dem Dunkel auf – „wie ein Balletmädchen auf den Fußspitzen" stehend – „auf einem unmerklich schaukelnden Fußbodenbalken." (T, 107; zweites Heft o.D.) Es handelt sich mithin um ein am Tanzen gehindertes Ballettkind, weil es auf schwankendem Boden steht, den keine Musik oder Melodie stabilisiert und zum Kunsttanz anregt.

Oft sind es allenfalls diskrete Andeutungen in den Tagebuchheften, die auf den intimen Zusammenhang zwischen musikliterarischer Lektüre und eigener Befindlichkeit hinweisen, so etwa als Kafka nach Weihnachten 1910 „einige Liebeserlebnisse aus meiner Jugend" überdenkt und dabei Tolstois große Novelle *Die Kreutzersonate* (1890) erinnert, also die Beschreibung einer gefährlichen, durch Musik beförderten Gefühlswallung, wobei er – nicht ganz plausibel – vermerkt, dass seine Gouvernante ihm die Novelle vorgelesen habe, „wobei sie es verstand meine Aufregung zu genießen" (T 140; 27.12.1910) – was immer das heißen mag.

Aufschlussreich, wie betont Kafka sich dem musikalischen Boulevard zuwandte und dem klassisch-romantischen Repertoire geradezu aus dem Weg ging. Aber er rieb sich an diesen boulevardhaften Aufführungen, wie sein Tagebucheintrag Mitte Februar 1911 zeigt. Er hatte einen Chanson-Abend mit Marya Delvard und Marc Henry besucht, und im Gegensatz zu Ludwig Steiners Besprechung des Abends im *Prager Tagblatt* – dieser lobte die „musikalisch reizvolle Wiedergabe der melodischen Pariser Straßenausrufe [der ‚Cris de Paris' nach Texten von Aristide Bruant; d. Verf.], von der Delvard mit Temperament gesungen"[96] – äußert sich Kafka betont kritisch:

> Viel Kleideraufwand, bretonische Kostüme, der unterste Unterrock ist der längste, so daß man den Reichtum von der Ferne zählen kann. – Zuerst begleitet die Delvard, weil man einen

---

[96] Zit. nach: Franz Kafka, Kommentarband, S. 49.

Begleiter sparen wollte, in einem weiten ausgeschnittenen grünen Kleid und friert. – Pariser Straßenrufe. Zeitungsausträger sind ausgelassen. [...]

Delvard ist lächerlich, sie hat das Lächeln alter Jungfern, eine alte Jungfer des deutschen Kabaretts, mit einem roten Shawl, den sie sich hinter dem Vorhang holt, sie macht Revolution, Gedichte von [Max] Dauthendey mit der gleichen zähen nicht zu zerhackenden Stimme. Nur wie sie frauenhaft anfangs am Klavier saß, war sie lieb. – Bei dem Lied „a Batignolles" spürte ich Paris im Hals. Batignolles soll rentnerhaft sein, auch seine Apachen. Bruant hat jedem Quartier sein Lied gemacht. (T, 150; 21.11.1911)

Kafka orientiert sich bei seinen Wertungen augenscheinlich noch an eher herkömmlichen ästhetischen Kategorien. Das implizit positiv konnotierte Melodische ist Maßstab. Dass Bruant jedem Pariser Stadtteil, auch dem inzwischen scheinbar überaltet wirkenden Batignolles, ebenso wie allen Unterschichten, „sein Lied" gemacht hat, klingt wertneutral, allenfalls kann „gemacht" auch abschätzig gemeint sein.

Unmittelbare Erinnerungen an musikalische Unterhaltungsabende dieser Art korrespondieren im Tagebuch mit wie bekannt wiederholten Aufzeichnungen über häusliche Laut- und Lärmverhältnisse, wobei Kafka immer die Geräusch*quelle* wichtig bleibt: die Wohnungstüre, die singende Frauenstimme, die umkippt, der zerstreutere und damit „hoffnungslosere", weil schwerer lokalisierbare Lärm der Kanarienvögel, wie es das bereits zitierte, im Tagebuch wiederum vorskizzierte (T, 225 f.; 5.11.1911) Feuilleton *Großer Lärm* belegt.

Äußerlichkeiten, die mit akustischen Phänomenen verbunden sind, hatten für Kafka gleichbleibend Bedeutung, als ob er sich bei ihnen sicherer fühlte, weniger den Wirkungen des Klanges oder Geräuschs ausgesetzt, Äußerlichkeiten wie die üppigen Kostüme der Kabarettsängerin Delvard oder ein Plakat, das in der Prager Vorstadt ein Gastspiel der Sängerin Yvonne Tréville bewarb. Der entsprechende Tagebucheintrag vom 18. November 1911 assoziiert nun nicht den zu erwartenden Gesang, sondern hält sich buchstäblich an dem Plakat selbst fest, ohne es genauer zu beschreiben. Dafür verleiht er ihm eine ungeahnte Räumlichkeit, den Wirkungsraum des bevorstehenden Gesanges vorwegnehmend. In Kafkas Tagebucheintrag nun „tastet sich" das Plakat an die Wände hin „bis in eine Gasse in der Nähe der Friedhöfe, von wo es dann wieder mit mir aus der Kälte der Felder in die wohnungsmäßige Wärme der Stadt zurückgekehrt ist." (T, 252; 18.11. 1911) Kafka schreibt nicht, er habe das Bild dieses Plakats, womöglich eine Abbildung der Sängerin, in sich aufgenommen und in Gedanken mitgeführt; vielmehr dehnt sich das Plakat mit ihm für die Dauer seiner Fahrt mit der elektrischen Straßenbahn – von der verhassten Kafka'schen Asbestfabrik in der Vorstadt zurück ins Herz seiner „Vaterstadt". (T,; 18.11.1911)

Nur einen Tag später notiert er eine Traumphantasie nach einer Aufführung von Arthur Schnitzlers Tragikomödie *Das weite Land* (1911), die auch dadurch auffällt, dass in ihr nahezu nichts vorkommt, was Schnitzlers Text auszeichnet; auch der Autor selbst, der bei dieser Aufführung anwesend war, figuriert in Kafkas Traum nicht – ein erster Hinweis für Kafkas deutliche Reserve gegenüber dieser Ikone des Wiener Modernismus, die sich später zu regelrechter Ablehnung auswachsen wird. So gipfelt diese Traumphantasie in einer – wiederum vom Stück losgelösten – musikalischen Imagination, deren Intensität überrascht:

> Nun soll ein singender Reiter aus der Ferne im Galopp sich nähern, ein Klavier täuscht das Hufeklappern vor man hört den sich nähernden stürmischen Gesang, endlich sehe ich auch den Sänger der um dem Gesang das natürliche Anschwellen des eilend herannahenden zu geben, die Gallerie oben entlang läuft zur Bühne. Noch ist er nicht bei der Bühne auch mit dem Lied nicht zuende und doch hat er das Äußerste an Eile und schreiendem Gesang hergegeben, auch das Klavier kann nicht mehr deutlicher die auf Steine schlagenden Hufe nachahmen. Daher lassen beide ab und der Sänger kommt mit ruhigem Gesang heran [...]. (T, 256 f.; 19.11.1911)

Die Traumsequenz, die Kafka hier nachschreibt oder schreibend erfindet, handelt nicht nur von klanglichen Phänomenen; sie ist auch nach dem Prinzip *crescendo – decrescendo* aufgebaut, mit anschwellender und abschwellender Dynamik. Nur Schriftsteller mit einem ausgeprägten musikalischen Sinn sind zu dergleichen Perioden fähig, wobei es keineswegs gegen das Vorhandensein dieses Sinnes spricht, dass Kafka bei jeder sich bietenden Gelegenheit das Parodistische in seinem Verhältnis zum Musikalischen oder nur Akustischen in den Vordergrund rückte, weil es ihn sichtlich reizte, dem ‚Kulturgut Musik' Absonderliches oder auch nur Gewöhnliches abzugewinnen wie etwa diese ebenso schlichte wie kuriose Vorstellung oder reale Beobachtung: „Wie einmal um Mitternacht der Klavierspieler wahrscheinlich ein Junggeselle, mit seinen Noten sich durch die Tür hinausdrückte." (T, 291; 13.12.1911)

Kafkas umfänglichste Tagebucheintragung zur Musik findet sich im Vierten Heft, wobei der Großteil der darauf folgenden Vermerke und Kurzreflexionen sich wie unregelmäßige Nachklänge dazu ausnehmen. Es handelt sich um eine Aufzeichnung im Anschluss an ein Brahms-Konzert des Singvereins im Prager Rudolfinum, das Kafka am 13. Dezember 1911 besuchte. Unter diesem Stichwort notiert er in hörpsychologischer Hinsicht Bemerkenswertes (die thematischen Einheiten dieses Notats sind mit römischen Ziffern gekennzeichnet, wobei Kafka diese Einheiten selbst durch Gedankenstriche innerhalb des Textes ausgewiesen hat):

[I]   Das Wesentliche meiner Unmusikalität ist, daß ich Musik nicht zusammenhängend genießen kann, nur hie und da entsteht eine Wirkung in mir

und wie selten ist die eine musikalische. Die gehörte Musik zieht natürlich eine Mauer um mich und meine einzige dauernde musikalische Beeinflussung ist die, daß ich so eingesperrt, anders bin als frei. –
[II] Solche Ehrerbietung wie vor der Musik gibt es im Publikum vor der Litteratur nicht. Die singenden Mädchen. Vielen war der Mund nur von der Melodie offengehalten. Einer mit schwerfälligem Körper flog Hals über Kopf beim Gesang. –
[III] Drei Geistliche in einer Loge. Der Mittlere mit rotem Käppchen hört mit Ruhe und Würde zu, unberührt und schwer, aber nicht steif; der rechts ist zusammengesunken mit spitzigem, starren faltigem Gesicht; der links dick hat sein Gesicht schief auf die halb geöffnete Faust gesetzt. –
[IV] Gespielt. Tragische Ouvertüre. (Ich höre nur langsame feierliche einmal hier einmal dort ausgeführte Schritte. Lehrreich ist es, den Übergang der Musik zwischen den einzelnen Spielergruppen zu beobachten und mit dem Ohr nachzuprüfen. Die Zerstörung in der Frisur des Dirigenten).
[V] Beherzigung von Goethe, Nänie von Schiller Gesang der Parzen, Triumpflied – Die singenden Frauen die oben an der niedrigen Balustrade standen, wie auf einer frühitalienischen Architektur. (T, 291 f.)

Was nun ist das Bemerkenswerte an diesem Eintrag? Zunächst ein neuerlicher Definitionsversuch Kafkas dessen, was seine „Unmusikalität" ausmacht: das Unvermögen, Musik „zusammenhängend" aufzunehmen und die zumeist nichtmusikalische Wirkung von Musik auf ihn. Allem Anschein nach bedeutete Musik für ihn ein Abgelenkt-Werden von ihr – und zwar auf ihre Begleitumstände oder auf das scheinbar Nebensächliche, wovon Abschnitt II zeugt.

Gleichzeitig räumt Kafka ein, dass Musik ihn einenge. Das Hören umzingele ihn, mache ihn unfrei. Der ‚ummauerte' Musik-Raum wird damit aber auch zum Ort für ‚Ablenkungen', Blicke auf andere Hörer, auf die Frisur des Dirigenten, die sogar ‚zerstört' wird durch die Intensität des Dargebotenen. Der sinnigste Widerspruch zu Kafkas neuerlichem Einbekenntnis seiner Unmusikalität erfolgt jedoch in Abschnitt IV, der dem eigentlichen Konzertprogramm gilt. Einmal mehr hört er Bewegung, „Schritte" in diesem Fall. Dann vermerkt er einen Hörgewinn, der freilich nur musikalisch geschulten Ohren möglich ist: „Lehrreich ist es, den Übergang der Musik zwischen den einzelnen Spielergruppen zu beobachten und mit dem Ohr nachzuprüfen." Er sagt nicht: ‚Lehrreich wäre es [...]', sondern kleidet diese Bemerkung in einen Erfahrungssatz: „Lehrreich *ist* es [...]." Daraus lässt sich schließen, dass Kafka zu einem solchen Nachprüfen mit dem Ohr in der Lage war.

Des Weiteren fällt die Verbindung auf, die Kafka auch hier zwischen Musik und Architektonik als Raumkunst herstellt. Die singenden Frauen auf der Balustrade erinnern ihn an „frühitalienische[ ] Architektur" wie zuvor im musikalischen Traumbild der „Galerie" als räumlich exponiertem Ort mehr oder weniger erhabener Musik eine buchstäblich herausgehobene Bedeutung zukam.

Immer wieder belegt das Tagebuch, wie Kafka ins musikalisch Anspruchslose auswich. Auf das (Nicht-)Erlebnis der *Tragischen Ouvertüre* von Brahms folgte bereits eine Woche später die Burleske *Dawids Geige* (*Dovids fidele*) von Joseph Lateiner, die das zwischenmenschlich Harmonisierende der Musik zum Thema hat. Kafka notiert am 19. Dezember 1911: „Der verstoßene Bruder, ein künstlerischer Geiger, kommt wie in den Träumen meiner ersten Gymnasialzeit reichgeworden zurück", zunächst als Bettler verkleidet, um „mit Violinspiel und Gesang alle Verwandten und ihren Anhang zu guten Menschen" zu machen und „ihre Verhältnisse in Ordnung" zu bringen. (T, 301) Des reichen Davids begütigendes Spiel – ein krasses Gegenbild zum *Armen Spielmann* Grillparzers – steht übrigens in unmittelbarer Entsprechung zu Kafkas Charakterisierung des Tagebuchführens zu dieser Zeit; von „beruhigender Klarheit der Wandlungen" ist da die Rede, von „Hoffnung und Ruhe", die davon ausgehe. (T, 307)

Man erinnert sich an die Bemerkung von Max Brod aus dem Jahr 1921, der einen Zusammenhang herstellte zwischen der, wie er meinte, pathologischen Geräuschempfindlichkeit seines Freundes und dessen Missverhältnis zu Frauen. (MBFK, 303) Knapp zehn Jahre zuvor hatte Kafka in seinem Tagebuch bereits eine verwandte Selbstdiagnose gestellt: Er könne keine Geliebte ertragen, da er von Liebe „fast genau so viel wie von Musik" verstehe und er sich „mit den oberflächlichsten angeflogenen Wirkungen begnügen" müsse. (T, 341; 3.1.1912) Diese Diagnose stimmte mit seiner Einsicht überein, dass allein das Schreiben „die ergiebigste Richtung" seines Wesens sei, was „alle Fähigkeiten leer stehn" ließen, „die sich auf die Freuden des Geschlechtes, des Essens, des Trinkens, des *philosophischen Nachdenkens der Musik* zu allererst richteten. Ich magerte nach allen diesen Richtungen ab." (Ebd.; Hervorh. d. Verf.) Eine für Kafka ausgesprochen eigentümliche Formulierung: das philosophische Nachdenken der Musik, womit unter philosophischen Vorzeichen ein Der-Musik-Nachdenken ebenso gemeint sein kann wie das Philosophisch-Kontemplativ-Werden der Musik. Das liest sich wie ein Vorgriff auf seine viel später erfolgte Lektüre von Søren Kierkegaards *Entweder – Oder* (1843), in dem ja gerade dieses musikalische Denken und Reflektieren der/über Musik Thema ist.

Gewöhnlich aber blieb Musik für Kafka Anlass zu Betrachtungen über das Wechselverhältnis von Gesang und Gestik (die „beim Gesang ausgestreckten Arme und den schnippenden Fingern"; T, 349; 6.1.1912) oder das Registrieren von Vorlieben (etwa als Amalie Tschisik für ihn das Lied „bore Isroel", ‚Schöpfer Israels', singt, „das ich, wie sie sich aus einer alten Bemerkung erinnert hat, besonders liebe"; T, 352; 7.1.1912). Des Weiteren prägen am Musikalischen orientierte

Vergleiche zahlreiche Eintragungen Kafkas im Tagebuch, etwa wenn er von einem Vortragenden sagt, er habe eine „volle wie bei einem Musikinstrument modulierte Stimme", mit der er „vor Vertrauen zur Versammlung lächelnd für Mischrassen sich einsetzt". (T, 370 f.; 4.2.1912) Auf diese Weise werden dann auch die „Mischrassen" in Kafkas Notat zu einer Art ‚Modulation' in der Natur.

Fragen der Raumakustik und der Stimmführung bei Rezitationen blieben für Kafka markante Anhaltspunkte in seinem Verhältnis zum Klanglichen. Als er am Februar-Schalttag des Jahres 1912 Alexander Moissi im Rudolfinum rezitieren hörte – von Hofmannsthals Nachruf auf Josef Kainz über Goethes „Prometheus", einer Auswahl aus dem Prediger Salomon und Richard Beer-Hofmanns mit den Worten des Kritikers des *Prager Tagblatts* „in Innerlichkeiten wühlendes"[97] Gedicht „Schlaflied für Mirjam" bis zu Goethes „Lied an den Mond" und seinem „Lied des Lynkeus" aus *Faust II* – äußerte sich Kafka darüber betont sachlich, ganz im Gegensatz zu den offiziellen Kritiken und der offenbar begeisterten Reaktion des Publikums, das Zugaben forderte und erhielt:

> Gute Akustik des Saales. Kein Wort verliert sich oder kommt auch nur im Hauch zurück, sondern alles vergrößert sich allmählich als wirke unmittelbar die längst anders beschäftigte Stimme noch nach, es verstärkt sich nach der ihm mitgegebenen Anlage und schließt uns ein. – Die Möglichkeiten der eigenen Stimme die man hier sieht. Sowie der Saal für Moissis Stimme, arbeitet seine Stimme für unsere. Unverschämte Kunstgriffe und Überraschungen, bei denen man auf den Boden schauen muß und die man selbst niemals machen würde: Singen einzelner Verse gleich im Beginn z. B. Schlaf Mirjam mein Kind, ein Herumirren der Stimme in der Melodie; rasches Ausstoßen des Mailiedes, scheinbar wird nur die Zungenspitze zwischen die Worte gesteckt: Teilung des Wortes November-Wind, um den „Wind" hinunterstoßen und aufwärts pfeifen lassen zu können.
>
> [...] Trotzdem so viele Melodien zu hören waren, die Stimme gelenkt schien wie ein leichtes Boot im Wasser, war die Melodie der Verse eigentlich nicht zu hören. – Manche Worte wurden von der Stimme aufgelöst, sie waren so zart angefaßt worden, daß sie aufsprangen und nichts mehr mit der menschlichen Stimme zu tun hatten, bis dann die Stimme notgedrungen irgend einen scharfen Konsonanten nannte, das Wort zur Erde brachte und schloß. (T, 394 f.; 3.3.1912)

Kafkas differenzierte Wertung stand jener des Kritikers vom *Prager Tagblatt* diametral entgegen. Denn dieser meinte: „Hier erklang voll und metallisch die Pracht der Altersverse, die visionäre Kraft dieser unvergleichlichen Wortmusik."[98] Das für die Belange der Stimme fein gestimmte Ohr Kafkas fällt auf und deutlich aus dem Rahmen seiner sonstigen Aussagen über akustische Phänomene. Moissis

---
97 Zit. nach: Franz Kafka, Tagebücher. Kommentarband, S. 107.
98 Zit. nach Kafka, Tagebücher. Kommentarband, S. 108.

melodramatische, oft ins Singen übergehende Art des Gedichtvortrags hatte, wie anhand einer überlieferten Rezitation von Goethes „Erlkönig" überprüfbar ist,[99] tatsächlich die Neigung, die Worte durch die Stimme geradezu aufzulösen. Diese Bemerkungen lassen erahnen, wie sorgfältig Kafka selbst in seiner Stimmführung bei eigenen Vorlesungen gewesen sein dürfte. Sie erlauben aber auch die Vermutung, dass er zuletzt doppelt an seinem eigenen Stimmversagen zu leiden hatte. Jeder stimmlich besonders Veranlagte weiß, wie schon eine bloße Heiserkeit gemütsverstimmend wirken kann.

Und doch waren Kafka vereinzelt Musikerlebnisse möglich, wie seine unerwartet positive Reflexion eines von Max Brod ausgerichteten Konzertabends am 17. März 1912 im Prager ‚Klub deutscher Künstlerinnen' belegt. Mitwirkende waren die Sängerin Valesca Nigrini, der Violinist Erwin Stein sowie Max Brod am Klavier und als Liederkomponist eigener Gedichte und solcher von Goethe, Shakespeare und Hugo Salus.[100] Kafka kommentiert:

> Maxens Koncert am Sonntag. Mein fast bewußtloses Zuhören. Ich kann mich von jetzt an bei Musik nicht mehr langweilen. Diesen undurchdringlichen Kreis, der sich mit der Musik um mich bald bildet, versuche ich nicht mehr zu durchdringen, wie ich es früher nutzlos tat, hüte mich auch, ihn zu überspringen, was ich wohl imstande wäre, sondern bleibe ruhig bei meinen Gedanken, die in der Verengung sich entwickeln und ablaufen, ohne daß störende Selbstbeobachtung in dieses langsame Gedränge eintreten könnte. (T, 410; 17. 3. 1912)

Aus der „Mauer", die zuvor sich um ihn beim Musikhören errichtete, ist nun ein „Kreis" geworden. Er kann sich jetzt mit dieser Um- oder Einfriedung seines Ichs durch Musik abfinden. Erkennbar wird auch, was mit dem ‚philosophischen Nachdenken der Musik' gemeint gewesen sein könnte: ein Denken in ruhiger Besonnenheit im Radius des (Hör-)Kreises, den die Musik um ihn beschreibt. *Keine* „Selbstbeobachtung" wohlgemerkt, sondern konzentrierte Gedankenentwicklung, die womöglich durch das Hören und Gehörte befruchtet wird. Ohnehin wirkt dieser Abschnitt wie eine Kurzbeschreibung eines Entwicklungsganges, der an das klassisch-aristotelische Wort erinnert: „Man soll Musik ausüben, um die Urteilsfähigkeit zu entwickeln."[101]

Solchermaßen eingestimmt konnte Kafka, wie schon erwähnt, seinem Freund Ernst Weiß dann (im Juli 1914 im dänischen Ostseebad Marielyst) bei den Korrekturen von dessen später unter dem Titel *Franziska* bekannt gewordenen Mu-

---

99 Vgl. Moissis Interpretation des „Erlkönigs" in einer Tonaufnahme aus dem Jahr 1922, online unter: https://www.youtube.com/watch?v=XzBo7thSYtk (abgerufen am 12. November 2018).
100 Vgl. Kafka, Tagebücher. Kommentarband, S. 114.
101 Aristoteles, Politik, übers. u. mit einer Einleitung sowie Anmerkungen hrsg. von Eckart Schütrumpf, Hamburg 2012, S. 310.

sikerinnenroman unterstützen. Dabei nimmt er – vermutlich auf der Seepromenade – jemanden wahr, den er im Tagebuch mit Richard Strauss vergleicht, was zumindest belegt, dass Kafka sich in der zeitgenössischen Musikszene auch über Prag hinaus ‚umgesehen' hatte. In der Romanfigur Franziska seines Freundes begegnete Kafka einer gleichfalls in der Musik Gefangenen, die Mühe hatte mit einem bestimmten väterlichen Erbgut umzugehen. Von ihrem Vater hatte sie nämlich „die Fähigkeit der Improvisation geerbt", wodurch sie „stundenlang frei über ein Bild, über eine Erinnerung phantasieren" konnte, bis sie erkannte, „daß das halbfreie Phantasieren der sichere Untergang ihrer Kunst war."[102]

In ganz anderem Zusammenhang notierte Kafka im Herbst 1917 eine Überlegung zum Problem des Erbes, wobei er auf die wiederholt von ihm geübte Praxis rekurrierte, Musik und Geräusch in physischer Hinsicht zu thematisieren – in diesem Fall sogar mit eigenwertigen sprachlichen Konsequenzen:

> Nicht durchaus frevelhaft, als Tuberkulöser Kinder haben. Flauberts Vater tuberkulös. Wahl: Entweder geht dem Kind die Lunge flöten (sehr schöner Ausdruck für die Musik, um derentwillen der Arzt das Ohr an die Brust legt) oder es wird Flaubert. Zittern des Vaters während im Leeren darüber beraten wird. (T, 838; 27.9.1917)

Offenbar spiegelt sich hier eine zentrale Lebensproblematik in einer ironisch-begrifflichen Brechung, die etwas Frivoles hat: Der Arzt horcht das Kind ab, um dessen Lunge ‚flöten' zu hören, weil sie – umgangssprachlich – flöten geht. Dies ist der auch bei Kafka seltene Fall einer qualitativen Bedeutungssteigerung eines landläufigen Ausdrucks, den er nicht ohne Zynismus zum Synonym für Musik überhaupt erhebt.

---

102 Ernst Weiß, Franziska. Roman, Frankfurt a. M. 1982, S. 16 u. 17. Einiges spricht übrigens dafür, dass Franz Werfel den Titel seines letzten Romans *Stern der Ungeborenen* aus einer Passage in Weiß' Roman gewann. So heißt es bei Weiß: „[...] ja, bis zu einem Stern, der oben in der Luft hoch über den Dächern schwebte und sonst unerreichbar war wie die Toten oder die noch Ungeborenen." Ebd., S. 57.

II **Bereiche**

Erzählte Geräusche und andere auditive Verwandlungen

So disparat die bisherigen Befunde zu Kafkas Verhältnis zum Akustischen auch sind, soweit sie sich auf die bislang aufgespürten Fundstellen beziehen, bloße Geräuschirritationen registrieren oder spezifische musikalische Eindrücke, zeugen sie von einem überaus empfindsamen Gehör. Mehr noch: Sie erweisen, dass für Kafka das Akustische in seiner ganzen Bandbreite ein existentielles Problem darstellte. Man greift keineswegs zu hoch, wenn man behauptet, das Akustische zeige sich in seinen Briefen und Tagebuchheften als resonante Existentialie. Selbst wenn Kafka in Tagebuchheften späteren Datums versuchte, durch die Verwendung der dritten Person Singular Abstand zu sich selbst zu gewinnen – wie etwa in Teilen des zwölften Heftes –, betont er diese existentielle Dimension im Verhältnis zum Musikalischen. Zentral bleibt dabei die schaffenspsychologische Seite:

> Alles was er tut, kommt ihm zwar außerordentlich neu vor, aber auch entsprechend dieser unmöglichen Fülle des Neuen außerordentlich dilettantisch, kaum einmal erträglich, unfähig historisch zu werden, die Kette der Geschlechter sprengend, die bisher immer wenigstens zu ahnende Musik der Welt zum erstenmal bis in alle Tiefen hinunter abbrechend. (T, 848 f.; 13.1.1920)

‚Außerordentlich' an dieser Eintragung ist in erster Linie die Annahme einer „zu ahnende[n] Musik der Welt" und die Vorstellung, dass diese „abbrechen[ ]" könnte und zwar „in allen Tiefen" und Verwurzelungen der Kultur. Peter Höfle hat gezeigt, dass sich daraus das Verfahren Kafkas ableiten lasse, durch das Erzählen das Überlieferte auszulöschen;[103] eine Vorwegnahme dessen, was Thomas Bernhard durch seine Art des Umgangs mit Überlieferung noch überbieten sollte – von *Alte Meister* (1985) bis *Auslöschung* (1986).

Doch wäre noch einmal nachzufragen, was mit diesem ‚Abbrechen' der Musik gemeint ist; denn immerhin handelt es sich hier um den drastischsten Ausdruck, mit dem Kafka die Musik belegt hat. Landläufig gilt: Wenn die Musik abbricht, etwa auf dem Dominantseptakkord im klassischen Solokonzert, kann und soll sich daraufhin die Kadenz des Soloinstruments aufbauen. Das Abbrechen schlägt auf diese Weise ins Schöpferische um. Diese Vorstellung negiert Kafka, beziehungsweise er verbietet sie sich. Denn nach solchem ‚Abbrechen', wie die Tagebuchaufzeichnung es andeutet, wären eigentlich nur noch die „Lärmtrompeten

---

[103] Vgl. Peter Höfle, Von der Unfähigkeit, historisch zu werden. Die Form der Erzählung und Kafkas Erzählform, München 1998.

des Nichts" (T, 818; 4.8.1917) vorstellbar, um einen weiteren Ausdruck aus dem Tagebuch seinem Zusammenhang leicht zu entfremden. Denn Kafka meinte damit ursprünglich die Diktiergeräte, die Felice Bauer als Messerepräsentantin ihrer Firma anzupreisen hatte.

Wenn die Musik abbricht, dann nehmen wieder die Geräusche überhand, die sich unverhofft aufdrängen, einnisten, das Gehör infizieren. Wenn die Musik abbricht, dann sieht sich die Welt um jede Hoffnung auf Harmonie gebracht. Sie fällt gewissermaßen aus den Sphären heraus.

Die dabei immer wiederkehrenden Grundfragen lauten: Was hörte Kafka? Wie hörte er? Und worin bestand seine transformatorische Leistung, das Gehörte in Erzählung zu verwandeln? Darf man so weit gehen, im Werk Kafkas bestimmte Episoden als regelrechte Hörbilder zu lesen und zu sehen? Versichern wir uns zunächst eines Vergleichstextes. Unter den reizvoll parabelhaften Episoden aus dem *Nachlaß zu Lebzeiten* (1936) von Robert Musil fällt ein betont akustischer Text auf, der auf analoge Weise zu erklären hilft, welche ästhetischen Probleme dabei in Rede stehen. Gemeint ist ‚Hellhörigkeit':

> Ich habe mich vorzeitig zu Bett gelegt, ich fühle mich ein wenig erkältet, ja vielleicht habe ich Fieber. Ich sehe die Zimmerdecke an, oder vielleicht ist es der rötliche Vorhang über der Balkontür des Hotelzimmers, was ich sehe; es ist schwer zu unterscheiden.
> Als ich gerade damit fertig war, hast auch du angefangen, dich auszukleiden. Ich warte. Ich höre dich nur.
> Unverständliches Auf- und Abgehn; in diesem Teil des Zimmers, in jenem. Du kommst, um etwas auf dein Bett zu legen; ich sehe nicht hin, aber was könnte es sein? Du öffnest inzwischen den Schrank, tust etwas hinein oder nimmst etwas heraus; ich höre ihn wieder schließen. Du legst harte, schwere Gegenstände auf den Tisch, andre auf die Marmorplatte der Kommode. Du bist unablässig in Bewegung. Dann erkenne ich die bekannten Geräusche des Öffnens der Haare und des Bürstens. Dann Wasserschwälle in das Waschbecken. Vorher schon das Abstreifen von Kleidern; jetzt wieder; es ist mir unverständlich, wieviel Kleider du auszieht. Nun bist du aus den Schuhen geschlüpft. Danach gehen deine Strümpfe auf dem weichen Teppich ebenso unablässig hin und her wie vordem die Schuhe. Du schenkst Wasser in Gläser; drei-, vier- mal hintereinander, ich kann mir gar nicht zurechtlegen, wofür. Ich bin in meiner Vorstellung längst mit allem Vorstellbaren zu Ende, während du offenbar in der Wirklichkeit immer noch etwas Neues zu tun findest. Ich höre dich das Nachthemd anziehn. Aber damit ist noch lange nicht alles vorbei. Wieder gibt es hundert kleine Handlungen. Ich weiß, daß du dich meinethalben beeilst; offenbar ist das alles also notwendig, gehört zu deinem engsten Ich, und wie das stumme Gebaren der Tiere vom Morgen bis zum Abend, ragst du breit, mit unzähligen Griffen, von denen du nichts weißt, in etwas hinein, wo du nie einen Hauch von mir gehört hast!
> Zufällig fühle ich es, weil ich Fieber habe und auf dich warte.[104]

---

[104] Robert Musil, Nachlaß zu Lebzeiten. In: Musil, Frühe Prosa und aus dem Nachlaß zu Lebzeiten, Hamburg 1983, S. 289–380, hier: S. 308.

Zunächst fällt das Wechselspiel von Optischem und Akustischem auf, von wirklich Gehörtem und Vorgestelltem. Der fiebrige Zustand – ein dem Motivarsenal der sogenannten Décadence entnommenes Phänomen – verfeinert die Sinne, hier zunächst den Sehsinn, wobei dessen Differenzierungsvermögen leidet. Erst als das Hören zum dominanten Sinn wird, ausgelöst durch das unscharfe Sehen und das Warten auf den Anderen, gewinnt das Ich seine Unterscheidungsfähigkeit zurück. Die bedeutsame Konstellation in diesem Narrativ stellt sich so dar: Was das Ich *nicht* sieht, gewinnt akustisch an Kontur. Die Geräusche aus dem Badezimmer werden zum feinsinnigen Vorspiel für irgendetwas – irgendetwas, was auch immer das Warten ablösen wird. Das Hören und die mit ihm verbundene Vorstellung dessen, was das Ich hört, wirken einerseits komplementär, andererseits stehen sie miteinander in Wettbewerb. Die gespannte Erwartung macht hier hellhörig. Die zarten, von der geliebten Frau ausgehenden Geräusche finden umgekehrt keine Entsprechung. Sie hört ihn nicht, da sie weder Fieber hat noch wartet. Das ‚hellhörige' Ich hat sein Wahrnehmungs- und Erkenntnisvermögen ganz auf das Auditive verlagert; und das gilt gleichfalls für sein Empfindungsvermögen: Es fühlt, was es hört.

Einer der 1917/18 entstandenen *Zürauer Aphorismen* Kafkas, der einhundertneunte und letzte, lässt sich in Entsprechung zur ‚Hellhörigkeit' Musils lesen, auch wenn dieser Aphorismus eine andere inhaltliche Valenz gewinnt:

> Es ist nicht notwendig, daß Du aus dem Haus gehst. Bleib bei Deinem Tisch und horche. Horche nicht einmal, warte nur. Warte nicht einmal, sei völlig still und allein. Anbieten wird sich Dir die Welt zur Entlarvung, sie kann nicht anders, verzückt wird sie sich vor Dir winden.[105]

Auch Kafkas Aphorismus geht von einem Innenraum aus, fordert hellhöriges Horchen, also die intensivste Form des Hörens; nimmt dann sogleich diese Forderung zurück und verlagert sie auf das vom Auditiven entlastete ‚Warten'. Das geschieht in der Gewissheit, dass die Welt auf den in völliger Stille Wartenden zukommen und sich ihm anbieten, wenn nicht gar anbiedern wird. Die sich vor dem Wartenden ‚verzückt' windende Welt harrt hier der Entzauberung. Sie wiederum setzt voraus, dass er nicht selbst ins ‚Winden' gerät und die Lügen der Welt *ruhig* durchschaut.[106]

---

[105] Franz Kafka, Nachgelassene Schriften und Fragmente II, hrsg. von Jost Schillemeit, Frankfurt a. M. 1992, S. 140 (nachfolgend im Text unter der Sigle NSF II mit Seitenzahl zitiert).
[106] So interpretiert zutreffend Mathias Mayer, Stillstand. Entrückte Perspektive. Zur Praxis literarischer Entschleunigung, Göttingen 2014, S. 62.

Mit diesem zum Warten werdenden Horchen bringt sich Kafka in eine, wenn man so will, antizipatorische Nähe zur Konzeption des *deep listening*, mit dem sich Explorationen des Akustischen seit Ende der 1980er Jahre beschäftigen. Für ihre kompositorische Umsetzung stehen etwa Pauline Oliveros, Valerie Solanas und Terry Riley mit Stücken wie *Sound Meditation, Bye Bye Butterfly* oder *In the Sea*, nebst Geräuschprotokollen etwa aus den Bunkern unter Washington oder dem Polargebiet, wo das Krachen des Eises zum Beispiel für das In-die-Umwelt-Horchen und das Auf-die-Umwelt-Hören wird. Oliveros geht es dabei um etwas, das bereits für Kafkas Art des Hörens konstitutiv gewesen ist, nämlich die Partikel der Geräusche oder Klänge, die sogenannten *phonoi*. Hinzu kommt, was im Zusammenhang von *deep listening* die „sonic imagination" genannt wird sowie „sonic dreams" als Aspekte des „inner listening".[107]

Die Intensität, die bei Kafka das bloße Hören zum Horchen steigerte und damit seine Art des *deep listening* kennzeichnet, findet im Befund seines zur Illusionszerstörung tendierenden Erzählens ihre negative Entsprechung. Hinzu kommt bei Kafka die bewusste Reduktion der Stimmen auf die eine Stimme, der Geräusche auf das eine dominante Geräusch. Dieses Verfahren Kafkas ist zu unterscheiden etwa von der Stimmenwelt in den Romanen einer Virginia Woolf, die auch das Ergebnis ihrer sie psychisch schwer belastenden Pein des Stimmenhörens gewesen ist, oder dem produktiven Arbeiten mit Stimmen in den *voice installations* der Kanadierin Janet Cardiff.[108]

Wenden wir uns nun der entscheidenden Frage zu, wie Kafka mit den von ihm wahrgenommenen akustischen Phänomenen erzählerisch umgegangen ist, und ob sich tatsächlich so etwas wie ein dissonantes Erzählen bei ihm nachweisen lässt. Zunächst einmal ist festzuhalten, dass jeder Text eine ihm eigene sprachliche Resonanzfläche darstellt. Damit sie zum Raum werden kann, bedarf es der Perspektivierung vor allem durch den Leser. Denn das an den Text herangetragene eigene Klangverständnis führt entweder zu einer harmonischen Einstimmung oder zu Dissonanzen, was sich beides unmittelbar auf das Verstehen des Textes auswirkt. Spüren wir also zunächst die auditiven Momente und Motive in einigen Erzählungen Kafkas auf und gehen ihrer ästhetischen Wirkung im Einzelnen nach.

---

107 Vgl. dazu Paul Service, Deep Listening: Pauline Oliveros, The Listening Service, BBC Radio 3 vom 5. März 2017, www.bbc.co.uk/programmes/b08h0cc6 (abgerufen am 12. November 2018).
108 Vgl. dazu Philip Ursprung, Whispering Room. Janet Cardiffs erzählerische Räume. In: Stimm-Welten. Philosophische, medientheoretische und ästhetische Perspektiven, hrsg. von Doris Kolesch, Vito Pinto u. Jenny Schrödl, Bielefeld 2009, S. 67–78.

Geräusche in *Betrachtung*

Bereits die 1912 in Kafkas erste Buchpublikation *Betrachtung* aufgenommenen Prosastücke weisen in ihrer Mehrzahl auditive beziehungsweise sonorische Elemente auf. Wie die im Jahr darauf erscheinende, Felice Bauer gewidmete Erzählung *Das Urteil* setzt auch die Sammlung *Betrachtung* mit einem solchen Element ein: „Ich hörte die Wagen an dem Gartengitter vorüberfahren, manchmal sah ich sie auch durch die schwach bewegten Lücken im Laub." (E, 8; Hervorh. d. Verf.) Das Erzählen beginnt also mit dem Hören und Sehen, und es scheint, als erzählte Kafka – gerade in seiner ersten Schaffensphase – auch sich selbst, damit ihm beides deswegen nicht leicht vergehen konnte, sondern zunehmend verstärkt erhalten blieb. Schon im nächsten Abschnitt des Eröffnungstextes *Kinder auf der Landstraße* spielt Kafka mit einer Bedeutungswendung im Hören: „Vor dem Gitter hörte es nicht auf." (Ebd.) Was da nicht aufhört, ist weiterhin hörbar: „Kinder im Laufschritt", „Getreidewagen" und grüßende Mädchen. Nur charakterisiert der Erzähler diese Hörbarkeiten nicht im Einzelnen. Das Spielen mit auditiven Motiven, das Kafka bereits in dieser Erzählung betreibt, sollte auch für seinen späteren Umgang damit konstitutiv bleiben. So formt er etwa die Redewendung ‚sich aufs Ohr legen' subtil um: „Wenn man sich auf die rechte Seite drehte, die Hand unters Ohr gab, da wollte man gerne einschlafen." (E, 9) Doch eben das geschieht nicht. Denn in die Gruppe der Kinder gerät Bewegung, von außen verursacht durch einen in der Ferne vorbeifahrenden Zug. Mit ihm und seinen (im Text nicht näher benannten) Geräuschen singen die Kinder nun um die Wette, „den fernen Reisenden in die Ohren". (E, 11) Eines der Kinder stimmt einen Gassenhauer an, alle fallen ein, weil es sie zum Singen drängte als dem eigentlichen Höhepunkt dieses gemeinsam verbrachten Tages: „Wir sangen viel rascher als der Zug fuhr, wir schaukelten die Arme, weil die Stimme nicht genügte, wir kamen mit unseren Stimmen in ein Gedränge, in dem uns wohl war." Darauf folgt eine für Kafka schon damals und später bedeutsame, wenngleich überraschende Einsicht: „Wenn man seine Stimme unter andere mischt, ist man wie mit einem Angelhaken gefangen." (Ebd.)

Was ist mit dieser paradoxen Feststellung gesagt? Dass man andere Stimmen, einen Chor etwa, meiden soll? Dass die eigene Stimme unweigerlich aus dem Pool der Stimmen doch wieder geangelt wird? Indes suggeriert das Bild vom Angelhaken, dass sich der Vergleich im Bereich des Fischhaften und damit in der Sphäre des Stummen bewegt. Die Stimme, unter andere Stimmen gemischt, kann nur verstummen und bleibt dennoch oder gerade deswegen ‚gefangen'.

Immer fällt bei Kafka die Segmentierung der akustischen Elemente auf, die zuvor besagten Klangpartikel, aber auch die genau bezeichneten materiellen Teile, die akustisch wirksam werden. So etwa im zweiten Prosastück der Sammlung *Betrachtung* mit dem Titel *Entlarvung eines Bauernfängers*, als der Ich-Erzähler von einer ihm nur flüchtig bekannten Person etwas gefragt wird. Die Frage „Gehen Sie gleich hinauf?" – zu einem Empfang in „herrschaftlichem Hause" – sieht sich in ihrer Bedeutung sogleich abgeschwächt durch die materiell bedingte Beeinträchtigung ihrer Artikulation: „In seinem Munde hörte ich ein Geräusch wie vom Aneinanderschlagen der Zähne." (E, 12) Das durch Frage und Begleitgeräusch irritierte Ich sieht dann sogar „an den Ohren meines Gegenüber" (ebd.) vorbei. Auf besonders subtile Weise verbinden sich im folgenden Abschnitt Schweigen und Geräusche. Das Ich vermag sich von diesem Fremden nicht zu lösen; vielmehr fühlt es sich mehr und mehr eingebunden in sein Schweigen, das es zunächst lähmt, aber auch hellhörig macht:

> Dabei nahmen an diesem Schweigen gleich die Häuser rings herum ihren Anteil, und das Dunkel über ihnen bis zu den Sternen. Und die Schritte unsichtbarer Spaziergänger, deren Wege zu erraten man nicht Lust hatte, der Wind, der immer wieder an die gegenüberliegende Straßenseite drückte, ein Grammophon, das gegen die geschlossenen Fenster irgendeines Zimmers sang, – sie ließen aus diesem Schweigen sich hören, als sei es ihr Eigentum seit jeher und für immer. (E, 12)

Diese Kafka eigentümliche Vorstellung – sie ist in der zeitgenössischen Literatur, soweit bekannt, ohne Beispiel – von einer völlig divergenten Geräuschpalette (von Schritten bis zum Windgeräusch und dem Singen eines Grammophons), die das Schweigen instrumentalisiert und auf ihre Bedürfnisse hin ausrichtet, als Kontrasthintergrund gewissermaßen, diese Vorstellung überrascht deswegen, weil sie sich bei Kafka so früh und so ausgeprägt findet. Die Personalisierung dieser Vorstellung kann skurrile Formen annehmen, etwa wenn im Prosastück *Der Ausflug ins Gebirge* das Ich „ohne Klang" in der Stimme laute Zweifel an seinem Vorhaben anmeldet, eben einen solchen Ausflug ins Gebirge „mit einer Gesellschaft von lauter Niemand" zu unternehmen. Es handelt sich um Niemands „in Frack". Wiederum wird Wind hörbar, wie er durch bestimmte „Lücken" fährt, wobei dieser ‚Ausflug' zu einer weiter gesteigerten Paradoxie führt: „Die Hälse werden im Gebirge frei! Es ist ein Wunder, daß wir nicht singen." (E, 16) Es wäre Niemandes Gesang, der da im Gebirge zu singen wäre und mithin unhörbar, Teil des großen Schweigens, das wieder dem Wind und eben Niemand gehört. Wahrscheinlich ist, dass das klanglos rufende Ich des Anfangs selbst zum Niemand werden muss angesichts der überwältigenden Präsenz von Niemands in diesem Text. Wenn es wirklich zum Gesang der Niemands, zu Niemandes Gesang also käme, dann bedeutete dies für das Ich eine eigentliche Befreiung. Doch verhält sich das nicht immer so, zumindest nicht für jedes Ich in diesen Texten. *Der Nachhauseweg* zum Beispiel kennt ein Ich, das glaubt, für alles verantwortlich zu sein, unter anderem auch für „alle Schläge gegen Türen, auf die Platten der

Tische". Ansonsten verfügt dieses Ich über keine nennenswerten Gedanken, die das Darübernachdenken lohnten. Dann der entscheidende Zusatz: „Es hilft mir nicht viel, daß ich das Fenster gänzlich öffne und daß in einem Garten die Musik noch spielt." (E, 19) Musik verfügt – gerade auch beim frühen Kafka – über kein Erlösungspotential mehr.

Im Laufe dieser Studie begegnete bereits Kafkas oder seiner Ich-Erzähler Faszination für das Ohr. In der Episode *Der Fahrgast* beobachtet das Ich in der Straßenbahn ein Mädchen. Seine Beschreibung gipfelt im Betrachten des Hörorgans: „Ihr kleines Ohr liegt eng an, doch sehe ich, da ich nahe stehe, den ganzen Rücken der rechten Ohrmuschel und den Schatten an der Wurzel." Die Konsequenz aus dieser Beobachtung ist eine absurde Frage: „Wieso kommt es, daß sie nicht über sich verwundert ist, daß sie den Mund geschloßen hält und nichts dergleichen sagt?" (E, 21) Nicht eindeutig ist, worauf sich „nichts dergleichen sagt" bezieht. Etwa darauf, dass sie über ihre eigene Ohrenform „verwundert" sein soll? Das Ich fragt sich nicht, was und wie dieses Ohr wohl hört? Vielmehr verbleibt es bewusst an der Oberfläche, die – wie später so häufig bei Kafka – für ihren eigenen Tiefgang Sorge zu tragen hat.

Gerade in Kafkas frühen Erzählungen kann man von einer sorgfältig differenzierenden Abstufung akustischer Werte sprechen, was sich auch im Schlussteil der Geschichte *Das Urteil* zeigen lässt, auf die an dieser Stelle ein weiteres Mal Bezug genommen werden soll. Georg, seinem Vater Übles wünschend, erfährt, dass sein übelwollendes Wort seinen Kopf zur Strafe „durchzischt[ ]". (E, 42) Auch als er den Vater parodiert, der sagt, sein Sohn wisse alles „tausendmal besser", woraufhin Georg entgegnet: „Zehntausendmal!", gewinnt dieses Wort eine neue akustische Wertigkeit: „[A]ber noch in seinem Munde bekam das Wort einen toternsten Klang." (E, 43) Dass die Stimme des Vaters, als er sein „Urteil" über den Sohn verkündet – Tod durch Ertrinken –, „lauter" wird, versteht sich. Aber es ist nicht dieses laute Wort, das Georg „in den Ohren davon [trug]", sondern der Schlag, den er hört, als der Vater hinter ihm stürzt. Georg selbst wird sich dann tatsächlich von der Brücke in den Fluss stürzen – im für ihn nach Auskunft des auktorialen Erzählers seltsam tröstlichen Wissen, dass der Verkehrslärm „mit Leichtigkeit seinen Fall übertönen würde". (E, 44)

Bemerkenswert erscheint die Wendung ‚ein Geräusch oder Klang in den Ohren davontragen'. Sie schließt an das bereits zuvor erwähnte auffällige Interesse Kafkas am Ohr und der Ohrform an. Die Art, wie er das Ohr hier erzählerisch einsetzt, deutet darauf hin, dass er es geradezu als unabhängiges Organ verstehen wollte, das aber das Gehörte in sich verschließt.

Das Unverwandelte in *Die Verwandlung:* Geräusche in Zimmerlautstärke

Mit der 1915 veröffentlichten Novelle *Die Verwandlung* hatte Kafka etwas geschrieben, „was er nie mehr übertreffen konnte, weil es nichts gibt, womit die ‚Verwandlung' zu übertreffen wäre, eine der wenigen großen und vollkommenen Dichtungen dieses Jahrhunderts."[109] Also befand Elias Canetti – und wer wollte ernsthaft diesem Urteil widersprechen? Es handelt sich bekanntlich um Kafkas am meisten verbreitete, aber schwerlich erschöpfend deutbare novellistische Prosadichtung, die gleichzeitig die längste von ihm abgeschlossene ist.[110] Ihre akustisch akzentuierten Momente verleihen ihr eine oft übersehene Substruktur, die hier untersucht werden soll.

Die Verwandlung lässt sich als große Parabel für autopoetische Prozesse lesen: Etwas verwandelt sich in etwas anderes in einem geschlossenen Raum, zusätzlich ummantelt durch die wiederum in sich geschlossene Wohnung. Es handelt sich um eine Wohnung, die, wie der Leser erst im letzten Abschnitt erfährt, Gregor Samsa einst selbst ausgesucht hatte. (E, 105) Womöglich hatte er diese Wahl getroffen, um eine Art Gehäuse oder Behausung für einen vorbewussten Zustand zu haben, in dem sich seine Verwandlung vorbereiten konnte. Denn als seine Verwandlung sich vollzieht, reagiert er darauf ja durchaus ruhig und gefasst.

Kaum etwas dringt in diese Wohnung, kaum etwas geht aus ihr hinaus. Man könnte sie daher eine bewohnbare Monade nennen. Gerade deswegen kann der letzte Erzählabschnitt so befreiend klingen. Dem über Monate aufgestauten Ausgehbedürfnis der Samsas können sie erst jetzt frönen, als das verhungerte Ungeziefer, das einmal ihr Sohn und Bruder war, beseitigt worden ist. Dieser Gang ins Offene, Freie geschieht freilich, so will es der Text, lautlos; er spricht von keinem Jauchzen, keinem befreienden Aufsingen. Die Geräuschwelt in der *Verwandlung* ist eine interne. Nur ganz zu Beginn hört Gregor „Regentropfen auf das Fensterblech aufschlagen" (E, 46), was ihn melancholisch stimmt. Es bleibt dann auch der einzige auditive Bezug zur Außenwelt, der Gregor noch vergönnt ist. Das andere Geräusch stellt sich als Erinnerung ein, das „möbelerschütternde Läuten" (E, 48) des Weckers, das Gregor fürchtet verschlafen zu haben, das in ihm aber präsent ist. Er hört ein „neuerliche[s] Schlagen des Weckers", das ihn an sein jetzt unentrinnbares Zuspätsein gemahnt; aber der eigentliche „Schlag", die Gewiss-

---

109 Canetti, Der andere Prozeß, S. 92.
110 Vgl. den konzisen und materialreichen Überblick über die diversen Forschungspositionen bei Sandra Poppe, [Art.] Die Verwandlung. In: Kafka-Handbuch. Leben – Werk – Wirkung, hrsg. von Manfred Engel u. Bernd Auerochs, Stuttgart/Weimar 2010, S. 164–174.

heit zu einem „ungeheueren Ungeziefer" mutiert zu sein, hat alles ohnehin schon im Vorfeld übertönt. (E, 46)

Die nächste Erzählphase wird umrahmt von einem drastischen Stimmenwechsel: Gregor hört die „sanfte Stimme" seiner Mutter und hört sich zu seinem Erschrecken antworten und zwar mit einer Stimme, „die wohl unverkennbar seine frühere war, in die sich aber, wie von unten her, ein nicht zu unterdrückendes, schmerzliches Piepsen mischte, das die Worte förmlich nur im ersten Augenblick in ihrer Deutlichkeit beließ, um sie im Nachklang derart zu zerstören, daß man nicht wußte, ob man recht gehört hatte." (E, 49) Wiederum fällt die betonte Differenzierung im Beschreiben dieser stimmlichen Pathologie auf. Das zum ‚Nachklang' werdende ‚Piepsen' dekonstruiert gleichsam die Stimme und damit das Gesagte.

Die verzerrte Stimme Gregors und die in ihrer stimmlichen Intensität schwankenden Zurufe durch Vater und Schwester werden gleichsam durch die verschloßene Türe gefiltert. Gregor selbst geht, sich selbst beruhigend, von einer „Verkühlung" aus, welche die „Veränderung der Stimme" signalisiere. (E, 50) Die krasse Wahrheit über den Stand der Stimme Gregors spricht zunächst ein Vertreter der Firma aus, für die Gregor als Handlungsreisender tätig (gewesen) ist: „,Das war eine Tierstimme', sagte der Prokurist, auffallend leise gegenüber dem Schreien der Mutter." (E, 57) Das aufgeregte An- und Abschwellen der Stimmen beginnt sich in dem Moment auszugleichen, als Gregor erkennt, dass er noch hört, was er sagt („vielleicht infolge der Gewöhnung des Ohres"), nicht aber seine vor der Tür versammelte Familie nebst dem Prokuristen. Die Kommunikation zwischen den Seinen und ihm beschränkt sich nur noch auf die Interpretation der stimmlichen Veränderungen in Gregor. Wieder befleißigt sich der Erzähler einer größtmöglichen Differenzierung in der Beschreibung von Gregors vokalischem Zustand:

> Um für die sich nähernden entscheidenden Besprechungen eine möglichst klare Stimme zu bekommen, hustete er ein wenig ab, allerdings bemüht, dies ganz gedämpft zu tun, da möglicherweise auch schon dieses Geräusch anders als menschlicher Husten klang, was er selbst zu entscheiden sich nicht mehr getraute. (E, 58)

In der letzten Erzählphase des ersten Teils der *Verwandlung*, die gekennzeichnet ist vom Entsetzen aller Anwesenden über Gregors Erscheinung, steigern sich die akustischen Effekte *crescendo*haft. Nachdem der Prokurist vor dem Anblick seines früheren Mitarbeiters buchstäblich die Flucht ergriffen hat, treibt der Vater das Sohn-Ungeziefer „unter besonderem Lärm" vor sich her: „[E]s klang schon hinter Gregor gar nicht mehr wie die Stimme bloß eines einzigen Vaters [...]." (E, 64) Der verletzt blutende Gregor – sprich: die Verwandlung im Zustand ihrer Gefährdung – wird „weit in sein Zimmer" zurückgestoßen, die Tür zugeschlagen, gefolgt vom abbruchhaften *decrescendo:* „[D]ann war es endlich still." (E, 65)

Versucht Gregor in diesem ersten Teil der Erzählung, seine eigene Situation immer wieder zu verdrängen – er glaubt sie gleichsam wieder wegschlafen zu können –, so kann er die Stimme(n) gerade nicht verdrängen. In ihrer Brüchigkeit drückt sich aus, was die vor Beginn der Geschichte vollzogene ‚Verwandlung' Gregors auch zu einem akustischen Phänomen werden lässt. Neben dem aus einer Illustrierten ausgeschnittenen Bild einer Dame im Pelzmantel, für das Gregor eigens einen Holzrahmen geschnitzt hatte,[111] sind es Stimmen, akustische Eindrücke, die ihn noch mit der Sphäre des Menschlichen verbinden.

Auch die akustischen Strukturelemente des zweiten Teils der Erzählung sind vokalisch geprägt. Gregor hört die Schwester zuweilen mit „erhobener Stimme" den Eltern vorlesen; dann wieder „hört man [ ] keinen Laut". Er stellt nicht ohne Befriedigung fest, dass seine Familie im Grunde „ein stilles Leben" führe. (E, 66)

Hört Gregor Stimmen „aus den Nebenzimmern", dann bewegt er sich zu der entsprechenden Tür in seinem ihm zum Verließ werdenden Zimmer, um noch genauer hören zu können, wobei er „sich mit ganzem Leib an sie" drückte. (E, 70) Mit seinem *ganzen* verwandelten Körper will er hören, die Essensgeräusche etwa oder das knarrend-klickende Geräusch beim Aufschließen einer Kassette. Aber auch ihn kann man hören, etwa als er seinen Kopf „nachlässig gegen die Tür" schlug. Dieses Geräusch hatte nun wiederum seine Familie „verstummen" lassen. (E, 72 f.) Das bedeutet gleichwohl: Gregor hörte ihr Verstummen. Dazwischen findet sich der erste Hinweis auf die Violine, die seine Schwester Grete „rührend zu spielen verstand" (E, 72), das nach der – wie sich herausstellen wird, nur bedingt zutreffenden – Auskunft des Erzählers Gregor wenig bedeutet haben soll. Dagegen spricht, dass Gregor beabsichtigt hat beziehungsweise hatte – noch immer davon ausgehend, er könne seiner Arbeit als Handlungsreisender später wieder nachgehen –, ihr die Ausbildung am Konservatorium zu ermöglichen.

Danach – vierzehn Tage sind vergangen – sind es erneut die Lautskalen in den Äußerungen der Mutter, die auffallen. Sie reichen von „Ausrufen erregter Freude" (E, 77 f.) oder Aufschreien vor Entsetzen bis zu „leisem Flüstern" (E, 78) mit ihrer Tochter über die Absicht, Gregors Zimmer auszuräumen, bis zu fassungslosem Verstummen. Die Stimme der Mutter scheint noch das einzige zu sein, was Gregor ‚aufrütteln' kann. (E, 79) Doch gerade sie, die Stimme der Mutter, kippt ins Grelle, Gellende um, als ihr bewusst wird, dass der „riesige[ ] braune[ ] Fleck auf der geblümten Tapete" (E, 82) ihr Sohn ist. Ihr rau klingendes Schreien präludiert dissonant-schrill ihrer erneuten Ohnmacht. Schwester Grete verfügt dar-

---

[111] Zur Bedeutung dieses Symbols vgl. Poppe, [Art.] Die Verwandlung, S. 170.

aufhin nur noch über eine „dumpfe Stimme" (E, 83), bevor sie am Ende des zweiten Teils selbst ins Schreien verfällt. Der Vater wiederum vermag nur noch ein „Ah!" von sich zu geben und das „in einem Tone, als sei er gleichzeitig wütend und froh." (Ebd.)

Was die akustopoetischen Elemente von Kafkas Erzählung angeht, erweist sich ihr dritter und letzter Teil als besonders ergiebig. Die ersten Verweise auf Akustisches – von den „Schmeichelworte[n]", die Gregors Mutter dem Vater „ins Ohr" flüstert (E, 87), bis zu Gregors wütendem Zischen, weil niemand die Tür zu seinem Zimmer mehr schließt, um ihm Lärm zu ersparen, vom Murmeln der Untermieter bis zu den „mannigfachen Geräuschen des Essens" (E, 93) – bilden eine Art akustisches Vorfeld, das zu Gretes Violinspiel führt. Festzuhalten ist dabei, dass auch der zum ‚ungeheuren Ungeziefer' verwandelte Gregor lärmempfindlich ist oder bleibt, dass aber die Skalen der Geräusche für ihn von existentiell-akustischem Wert sind. Bemerkenswerter noch, dass er zwar schon immer Gretes Violinspiel wahrgenommen und annähernd zu würdigen wusste – sonst wäre er gewiss nicht auf den Gedanken gekommen, ihr ein Studium auf dem Konservatorium zu finanzieren. Zu einem für ihn bedeutsamen Phänomen wird das Spiel der Schwester jedoch erst nach seiner Verwandlung in ein vom Erzähler offenbar sehr bewusst nicht näher bestimmtes Ungeziefer. Sein Hörsinn bleibt geschärft, wobei sein Sehsinn und dann auch sein Geruchssinn leiden, als das Stadium seines Aushungerns beginnt.

Die Geigenepisode – im Werk Kafkas ohne Beispiel – setzt damit ein, dass Grete in der Küche zu spielen beginnt. Die drei Untermieter horchen auf; auf Wunsch des einen kommt Grete mit ihrer Violine ins Zimmer; ihr Vater bringt das Notenpult, die Mutter die Noten. Es scheint, als seien sie allenfalls bedingt musikalisch, denn sie betrachten nur „aufmerksam die Bewegungen" von Gretes Händen, sind zwar vom „Violinspiel in Anspruch genommen", aber über ihre musikbezogene Reaktion wird nichts bekannt. Auch die Untermieter beweisen wenig musikalischen Geschmack. Sie wenden sich ab, unterhalten sich „halblaut" und rauchen: „Es hatte nun wirklich den überdeutlichen Anschein, als wären sie in ihrer Annahme, ein schönes oder unterhaltendes Violinspiel zu hören, enttäuscht, hätten die ganze Vorführung satt und ließen sich nur aus Höflichkeit noch in ihrer Ruhe stören." (E, 95) Das Unerwartete geschieht: Gregor weiß als einziger das Spiel seiner Schwester zu schätzen. Für ihn ist es ein „kurzer Moment neuer Sinneswahrnehmung",[112] der aber nicht mehr zu einer veränderten Selbstwahrnehmung und wirklichen Reflexion seiner Lage führen kann. Genauer gesagt: eine solche Selbstwahrnehmung Gregors erfolgt augenblickhaft, blitzartig

---

112 Poppe, [Art.] Die Verwandlung, S. 171.

in Gestalt einer entscheidenden Frage des Erzählers: „War er ein Tier, da ihn Musik so ergriff?" Und die unmittelbare Folge daraus lautet: „Ihm war, als zeige sich ihm der Weg zu der ersehnten unbekannten Nahrung." (Ebd.) Sollte darin etwa der eigentliche Sinn seiner Verwandlung liegen, einem tief verborgenen Bedürfnis nach Andersheit in ihm metamorphorisch Geltung zu verschaffen?

Es ist hier das erste Mal, dass Kafka den Zusammenhang von Musik und Tier zentral thematisiert, der im folgenden Kapitel ausführlich zur Sprache kommen wird. Was *Die Verwandlung* angeht, so löst diese musikalische Empfindung des Ungeziefers Gregor Samsa noch eine andere Reaktion aus: Er will seiner Schwester beistehen, ihr Spiel auf eine eigene Art würdigen, indem er den „Angreifern", also Kunstbanausen, „entgegenfauchen" (E, 95) und sich der Schwester auf dem Kanapee sinnlich nähern will: Lohn für ihr Spiel soll ein Kuss auf ihren von keinem „Band oder Kragen" verdeckten Hals sein, das Äußerste an sinnlicher Geste in dieser Erzählung. (E, 96)

Als das Violinspiel aufgrund des Desinteresses, das ihm entgegengebracht wird, „verstummt", muss Gregor erfahren (eine Erniedrigung für Schwester und Bruder gleichermaßen), dass er, das Groteske seiner Erscheinung, „mehr als das Violinspiel zu unterhalten schien". (E, 96) Die Schwester hängt ihrem Spiel zunächst noch in Gedanken nach, bevor sie „das Instrument auf den Schoß der Mutter" (E, 96) legt und ihrer abendlichen Arbeit für die Untermieter nachgeht.

Was bedeutet nun diese Szene? In einer Erzählung über das Thema ‚Verwandlung' muss der Verweis auf ein Saitenspiel und das Tierhafte von besonderer Bedeutung sein; denn dem Mythos zufolge ist es das Spiel des Orpheus mit der Leier, das wilde Tiere zähmen und Verwandlung bewirken kann. Im Spiel des Orpheus entsteht zudem, wie Rilke in seiner zu Kafkas Erzählung zeitverwandten Dichtung „Orpheus. Eurydike. Hermes", einem Teil der *Neuen Gedichte* (1907), sagt, „eine Welt aus Klage". Und noch ein Verweis ist aus Rilkes Gedicht ableitbar, der für die Interpretation dieser Stelle in Kafkas Erzählung in analoger (natürlich nicht kausaler!) Hinsicht aufschlussreich ist: Die Aufspaltung der Sinne in Orpheus, die offenbar in Zusammenhang steht mit seiner Fähigkeit, auf Flora und Fauna spielend und singend einzuwirken: „Und seine Sinne waren wie entzweit: / indes der Blick ihm wie ein Hund vorauslief, / umkehrte, kam und immer wieder weit / und wartend an der nächsten Wendung stand, – / blieb sein Gehör wie ein Geruch zurück."[113]

---

[113] Rainer Maria Rilke, Orpheus. Eurydike. Hermes. In: Rilke, Sämtliche Werke, Bd. 1: Gedichte. Erster Teil, hrsg. v. Rilke-Archiv in Verbindung mit Ruth Sieber-Rilke, besorgt durch Ernst Zinn, Frankfurt a. M. 1987, S. 542–545, hier: S. 543. .

Gregor Samsas Schwester ist keine Orphea. Aber ihr Spiel vermag in Ansätzen zu verwandeln, zwar nicht die Banausen, die ersten Untermieter, die ihre Familie aus Geldmangel aufnehmen musste. Dafür wirkt sie auf ihren vertierten Bruder besänftigend. Tierische Wildheit klingt wohl in seinem *gedachten* ‚Fauchen' an; seine Sinnlichkeit ist für wenige Augenblicke erwacht, jedoch ohne dass die Schwester dies beabsichtigt hätte. Denn sie spielt ja nicht für ihn oder – inzwischen – ‚es'; diese Wirkung ergibt sich demnach nur mittelbar. Dadurch entsteht jedoch die vage Möglichkeit, den Verwandelten erneut zu verwandeln: von einem „ungeheuren Ungeziefer" in ein sinnliches Wesen, so abstoßend es auch sein mag. Dabei spielt die Aufspaltung oder zumindest Segmentierung der Sinne dieses unsäglichen Wesens, wie gesehen, eine nicht unerhebliche Rolle. Bis auf seinen Hörsinn verkümmern sie. Und er bleibt zurück wie eine Erinnerung an sein ehemaliges Menschsein. Dass Grete zunächst ‚verloren' über ihr scheinbar vergebliches Violinspiel nachsinnt, ergibt sich auch daraus, dass die Violine, also das Instrument der musikalischen Verwandlung ihren Dienst versagt. Der Erzähler sagt eben nicht: ‚Sie hörte mit ihrem Spiel auf' oder ‚sie brach ihr Spiel ab', sondern: „Die Violine verstummte [...]." (E, 96) Das klingt, als könne das Instrument über sich selbst bestimmen; als verfüge es über den Spieler und könne sich ihm jederzeit entziehen. Grete glaubt ja, noch weiter zu spielen, wie sich aus ihrer Haltung ergibt, auch wenn sie diesen Moment der Selbsttäuschung rasch überwinden kann.

Das letzte akustische Zeichen, das die Erzählung aufbietet, ist bezeichnenderweise ein Pfeifen. Es handelt sich um das Vor-sich-hin-Pfeifen der „Bedienerin", bevor sie „mit lauter Stimme in das Dunkel hinein" ruft, dass Gregor „krepiert" sei. (E, 101) Das ist vom wie stets kaum urteilenden Erzähler weniger pietätlos als konsequent gemeint: Das Akustische findet sich auf ein Mindestmaß reduziert, lässt aber (zynische) Erleichterung erkennen. Denn erst jetzt, da diese störende, alle belastende Anomalie nicht mehr lebt, kann die Familie Samsa ihr ‚normales' Leben wieder zurückgewinnen.

Was sich in Gregors Zimmer und überhaupt in der Wohnung der Samas bis dahin zugetragen hatte, wäre am ehesten als Bild einer negativen Autopoesis zu deuten. Wirkt nichts von außen auf eine Entwicklung ein, kann sie nur in Verkümmerung enden – was für Gregor ebenso gilt wie für Gretes Violinspiel. Das Autopoetische steht mithin in der Gefahr, steril zu werden.

„Schakale, Affen, Hunde, Mäuse: Tiere, von Musik ergriffen"

Was, wenn die Musik auf den Hund kommt? Eine Besonderheit im Umgang Kafkas mit akustischen Phänomenen ist, dass er offenbar davon ausging, im Tierhaften verberge sich Musik, so wäre etwa aus der Erzählung *Die Verwandlung* zu folgern. Präziser gesagt: Das Tier- oder Ungezieferhafte reagiert auf Musik, *weil* es wunderlicherweise Musikalisches birgt. Diese Auffassung kehrt um, was Jean Paul in seiner Vorrede zu E.T.A. Hoffmanns Prosakomposition *Fantasiestücke in Callot's Manier* (1814/15) behauptet hat, dass nämlich die Musik die „ins Thierreich hinübersteigende" Kunst sei.[114] Mythologisch gesehen, verbindet sich der Zusammenhang zwischen Musik und Tierwelt zumeist mit dem Schwan oder der Nachtigall. Erstmals hat Camille Saint-Saëns in seiner Suite für Kammerorchester *Le Carnaval des Animaux* (1886) die tierische Musikalität kompositorisch thematisiert, bezogen freilich auf eine Tierwelt, die mit Kafkas Menagerie nichts gemein hat. Dass Kafka Ungeziefer, Schakale und Mäuse mit Musik in Verbindung brachte, bedeutete eine schrille Dissonanz, ja ein Skandalon für die lesenden Ohren oder hörenden Augen seiner Zeit. Zwar lassen sich dergleichen Rollenverwandlungen auf die Welt der Märchen zurückführen, wie ja auch *Die Verwandlung* durchaus schlüssig als Anti-Märchen gedeutet worden ist.[115] Ohnedies stellt das Anti-Märchen ein Genre dar, das als konstitutiv für Kafkas Werk erst noch umfassend zu erschließen wäre.

Kafkas Erzähler kennt Menschen, Bergleute zum Beispiel, die mit „katzenartigem Schnurren" (E, 193) in sich hineinlachen. Er mischt sich in einer Oase als Fremder unter Arabern und lernt dabei weniger diese als die Laute der Schakale kennen. Deren „Klagegeheul [...] in der Ferne" (E, 188) bringt ihn zwar um seinen Schlaf, aber auf diese Weise entsteht eine von Verständnis getragene Beziehung zwischen Mensch und Tier. Der Klageton des Schakals verändert sich zu einer „natürlichen Stimme", und das Aufheulen seiner Artgenossen erscheint dem Erzähler nun sogar „in fernster Ferne" wie eine Melodie. (E, 191) Klagelaut und artikulierte Stimme wechseln sich unter den Schakalen in der Wahrnehmung des Erzählers ab. Und ebendieser Wechsel macht ihnen sein Ohr geneigt, was ihn wiederum befähigt, sie und ihre Lust am Kadaververzehr zu verstehen.

Selbst eine auf das erste Hinhören so geräusch- und klangferne Erzählung wie der 1917 erstveröffentlichte *Bericht für eine Akademie* weist an zwei Schlüsselstellen akustische Bezüge auf. Der für den Zirkus Hagenbeck an der Goldküste eingefangene Affe erinnert als charakteristisches Geräusch in seinem Verschlag auf dem Schiff den Klang der „schweren Schritte" seiner Fänger und Bewacher,

---

[114] Dieser Gedanke ist bereits in seinen ersten Entwürfen zu dieser Vorrede präsent, wie die von Kaltërina Latifi besorgte Edition dieser Vorrede zeigt: Jean Paul, Vorrede zu E.T.A. Hoffmann, Fantasiestücke in Callot's Manier. Historisch-kritische Edition, hrsg. von Kaltërina Latifi, Frankfurt am Main/Basel 2013 (= editionTEXT, Bd. 12), S. 31 u. 68.
[115] Vgl. Holger Rudloff, Zu Kafkas Erzählung ‚Die Verwandlung'. Metamorphose-Dichtung zwischen Degradation und Emanzipation. In: Wirkendes Wort 38 (1988), S. 321–337.

„der damals in meinem Halbschlaf widerhallte"; zudem war ihr Lachen „immer mit einem gefährlich klingenden aber nichts bedeutenden Husten gemischt." (E, 213) Der Weg des Affen in die Menschenwelt sieht sich dann markiert durch das Spielen eines Grammophons, den übermäßigen Genuss von Schnaps, gefolgt von einem menschlichen Ausruf, zu dem der Affe fähig wurde („Hallo"; E, 217), wiederum unmittelbar gefolgt jedoch vom Versagen der Stimme. Auch hier avanciert das Geräusch, ob negativ oder positiv als Anzeichen von Entwicklung verstanden, zum Strukturelement.

Forschungen eines Hundes

Gegen Ende seines Schaffens intensivierte sich in Kafka die eigentümliche Konstellation ‚animalische und akustische Welt', insbesondere in seinem Fragment *Forschungen eines Hundes* und seiner letzten vollendeten Erzählung *Josefine, die Sängerin oder Das Volk der Mäuse*. Die 1922 entstandenen *Forschungen eines Hundes* gehören zum Ungewöhnlichsten, was Kafka dem Bereich des Akustischen erzählerisch abzugewinnen vermochte. Zugleich haben sich die Kafka-Interpretationen auffallend selten mit diesem Text auseinandergesetzt.[116] Wie im *Bericht für eine Akademie* betreibt die Untersuchungen ein Außenseiter, ein aus seiner Art Geschlagener, der abgesondert lebt, aber auf diese Weise erst über den für seine ‚Forschungen' angemessenen Abstand verfügt. Der als Ich-Erzähler auftretende Hund, der über seine eigenwilligen ‚Forschungen', die Verhaltensformen der eigenen Spezies betreffend, beredt Auskunft gibt, betont sogar gegen Ende seines Berichts, der seinerseits auf der Suche nach einer ‚Akademie' zu sein scheint, dass der Zustand des „Außer-sich-sein[s]" (E, 620) Voraussetzung für außergewöhnliche Einsichten sei. Dass es sich hierbei um eine nicht vollendete Erzählung handelt, scheint folgerichtig, bedenkt man, dass der Erzähler gleich zu Anfang bekundet, „eine kleine Bruchstelle" in seinem Verhältnis zu seinen Artgenossen, der „Hundeschaft" gespürt zu haben, die zu einem „leichten Unbehagen" hinsichtlich seiner eigenen Zugehörigkeit führte. (E, 581)

---

[116] Eine wichtige Ausnahme ist der Beitrag von Manfred Engel, [Art.] Zu Kafkas Kunst- und Literaturtheorie: Kunst und Künstler im literarischen Werk. In: Kafka-Handbuch. Leben – Werk – Wirkung, hrsg. von Manfred Engel u. Bernd Auerochs, Stuttgart/Weimar 2010, S. 483–498, hier S. 489–493 (Unterkap. „‚Forschungen eines Hundes': ‚Wahrheit' versus ‚Lüge'"). Vgl. auch die erste kohärente Studie zu diesem Text von John Winkelman, Kafka's „Forschungen eines Hundes". In: Monatshefte 59/3 (1967), S. 204–216; ferner Oliver Jahraus u. Bettina von Jagow, Kafkas Tier- und Künstlergeschichten. In: Kafka-Handbuch. Leben – Werk – Wirkung, hrsg. von Bettina von Jagow u. Oliver Jahraus, Göttingen 2008, S. 530–552.

Wir erfahren jedoch erst gegen Ende des Fragments, worum es dem forschenden Erzähler eigentlich ging: um die „Wissenschaft von der Musik" der Hunde, eine letztlich vom Instinkt betriebene Wissenschaft, die sich Freiheiten herausnimmt, und sich vielleicht sogar deswegen als die „allerletzte Wissenschaft" bezeichnen kann. (E, 622) So gesehen darf freilich des forschenden Hundes zuvor bekundeter Respekt vor der ‚leidenschaftslosen' Musikwissenschaft als ironische Note gewertet werden, zumal er selbst eingesteht, „in die Musikwissenschaft" selbst „niemals ernstlich eingedrungen" zu sein. (E, 621) Wie nebenbei zeichnen sich in diesem ‚Bericht' die Umrisse eines alternativen Wissenschaftsverständnisses ab, das zwar an Kategorisierungen festhält (hier die sieben „Musikhunde", dort die „Lufthunde"), aber offen ist für ungewöhnliche Kombinationen – oder soll man gar sagen: Interdisziplinarität –, denn der forschende Hund steuert auf den möglichen Zusammenhang zwischen „Nahrungswissenschaft" und „Musikwissenschaft" zu, gilt sein eigentliches Interesse doch der „Lehre von dem die Nahrung herabrufenden Gesang". (E, 621) In diesem zweimal im Text betonten ‚Herabrufen' spricht sich die Umkehrung des metaphysischen Bezuges aus, der in seiner Verfehltheit als konstitutiv für die *Forschungen* herausgearbeitet worden ist.[117] Denn es handelt sich hier nicht um ein Transzendieren von Materiellem ins Immaterielle, sondern eher um ein Transferieren von Nahrungssubstanz durch das immaterielle Medium des Gesangs, wobei der Gesang hier auch als säkularisiertes Gebet oder Gebetsersatz deutbar wäre.

Erst im Laufe seiner ‚Forschungen' gewinnt der zum Ich gewordene Hund ein gewisses Verständnis dafür, welcher Art die ‚Musik' seiner Artgenossen ist, hatte er sie anfangs doch nur als „Schreie" und „entsetzlichen Lärm[]" wahrnehmen können. (E, 584) In der zweiten Fassung der Anfangsabschnitte spricht der Erzähler von der schöpferischen „Musikalität" des „Hundegeschlecht[s]", von der er nichts wusste, bevor sich seine Beobachtungsfähigkeit entsprechend entwickelt hatte. (E, 584) Zudem weist er auf die generative Seite dieser Entwicklung hin, hatte die Musik ihn doch seit seiner „Säuglingszeit" umgeben „als ein mir selbstverständliches unentbehrliches Lebenselement". (E, 626) Die vollständigere Fassung lässt diese Passagen aus, spricht nur noch von „Musikalität", nicht mehr von „schöpferisch", schwächt die auf das rein Visuelle bezogene „Beobachtungskraft" in eine auch auditiv zu verstehende „Aufmerksamkeit" ab und erwähnt die Musik nicht mehr als ein von Anbeginn „selbstverständliches unentbehrliches Lebenselement". (E, 626) Umso drastischer wirkt die Plötzlichkeit, mit der Kafkas forschender Hund der (Nicht-)Musik der „sieben großen Musikkünstler" (E, 626) ausgesetzt wird. Besonders auffällig ist in diesem Zusammenhang die

---

117 Engel, [Art.] Zu Kafkas Kunst- und Literaturtheorie, S. 489.

Siebenzahl der Musikhunde. Sie ist ebenso ein kabbalistischer Verweis wie auch Hinweis auf einen Akkord (die Septime) und die vielfachen Bedeutungsebenen dieser Zahl gerade in den abrahamitischen Religionen – bis hin zu den sieben Siegeln und sieben Posaunen in der Offenbarung des Johannes. Nun fällt auf, dass gerade zu Kafkas Zeit ein verstärktes publizistisches Interesse an der Siebenzahl nachweisbar ist, wobei ihre Präsenz in der Musik seit dem Barock für den Ausdruck von Affekten konstitutiv geblieben war.[118]

Um an diesem Beispiel einen Eindruck dafür zu bekommen, wie es um das bis zuletzt komplexe Verhältnis Kafkas zum Akustischen bestellt war, lohnt nun ein Blick auf die genaue Abfolge und Argumentation dieses hundeartigen ‚Forschungsberichts'. Die Hundeperspektive auf diese akustische Phänomenologie bewirkt überraschenderweise keine Verfremdung, sondern eine intensive Identifizierung des Lesers mit einer anderen, alternativen Annäherung an die Phänomene ‚Musik' und ‚Geräusch'. Dies vollzieht sich in Etappen. Zunächst bringen die sieben Hunde „aus irgendwelcher Finsternis" bloßen, sogar „entsetzlichen Lärm[]" hervor, wobei dem Erzähler verborgen bleibt, wie sie ihn erzeugt haben. (E, 584) Sein Forscherinteresse ist offenbar nicht ausgeprägt genug, um den Ursachen für diesen Lärm nachzugehen. Vielmehr konzentriert er sich auf andere Phänomene. Ihm fällt an den „sieben großen Musikkünstler[n]" Folgendes auf:

> Sie redeten nicht, sie sangen nicht, sie schwiegen im allgemeinen fast mit einer gewissen Verbissenheit, aber aus dem leeren Raum zauberten sie die Musik empor. *Alles war Musik.* Das Heben und Niedersetzen ihrer Füße, bestimmte Wendungen des Kopfes, ihr Laufen und ihr Ruhen, die Stellungen, die sie zueinander einnahmen, die reigenmäßigen Verbindungen, die sie miteinander eingingen [...]. (E, 584; Hervorh. d. Verf.)

Was der forschende Erzähler hier beschreibt, entspricht der Geburt der Musik aus einem gemeinschaftlichen Verhalten. Zwar „beirrt" ihr Lärm weiterhin, irritiert, doch nimmt die Musik „allmählich überhand, faßte einen förmlich, zog einen hinweg". (E, 585) Damit ist auch gesagt, dass der forschende Hundeerzähler seinen anfangs behaupteten Abstand einbüßt. Die „sieben kleinen Hunde" gruppieren sich daraufhin zu einer Art „Procession[]"; ihre Musik wirkt phasenweise entrückter, wie aus der Ferne kommend, wie kaum noch hörbare Fanfaren. Der Erzähler glaubt sich „entlassen", zu „erschöpft" wie er war, „zu vernichtet, zu schwach [...], um noch zu hören." (Ebd.) Er sieht die Prozession der sieben Hunde, und sein Forscherinteresse stellt sich wieder ein, will um „Belehrung bitten", sie

---

[118] Vgl. Ferdinand von Andrian-Werburg, Die Siebenzahl im Geistesleben der Völker. In: Mittheilungen der Anthropologischen Gesellschaft in Wien, Bd. 31 (1901), S. 225–274; Johann Heinrich Graf, Die Zahl „Sieben", Bern 1917; neuerdings: Reinhard Schlüter, Sieben. Eine magische Zahl, München 2011.

fragen, „was sie denn hier machten". (Ebd.) Doch wiederum kehrt ihre Musik mit aller Ausdrucksgewalt zurück, macht ihn „besinnungslos", dreht ihn „im Kreise herum, als sei ich selbst einer der Musikanten, während ich doch nur ihr Opfer war". (Ebd.)

Immerhin gelingt es dem forschenden Hunde-Erzähler, seine Contenance wiederzuerlangen und zu den Fragen zurückzukehren, der Voraussetzung wirklichen Forschens. „Durch allen Lärm" rief er seine Fragen „laut und fordernd hinaus". Das Laute seines Fragens konkurriert demnach mit dem Lärm der Hunde – allein, sie ignorieren ihn, wobei sie sich untereinander durch „leise Zurufe" verständigen und sogar zu ‚befeuern' verstehen. (E, 586) Durch den Lärm schützen sich die Hunde vor Interventionen von außen – in diesem Fall den Fragen ihres abgesonderten Artgenossen. Diese Kommunikationsverweigerung „empört" den Erzähler, da sie einen Verstoß gegen das „Gesetz" darstelle. Anders gewendet: in dieser Gesellschaft gibt es ein Gebot, das Verständigung von allen fordert. Das Besondere ergibt sich erst nach dieser ‚Empörung', denn der Erzähler bemerkt erst jetzt, dass die Musikhunde im Schutz ihres Lärmens und ihrer Kommunikationsverweigerung mit ihm zu Immoralisten geworden sind: „[S]ie gingen aufrecht auf den Hinterbeinen. [...] Sie entblößten sich und trugen ihre Blöße protzig zur Schau [...]." (E, 587) Der Erzähler steht im Bann dieser ‚unmoralischen' Zurschaustellung, löst sich kurzzeitig von ihr aber nur, um dem Lärm einmal mehr zu verfallen. Er bekommt wieder „Macht" über den Erzählerhund, dessen ‚Forschen' sich jetzt freilich auf ein differenziertes Hören verlagert, vernimmt er doch einen „klare[n] strenge[n] immer sich gleichbleibende[n] Ton, vielleicht die eigentliche Melodie inmitten des Lärms". (E, 587)

Der Erzähler sieht sich dabei zunehmend als einen Eindringling, einen Fremden, „kleine[n] Hund" oder „lästige[n] Zuhörer" und beginnt auch sogleich, seiner Hörfähigkeit zu misstrauen. Selbst sein voriges Urteil, die sieben Musikhunde hätten ihm gesetzeswidrig die Antwort auf seine Fragen verweigert, gerät nun ins Wanken: „[V]ielleicht verstanden sie ihn wohl und antworteten in Selbstüberwindung, aber er, der Kleine, der Musik-Ungewohnte, konnte die Antwort von der Musik nicht sondern." (E, 588)

Damit führt der Erzähler ein Seitenmotiv in seine ‚Forschungen' ein, das im Laufe der folgenden Schilderungen an Bedeutung gewinnt: die Selbstüberwindung, die er zunehmend auf sich bezieht („Ich habe auch das eine Zeitlang mit Selbstüberwindung versucht, mit Selbstüberwindung"; E, 601). Man geht schwerlich fehl, hierin einen besonderen, bislang kaum beachteten Aspekt von Kafkas produktiver Auseinandersetzung mit Nietzsche zu sehen. Diese ist zwar insgesamt vielfach gewürdigt worden;[119] auch wurde summarisch seine Begeisterung für *Also sprach Zarathustra* (1883–1885) behauptet, nicht aber mit explizitem Bezug auf die „Selbstüberwindung".[120] Eine Kernthese im *Zarathustra* Nietzsches lautet nämlich: „Der Mensch ist Etwas, das überwunden werden muss."[121] Kafkas Erzählung führt die Frage nach der Möglichkeit von Selbstüberwindung – wenn man so will: noch Nietzsche-getreuer – vor dem Hintergrund der Musik oder musikalischer Ausübung ein. Eine solche Selbstüberwindung setzt bei Kafka (wie auch bei Nietzsche) Selbstversuche voraus oder schließt sie ein, ein Phänomen, dem sich der Hundeerzähler ausführlich widmet. In diesem Abschnitt seines Forschungsberichts verweist er jedoch auf ein weiteres Phänomen, das zumindest nicht Nietzsche-fern scheint: „Spruch, Tanz und Gesang", diese dionysische Trias, diene, so der Erzähler, dazu, „die Nahrung von oben herabzuziehen." (E, 608) Gesagt, nachdem er sich den ‚Lufthunden' und ihrem „Lufthunger" (E, 601) zugewandt hatte.

Gegenstand des Selbstversuchs, dem sich der Hundeerzähler unterzieht, ist nun seinerseits das Übertreten eines Verbots oder Gesetzes: Entgegen den Lebensvorschriften für Hunde hungert er. Der Erzähler mutiert zu einem letztlich scheiternden Hundehungerkünstler, wobei die einzige Motivation in seinem Auf-Hunger-lüstern-Sein besteht. Ein Ergebnis dieses hungernden Selbstversuchs besteht in der Verlagerung des Lärms ins Innere, was sich wie folgt liest:

> [I]ch hörte überall Lärm, die während meines bisherigen Lebens schlafende Welt schien durch mein Hungern erwacht zu sein, ich bekam die Vorstellung, daß ich nie mehr werde fressen können, denn dadurch mußte ich die freigelassen lärmende Welt wieder zum Schweigen bringen und das würde ich nicht imstande sein, den größten Lärm allerdings hörte ich in meinem Bauche, ich legte oft das Ohr an ihn und muß entsetzte Augen gemacht haben, denn ich konnte kaum glauben, was ich hörte. (E, 616)

Der Hunger erweist sich nun als akustischer Faktor, und das in einem solchen Maße, das den Lärm der Welt zum Schweigen bringt. Das bedeutet, dass der Hundeerzähler der Möglichkeit verlustig gegangen ist, über den Lärm der Welt glaubhaft zu urteilen, da er selbst in seinem Inneren diesen noch überbietet.

Man darf hier nicht übersehen, dass diese Episoden zur Vergangenheit des Erzählerhundes gehören, die er erinnert, aber nur um die damals während seiner „Hungerzeit" gewonnenen Erkenntnisse im Nachhinein, also „[h]eute", zu „leugne[n]". (E, 620) Der Selbstversuch mündet somit in eine Selbstrelativierung.

---

119 Vgl. bes. das Kap. „Nietzsche" bei Nagel, Kafka und die Weltliteratur, S. 299–327.
120 Vgl. ebd., S. 302, mit Bezug auf Patrick Bridgwater, Kafka and Nietzsche, Bonn 1974.
121 Friedrich Nietzsche, Sämtliche Werke. Kritische Studienausgabe in 15 Einzelbänden, Bd. 4: Also sprach Zarathustra, hrsg. von Giorgio Colli u. Mazzino Montinari, München 1988, S. 249.

Und doch war es diese Erfahrung mit dem Lärm in seinem eigenen Körper, die den Erzählerhund befähigte, die innere Disposition eines Jagdhundes, dem er begegnet, zutreffend einzuschätzen. Zwar gehört dieser nicht zu den Musikhunden, aber der junge Erzählerhund spürte, dass sein Artgenosse „aus der Tiefe der Brust zu einem Gesange anhob". (E, 619) Und weiter:

> Ich glaubte nämlich zu erkennen, daß der Hund schon sang ohne es noch zu wissen, ja mehr noch, daß die Melodie, von ihm getrennt, nach eigenem Gesetz durch die Lüfte schwebte und über ihn hinweg, als gehöre er nicht dazu, nach mir, nur nach mir hin zielte. (E, 619)

Auch wenn der Erzählerhund diese erinnerte Einsicht sogleich verwirft, die Erinnerung an diese Begebenheit überlagert seine Gegenwart noch immer. Es handelte sich nämlich um eine Melodie, die ihm „fast das Gehör [sprengte]", da sie immer stärker wurde „und vielleicht keine Grenzen" kannte. „Das Schlimmste aber war, daß sie nur meinetwegen vorhanden zu sein schien [...]." (Ebd.) Schließlich jagt ihn diese Melodie geradezu, was ihm „herrlichste [] Sprünge" (E, 620) bescherte. Er, der junge Erzählerhund, der dem Jagdhund anriet, seine Eigenschaften abzulegen, sich zu überwinden und das Jagen aufzugeben, wird nun selbst der Gejagte einer Melodie, die nur er hören kann, weil sie sich im Jagdhund noch nicht für andere hörbar gebildet oder artikuliert hatte.

Eine entscheidende Frage nun, die auch zur *Josefine*-Erzählung überleitet, betrifft den in der Forschung durchaus umstrittenen Kunstcharakter dieses ‚Gesangs' oder überhaupt der Musik der rätselhaften ‚Musikhunde'.[122] Auszuschließen ist übrigens nicht, dass Kafka für die Vorstellung von Musikhunden durch das berühmte Werbeemblem von ‚His Master's Voice' nach Francis Barrauds Gemälde des Terriers Nipper aus dem Jahr 1898 inspiriert wurde, das sich ja auch die Deutsche Grammophon zu eigen gemacht hatte und entsprechend weit verbreitet war. So verstünden sich die Musikhunde der Erzählung als eine Versiebenfachung des HMV-Emblems. Oder stünde eine solche Konkretheit in der emblematischen Entschlüsselung im Widerspruch zur gewollten Rätselhaftigkeit dieser Hunde?

Stellt sich aber überhaupt die Kunstfrage in dieser Erzählung? Sie deutet sich inhaltlich an in dem, was bloßen ‚Lärm' von ‚Musik' unterscheidet. Von der Form her beantwortet sich die Frage leichter, ist doch ihr Kunstcharakter schwerlich bestreitbar. Der Erzählerhund präsentiert seine ‚Forschungen' und auch die Erinnerung an deren Voraussetzungen als ein ästhetisches Ereignis. Ein Hinweis im Text gewinnt dabei Schlüsselfunktion für die poetische Verfahrensweise. Im Zusammenhang mit der „Nahrungsbeschaffung" der Hunde und dem ernährungs-

---

[122] Vgl. Engel, [Art.] Zu Kafkas Kunst- und Literaturtheorie, S. 491 f.; Neumann, Nachrichten vom ‚Pontus'.

wissenschaftlichen Interesse des Erzählerhundes spricht dieser von „zwei Hauptmethoden", als da wären „nämlich [der] eigentliche[n] Bodenbearbeitung und dann die Ergänzungs- und Verfeinerungsarbeit", wie bereits erwähnt „in Form von Spruch, Tanz und Gesang." (E, 608) Letztere stehen für den Vorgang der Kultivierung. Das Verfeinern verweist auf den ästhetischen Akt raffinierter Hervorbringung. Wort, Bewegung und Klang gewinnen auf diese Weise ihre eigene Gestaltfunktion. Es sind demnach *Vorgänge* dieser Art, die den Kunstcharakter belegen.

Jedoch gilt eine Einsicht, die sich aus dem bislang Dargestellten gewinnen lässt, deutlich auch in den *Forschungen eines Hundes*. Die Erzählung führt die Relativierung von musikalischen Geschmacksurteilen vor. Was dem einen ‚Lärm', ist dem anderen ‚Musik' – hier freilich vereinigt in der ‚Person' des forschenden Erzählerhundes, der die verschiedenen Phasen in der Entwicklung seiner ästhetischen Wahrnehmung *erinnert* und sie sich damit selbst vor Augen und Ohren führt. ‚Kunst' bezieht sich daher eher auf das Erinnern (des Forscherhundes an seine frühere, prägende Zeit) und die Erzählformen, die man ihm abgewinnt. ‚Kunst' versteht sich somit als die Struktur in einem spezifischen Reflexionsbereich,[123] der in diesem Beispiel akustisch oder im besten Fall sonantisch grundiert ist.

Exkurs: Des Kafka'schen Forscherhundes Stammbaum oder: Der Fall *Berganza*

Sie ist ausgiebig erforscht und gewürdigt worden, die frühe Nähe Kafkas zu E.T.A. Hoffmann, vor allem der Modellcharakter von dessen Erzählung *Die Abenteuer der Sylvester-Nacht* für Kafkas *Beschreibung eines Kampfes*.[124] Das Beziehungsgeflecht jedoch zieht sich durch Kafkas gesamtes Werk.[125] In mancher Hinsicht teilten beide das Empfinden einer Spaltung von Welt und eigener Person, wobei Hoffmanns phantastischer Realismus und realistische Phantastik durch Kafkas berichtenden, betont nüchternen Stil auf den Prüfstand der literarischen Moderne geriet. Weiterhin gilt der folgende Befund: „Was sich bei Hoffmann als Spiel ausufernder Phantasie erweist und bewußt aller Empirie entzieht, stellt sich in

---

123 Vgl. hierzu ausführlich Günter Saße, Aporien der Kunst. Kafkas Künstlererzählungen ‚Josefine, die Sängerin' und ‚Ein Hungerkünstler'. In: Literarische Moderne. Begriff und Phänomen, hrsg. von Sabina Becker u. Helmuth Kiesel, Berlin/New York 2007, S. 245–255.
124 Vgl. Barbara Neymeyr, [Art.] Beschreibung eines Kampfes. In: Kafka-Handbuch. Leben – Werk – Wirkung, hrsg. von Manfred Engel u. Bernd Auerochs, Stuttgart/Weimar 2010, S. 91–102, hier S. 96 f.
125 Exemplarisch dargestellt in: Nagel, Kafka und die Weltliteratur, S. 258–277.

Kafkas Dichtung als präzises Aufzeichnen bildhaft wahrgenommener Wirklichkeit dar."[126] Das Freisetzen der Einbildungskraft dient bei Kafka der entzaubernden Analyse der Lebenswirklichkeit. Doch heißt es sich zu vergegenwärtigen, vor welchem emotional aufgeladenen Hintergrund sich Kafka diese Schreibhaltung abzunötigen verstand. So notiert er etwa: „Die Welt – F. [Felice; d. Verf.] ist nur ihr Repräsentant – und mein Ich zerreißen in unlösbarem Widerstreit meinen Körper."[127] Noch am 16. Januar 1922 stellt er im Tagebuch fest:

> Die Uhren stimmen nicht überein, die innere jagt in einer teuflischen oder dämonischen oder jedenfalls unmenschlichen Art, die äußere geht stockend ihren gewöhnlichen Gang. Was kann anderes geschehn, als daß sich die zwei verschiedenen Welten trennen und sie trennen sich oder reißen zumindest an einander in einer fürchterlichen Art. Die Wildheit des inneren Ganges mag verschiedene Gründe haben, der sichtbarste ist die Selbstbeobachtung, die keine Vorstellung zur Ruhe kommen läßt, jede emporjagt um dann selbst wieder als Vorstellung von neuer Selbstbeobachtung weiter gejagt zu werden. (T, 877)

Was hier vor uns liegt, ist ein Beispiel für dissonante Selbstreflexion. Dieses Zerreißen und Jagen führe, so Kafka, unweigerlich in den „Irrsinn" (ebd.), in die Selbstspaltung. Die ästhetische Entsprechung zu dieser Selbsterfahrung erlebt Kafka wenige Tage später anlässlich einer Aufführung von Beethovens *Fidelio* im Tschechischen Nationaltheater in Prag: „Es ist noch nicht zu still. Plötzlich im Teater angesichts des Gefängnisses Florestans öffnet sich der Abgrund. Alles, Sänger, Musik, Publikum, Nachbarn, alles ferner als der Abgrund." (T, 883; 21.1. 1922)

Dieses Beispiel disparater Wahrnehmung steht für viele und erlaubt die These, dass Kafka in seinen Aufzeichnungen der Hoffmann'schen Atmosphäre noch deutlich näher war als in seinen Erzählungen. Bezeichnend für Kafka, dass er nicht die Befreiung Florestans durch die Gattenliebe erwähnt, sondern den Abgrund des Kerkers. Die ‚Musik' wird zu einem Teil der Gesamterfahrung oder der Beiordnungen. Es gibt keine Hierarchie: „Sänger, Musik, Publikum, Nachbarn" – sie befinden sich auf ein und derselben Ebene. Eine solche Einschätzung wäre bei dem musikalisch versiertesten Romantiker, E.T.A. Hoffmann, schlicht nicht vorstellbar. In dessen *Berganza*-Fantasiestück „in Callot's Manier", dem wir uns nun vor einer sonantischen Analyse der *Josefine*-Erzählung exkurshaft zuwenden wollen, ist freilich die Rede davon, dass Musiker „den Teufel nicht

---

[126] Ebd., S. 259.
[127] In: Franz Kafka, Nachgelassene Schriften und Fragmente I. Textband. Hrsg. v. Malcolm Pasley. Frankfurt am Main 1993, S. 401 f.

[spüren]", da er bereits in ihnen sei.[128] Zu folgern wäre daraus, dass Kafka, wenn er sich denn wirklich der Musik hätte überantworten können, dem dämonisch-teuflischen Gejagt-Werden hätte entkommen können.

Vergleichsweise früh hat man auf Hoffmanns *Nachricht von den neuesten Schicksalen des Hundes Berganza* in der Nachfolge von Cervantes *El coloquio de los perros* aus der Sammlung *Novelas Ejemplares* (1613) als mögliche Inspiration für Kafkas *Forschungen eines Hundes* hingewiesen.[129] Doch scheinen hier weitergehende, gerade auch poetologische Überlegungen angebracht.

In ihrer richtungsweisenden Untersuchung *„Mit Glück". E.T.A. Hoffmanns Poetik* hat Kaltërina Latifi das ‚Anschauen' als zentrale narratologische Kategorie herausgearbeitet, und zwar durch eine genaue Analyse des die *Fantasiestücke* einleitenden Textes *Jaques Callot*.[130] Sie hat dabei auf die Wechselseitigkeit der rezeptions- und produktionsästhetischen Vorgänge bei Hoffmann verwiesen und das „Anschauen" – anders als später bei Kafka die Selbstreflexion – entsprechend differenziert: „Ein vorerst rein passiv-optisches Empfangen (,anschauen') und ein trotz aller Empfänglichkeit aktives, involviertes Greifen (,auffassen')",[131] wobei Letzteres in die narrative Produktion hinüberspielt. Nun fällt freilich ins Auge, dass diesem emphatischen ‚Anschauen' überwiegend musikalische Fallbeispiele folgen, ob *Ritter Gluck*, die *Kreisleriana*, *Don Juan* oder eben die hier in Rede stehende *Nachricht von den neusten Schicksalen des Hundes Berganza*. Der ästhetische Reiz dieser Konstellation ergibt sich einmal mehr aus dem für Hoffmann so charakteristischen Spannungsverhältnis zwischen Visuellem und Auditivem, das wir im Laufe dieser Studie ja auch für Kafka bereits als prägend herausgestellt haben.

Es erscheint in diesem Zusammenhang nicht notwendig, eigens auf das in seiner inhaltlichen Wertigkeit anhaltend umstrittene serapiontische Prinzip im

---

128 E.T.A. Hoffmann, Fantasiestücke in Callot's Manier. Werke 1814, hrsg. von Hartmut Steinecke unter Mitarbeit von Gerhard Allroggen, Frankfurt a.M. 1993 (= Hoffmann, Sämtliche Werke in sechs Bänden, Bd. 2/1), S. 134 (nachfolgende Nachweise in diesem Kapitel beziehen sich auf diese Ausgabe).
129 Vgl. Hartmut Binder, Kafka-Kommentar zu sämtlichen Erzählungen, München 1975, S. 262. Vgl. dazu auch Siegbert S. Prawer, ‚Ein poetischer Hund': E.T.A. Hoffmann's ‚Nachrichten von den neuesten Schicksalen des Hundes Berganza' and its Antecedents in European Literature. In: Aspekte der Goethezeit, hrsg. von Stanley A. Corngold u.a., Göttingen 1977, S. 273–292.
130 Vgl. Kaltërina Latifi, „Mit Glück". E.T.A. Hoffmanns Poetik, Frankfurt a.M. 2017, S. 171–218.
131 Ebd., S. 173. Vgl. auch ihre textkritische Edition der Manuskriptstücke nebst ausführlichem Kommentar von E.T.A. Hoffmann, Kreisler. Berganza. Magnetiseur. Autographe der Bibliotheca Bodmeriana, hrsg. von Kaltërina Latifi. Frankfurt a.M. 2014, bes. S. 37–41 u. 61–64.

Hinblick auf seine narratologische Aussagekraft einzugehen.[132] Festzuhalten ist freilich, dass die für Hoffmann charakteristische Aufteilung ästhetischer Positionen auf ihre fiktiven Vertreter oder Sprecher konkrete Festlegungen der poetischen Verfahrensweise erschweren, wenn nicht verhindern *sollen*. Hoffmann oder wohl besser gesagt: das Hoffmann'sche Prinzip widersteht geradezu spielerisch immer wieder erfolgreich seiner Entschlüsselung. Sein narratives Betriebsgeheimnis sollte, so wollte er es offenbar, das seine bleiben.

Das Erzählen „in Callot's Manier" bedeutet eine primäre visuelle Darstellungsweise, die sich aus dem Betrachten ergibt, das sich als ein, mit Latifi gesagt, „Trachten nach einem Gegenstand" versteht.[133] Wahrnehmungspsychologisch bezeichnend ist unsere vorrangig visuell geprägte Begrifflichkeit. So auch in *Jaques Callot*, wobei auffällt, dass die vom Ich-Erzähler betonte ‚Heterogenität' des Callot'schen Kompositionsprinzips an zwei Stellen auf Musikalisches rekurriert. Die Rede ist zum einen von Callots Radierung *La Foire de Gondreville* (1624/25),[134] zum anderen bedient sich der Erzähler eines Vergleichs bei der Charakterisierung von Callots *La Tentation de Saint Antoine* (1634), wenn er schreibt:

> Wie ist doch in dieser Hinsicht der Teufel, dem in der Versuchung des heiligen Antonius die Nase zur Flinte gewachsen, womit er unaufhörlich nach dem Mann Gottes zielt, so vortrefflich – der lustige Teufel Feuerwerker, so wie der Klarinettist, der ein ganz besonderes Organ braucht, um seinem Instrumente den nötigen Atem zu geben, auf dem selben Blatte sind eben so ergötzlich. (18)

Das erste Beispiel ist von Interesse, weil Hoffmanns Ich-Erzähler den Titel nicht nennt, sondern lediglich umschreibt als „Bauerntanz, zu dem Musikanten aufspielen, die wie Vöglein in den Bäumen sitzen". (17) Die ‚Bewegung in der Betrachtung' ist auf diese Weise bild-musikalisch erzeugt und vermittelt. Gleichzeitig deutet sich hier auch die Verbindung von Mensch und Tier an, jedoch noch

---

132 Vgl. u. a. Hilda Meldrum Brown, E.T.A. Hoffmann and the Serapiontic Principle, Rochester 2006.
133 Latifi, Hoffmanns Poetik, S. 179, Fußnote 31. Latifi führt diese besonders ‚glücklich' gewählte Eigenetymologie hilfreich weiter aus: „Eine Betrachtung kann auch umschlagen in eine Beschauung oder Schau, wenn das Wahrgenommene reflektiert oder etwas aus den wahrgenommenen Daten konsequenzlogisch geschlossen wird. Bei der Betrachtung handelt es sich um eine innere, immanente Bewegung der Augen, die den Gegenstand der Betrachtung abtasten, um daraus bestimmte Folgerungen zu ziehen. Infolgedessen gibt es auch keine starre Betrachtung." In: Ebd.
134 Vgl. den Nachweis im Kommentar zu Hoffmann, Fantasiestücke, S. 608. Für einen visuellen Eindruck von Callots *La Foire de Gondreville* vgl. http://parismuseescollections.paris.fr/fr/petit-palais/oeuvres/la-foire-de-gondreville-lieure-561-meaume-623 – 0#infos-principales (abgerufen am 12. November 2018).

nicht in grotesker Verzerrung. Diese gerät erst in der *Versuchung des heiligen Antonius* in den Blick, gepaart mit Ironie, „welche, indem sie das Menschliche mit dem Tier in Konflikt setzt, den Menschen mit seinem ärmlichen Tun und Treiben verhöhnt". (18)

Durch diese Darstellungsart verwirklicht sich eine intermediale Heterogenität der narrativen Ansätze, die in beiden Fällen auf eines verweist: die Vermutung, dass eine rein visuell begründete ‚Komposition' nicht ausreichend sein könnte, um der Fülle der Ausdrucksmöglichkeiten gerecht zu werden. ‚Komposition' in diesem Sinne ist auch das *Berganza*-Fantasiestück, ein Kunstgespräch zwischen dem Ich-Erzähler und einem Hund. Die wechselseitige Integration der Künste von der Musik bis zur Schauspielkunst, von der Dichtung bis zur Malerei, geschieht vermittels dieses Gesprächs, wobei sich der Hund Berganza überraschenderweise gerade in Fragen der Musik als der eigentlich Kundige erweist, kommt er doch – es ließe sich von einem Akt fiktiv beglaubigter Fiktionalität sprechen – aus dem Hause des Kapellmeisters Johannes Kreisler. Berganza ist kein ‚Musikhund' im Sinne Kafkas, aber ein in die Musik eingeweihtes, ihr gegenüber sensibilisiertes Tier.

Bereits der erste ausführlichere Hinweis auf Akustisch-Sonantisches in dieser Gesprächserzählung gilt dem Dissonantischen. Berganza berichtet von einem „kreischenden Gesang" von „*sieben* riesenhaft großen dürren altern Weibern", die ein „grausige[s] Hexenlied" (112), wie der Hund sich treffend ausdrückt, „ab-kreischten". (113; Hervorh. d. Verf.) Es handelte sich um eine dämonisch geprägte Szene, die Berganza hier erinnert, bevor er dem Erzähler zu dessen Verwunderung seine „musikalischen Kenntnisse" (123) offenbart. Berganza spricht von den „Sieben Furchtbaren" (113), was übrigens auch eine Vorlage für die Siebenzahl in Kafkas *Forschungen eines Hundes* hätte sein können, wiederum verbunden mit der Vorstellung von (akustischer) Plage im Sinne der Apokalypse.

Berganza weist sich als Bewunderer seines Herren Johannes Kreiser aus:

> Wenn er auf seinem schönen Flügel fantasierte, und in gar wunderbaren Verschlingungen prächtiger Akkorde das innerste Heiligtum der geheimnisvollsten Kunst aufschloß, da legte ich mich vor ihn hin und horchte, ihm scharf ins Auge blickend, zu, bis er geendet hatte. (124)

Auch die „Verschlingungen" in der sinnlichen Wahrnehmung wird auf diese Weise Thema: Horchen und scharfes Blicken gehören in der Wahrnehmung Berganzas zusammen. Noch etwas dürfte Kafka bei der Lektüre dieses Hoffmann'schen *Fantasiestücks* aufgefallen sein: Berganzas Schilderung stümperhafter Ausübung von Musik, ein Kafka-Thema sowohl in *Forschungen eines Hundes* wie vor allem in der *Josefine*, ebenso wie der Umstand, dass Geschmacksurteile von anderen Interessen korrumpiert sind oder sein können.

Berganza bezieht sich in seiner Erzählung auf eine „Dame", die Mutter der Sängerin Cäzilia, deren Gesang laut Kreisler *in* allen seinen Kompositionen sei. Berganza über den Stand der musikalischen Kunst der Mutter:

> Ich wollte sagen, daß meine Dame gerade von den Musikern die größeste Verehrung genoß, und wenn sie nach sechswöchentlicher Privatübung eine Sonate von oder ein Quintett takt- und ausdruckslos abstümperte, von ihnen die erstaunlichsten Lobeserhebungen erhielt, denn ihre Weine von erster Hand bezogen, waren vortrefflich, und Steaks aß man in der ganzen Stadt nicht besser. (134)

Wir erfahren von Berganza auch, dass selbst Kreisler sich in dergleichen „Lobeserhebungen" der Musikamateurin erging. Berganza liefert eine eigentümliche Erklärung hierfür, die man auch bei Kafka, etwa im Tagebuch, wohl weniger in den Erzählungen, finden könnte:

> Es liegt hierin keine Speichelleckerei, keine Falschheit; nein, es ist ein gutmütiges Übertragen des Schlechten, oder vielmehr ein geduldiges Anhören verworrener Töne, die vergebens darnach ringen Musik zu werden, und diese Gutmütigkeit, diese Geduld entsteht aus einer gewissen wohlbehaglichen Rührung, die nun wieder der gute Wein nach einer vortrefflichen Speise genossen, unausbleiblich hervorbringt. (134)

Der durch allzu menschliche Bedürfnisse korrumpierte Kunstgeschmack bleibt auch in der Folge Berganzas Thema. So berichtet er dem Ich-Erzähler, der sich um sein ganzes Erzählen gebracht sieht angesichts der ungemeinen Sprachbegabung des Hundes Berganza, von einem Zirkel im Salon der „Dame" und Musikdilettantin, bestehend aus einem Musiker und Lehrer Cäziliens, einem akademischen Philosophen und einem „unentschiedenen Charakter" (136), einem Mann ohne erkennbare Eigenschaften und Ansichten. Doch deren Gespräch über Kunst läuft ins Leere. Denn auf konkrete ästhetische Kategorien möchte sich keiner der Beteiligten festlegen. Das Gespräch bleibt ein bedeutungsloses Wortgeplänkel. Berganza selbst verfügt über solche Kategorien, plädiert für die Schulung der Künstler, Unterweisung im strengen Satz für die Komponisten und im Zeichnen für die bildenden Künstler, Einübung in die „metrische Kunst" (141) für angehende Dichter.

Bezeichnend ist freilich, dass der Hund Berganza zuletzt seine menschliche Sprache einbüßt und wieder in sein Bellen zurückfällt. Das menschliche Sprachmedium versagt sich ihm genau dann, als er die „falschen Propheten" unter den Menschen benennen will. Hunde zweifelhaften Charakters bezeichnet er als „gesprenkelt[]". (174)

„Ich bin mitunter beinahe neugierig danach, zu *hören*, wie ich bin", notiert Nietzsche in seinen Aufzeichnungen vom Frühjahr/Sommer 1888.[135] Diese Äußerung stellt geradezu eine Brücke her zwischen der Welt der animalisch-dämonischen Charaktere Hoffmanns und der Charaktere Kafkas, wobei, wie bereits angedeutet, letzteren – dem der Akademie berichtenden Affen, dem forschenden Hund und der Mäusesängerin – das Dämonische der folgenden Spielart abgeht: Als Berganza seine menschliche Sprache verlor, machte er „seltsame Grimassen und Sprünge. Seine funkelnden Augen schienen Feuer zu sprühen; ich stand auf, und ein Grauen wandelte mich an, dem ich in der Nacht widerstanden." (177) Und dennoch „wußte" der Ich-Erzähler, was er dabei „zu denken hatte", als er Berganza aus „weiter Ferne" noch bellen hörte, auch wenn er den Leser an diesem ‚Wissen' nicht teilhaben lässt. (Ebd.)

Doch ebendieser quasi offene Schluss beglaubigt ein eigentümliches Selbstwahrnehmungsphänomen: Aus dem betrachtenden Trachten nach einem Gegenstand, um Latifis Ansatz auf Akustisches zu übertragen, ist ein zum Denken oder Wissen gewordenes und damit verstehendes Hören geworden. Es stellt sich als ein Trachten nach sich selbst dar vermittels auditiver Wahrnehmung. Gemeint ist damit der Übergang von menschlicher Sprache ins Hundebellen und dessen reflektierender Internalisierung durch den Ich-Erzähler in der *Berganza*-Novelle sowie die hörende Selbsterfahrung des Forscherhundes und Ich-Erzählers in der *Josefine*-Erzählung. Denn was beide Erzähler hören, beeinflusst auch die Art, wie sie sind und wie sie ihr eigenes Erzählen – ganz im Sinne des Nietzsche-Zitats – als ihre Seinsentäußerung hören.

Josefine, Sängerin des Nicht-Gesangs

So schlüssig es ist, *Josefine, die Sängerin oder Das Volk der Mäuse* als „Fortsetzung oder Neufassung der *Forschungen*" zu lesen,[136] der entscheidende Unterschied zwischen beiden Erzählungen besteht darin, dass die *Josefine*-Erzählung den (mangelnden) Kunstcharakter des Gesangs dieser Mäusediva ausdrücklich und gleich mehrfach thematisiert.

Das Besondere an Form und Struktur dieser letzten Erzählung Kafkas liegt im narrativen Verfahren des Erzählers, das im übertragenen Sinne geradezu ‚kontrapunktisch' genannt werden könnte. Zahlreiche Sätze arbeiten mit Thema und

---

135 Friedrich Nietzsche, Sämtliche Werke. Kritische Studienausgabe in 15 Einzelbänden, Bd. 13: Nachgelassene Fragmente 1887–1889, hrsg. von Giorgio Colli u. Mazzino Montinari, München 1988, S. 501; Hervorh. im Orig.
136 Engel, [Art.] Zu Kafkas Kunst- und Literaturtheorie, S. 493.

Gegenthema, wortgenauen Entgegensetzungen, die nur selten auf eine Auflösung hoffen dürfen. Ein Beispiel steht für viele: „Wir sind doch ganz unmusikalisch; wie kommt es, daß wir Josefinens Gesang verstehn oder, da Josefine unser Verständnis leugnet, wenigstens zu verstehen glauben." (E, 243) Diese für den Text zentrale Frage nach dem *Verstehen* von Josefines Gesang bleibt ohne Fragezeichen, was bedeuten kann, dass es sich um eine unechte, also rhetorische Frage handelt. Noch intrikater ist die vermeintliche Auflösung dieser Entgegensetzung:

> Die einfachste Antwort wäre, daß die Schönheit dieses Gesanges so groß ist, daß auch der stumpfste Sinn ihr nicht widerstehen kann, aber diese Antwort ist nicht befriedigend. Wenn es wirklich so wäre, müßte man von diesem Gesang zunächst und immer das Gefühl des Außerordentlichen haben, das Gefühl, aus dieser Kehle erklinge etwas, was wir nie vorher gehört haben und das zu hören wir auch gar nicht die Fähigkeit haben, etwas, was zu hören uns nur diese eine Josefine und niemand sonst befähigt. Gerade das trifft meiner Meinung nach nicht zu, ich fühle es nicht und habe auch bei andern nichts dergleichen bemerkt. Im vertrauten Kreise gestehen wir einander offen, daß Josefinens Gesang als Gesang nichts Außerordentliches darstellt. (E, 243 f.)

In den *Forschungen eines Hundes* war es das „Außer-sich-sein" (E, 620), das der Erzähler als Voraussetzung angesehen hatte, um das Besondere wahrzunehmen und zu erfahren. Nun wäre das „Außerordentliche[ ]" in der Kunst Josefines gefragt, um ihre Wirkung zu erklären. Doch weist sie dieses ‚Außerordentliche' eben gerade nicht auf. Was der Mäuseerzähler an ‚Wissenschaft' betreibt – immerhin geht es ihm zentral um das ‚Verstehen' –, wäre am besten als Wirkungsforschung zu bezeichnen. Er selbst ist kein Musikkundiger, was ihn vom forschenden Hundeerzähler unterscheidet. Vielmehr stellt er sich uns als ein Skeptiker dar, in jedem Fall aber als eine Stimme aus dem Volk der Mäuse. So gesehen ist er Kritiker, gleichwohl ein *primus inter pares*, der es wagt, seine Stimme zu erheben – eine Stimme der kritischen Vernunft und Urteilskraft, die letztlich gegen den Gesang ‚seiner' Josefine gerichtet ist.

Zu selten beachtet man den ‚Medienwechsel', der sich innerhalb dieser Erzählung vollzieht: vom Auditiven zum Visuellen; denn Josefine macht zunehmend ‚a spectacle of herself', um eine englische Redensart zu gebrauchen. Ihre Theatralität, Launenhaftigkeit, ihre Diva-Attitüde bis hin zu ihrer Fußverletzung, die ihr nicht mehr erlaubt, lange ‚Gesangs'-Partien durchzustehen, hat primär optische Konnotationen, auch dann noch, als sie sich der Optik des Betrachters zuletzt durch ihr Verschwinden entzieht.

Wiederum fühlt man sich an eine Stelle in Nietzsches *Zarathustra* erinnert, die in Kafkas Erzählung freilich in negativer Umkehrung zum Tragen kommt. Zarathustra spricht „zu seinem Herzen", also zu sich selbst: „Da stehen sie, [...] da lachen sie: sie verstehen mich nicht, ich bin nicht der Mund für diese Ohren. /

Muss man ihnen erst die Ohren zerschlagen, dass sie lernen, mit den Augen hören?"[137]

Nun hat Zarathustra zahlreiche ‚Botschaften', die es ihn zu verkünden drängt. Josefine hat keine, nur sich selbst und ihren fragwürdigen Gesang, der offensichtlich über ein Pfeifen nicht hinauskommt. Aber das Pfeifen ist eben der ‚Gesang' der Mäuse, was besagen will: Kunst ist das, was man dafür hält.

Doch untersuchen wir diese Erzählung sonantisch-systematischer, immer bezogen auf die akustisch-ästhetischen Phänomene, die Kafka benennt, beschreibt und kritisiert. Um mit dem Titel zu beginnen: Spät hatte er damit eine Veränderung vorgenommen und einen Doppeltitel gewählt, den er zwar als „nicht sehr hübsch" bezeichnete, dem er aber doch einen „besonderen Sinn" zusprach, nämlich den einer „Waage".[138] Es kam ihm offenbar auf Balance und gleiche Gewichtung von ‚Künstlerin' und ‚Publikum' an. Zu dieser gleichartigen ‚Gewichtung' gehört die implizite These dieser Erzählung, dass die Art der Wahrnehmung über den Kunstcharakter eines Objekts, hier: Josefines (Nicht-)Gesang, entscheidet. Im für Mäuse artgerechten Pfeifen ‚Gesang' zu hören, erfordert zumindest Kenntnisse darüber, was ‚Pfeifen' und was ‚Gesang' ist.[139] Über ein solches ästhetisches Wissen verfügt der Ich-Erzähler durchaus, auch wenn er einige Zeit benötigt, um sein Differenzierungsvermögen wertend einzusetzen. Er sieht in Josefine eine Künstlerin, die ihre Liebe zur Musik zu *vermitteln* versteht. (E, 243) Das trifft auch mit Blick auf ihn selbst zu, genauer: mit Blick auf seine Fähigkeit, subtil zu differenzieren und abzuwägen; denn die ‚Waage' des Doppeltitels, die Kafka augenscheinlich besonders wichtig war, löst vor allem er durch die Art seines Erzählens und Urteilens ein.

Nun ist die Waage ja in erster Linie ein Emblem der Gerechtigkeit. Und die ganze Erzählung lässt sich unschwer als eine Übung im ‚gerechten' Abwägen von Urteilen über das lesen, was als Kunst oder Nicht-Kunst gelten kann. Das eingangs als ‚kontrapunktisch' bezeichnete Erzählverfahren hätte demnach den Sinn, die Balance im Urteilen zu verstärken, Geschmacksurteil gegen Geschmacksurteil zu halten, um zu einer begründeten Wertung zu kommen.

Hinzu kommt, dass Josefines Diva-Gehabe (E, 248) die Tatsache in der Wahrnehmung der anderen – zunächst auch des Erzählers – ihres bloßen Pfeifens und damit Nicht-Singens überspielt. In mancherlei Hinsicht erinnert Josefine an „die Tänzerin Eduardowa" aus dem frühen Tagebuch Kafkas. Wir erinnern uns:

---

137 Nietzsche, Sämtliche Werke, Bd. 4: Zarathustra, S. 18.
138 Zit. nach Engel, [Art.] Zu Kafkas Kunst- und Literaturtheorie, S. 494.
139 Vgl. Christine Lubkoll, Dies ist kein Pfeifen. Musik und die Negation in Franz Kafkas Erzählung ‚Josefine, die Sängerin oder Das Volk der Mäuse'. In: Franz Kafka. Neue Wege der Forschung, hrsg. von Claudia Liebrand, Darmstadt 2006, S. 180–193.

Kafka stellte sie als „eine Liebhaberin der Musik" vor, die „wie überall so auch in der Elektrischen in Begleitung zweier Violinisten" fährt. (T, 10) Nicht dass ihre Bewegungskunst je in Frage stünde, aber auch sie hat zwei Seiten, wie der Tagebuchschreiber vermerkte, denn „hübsch" ist sie nur auf der Bühne. Ihre „bleiche" Gesichtsfarbe, „diese Wangenknochen, welche die Haut so spannen" lässt sie „ältere[n] Tanten" gleichen. (T, 11)

Noch in der *Josefine*-Erzählung beharrt Kafka auf der Darstellung des Erscheinungsbildes einer Darstellerin. Ihre Gesangskunst scheint aufzugehen in der Kunst ihrer Selbstdarstellung. Zwar trifft es zu, dass der Kunstcharakter ihres Gesangs von Anbeginn Thema der Erzählung ist. Aber im Laufe der Erzählung erweist sich, dass der Erzähler zunehmend zwischen der Charakterisierung ihrer ‚Kunst' und dem Versuch unterscheidet, „das Rätsel ihrer Wirkung zu lösen". (E, 244) Diese Wirkung scheint sich nämlich neben Josefines singendem Pfeifen oder pfeifendem Singen zu verselbständigen. Entscheidend freilich ist folgende Feststellung des Erzählers über die Eigenart des Mäusevolkes: „[W]ir pfeifen, ohne darauf zu achten, ja, ohne es zu merken und es gibt sogar viele unter uns, die gar nicht wissen, daß das Pfeifen zu unseren Eigentümlichkeiten gehört." (E, 244) Dieser instinktiven Selbstentäußerung steht die Bewusstheit gegenüber, mit der Josefine ihre ‚Kunst' ausübt. Sie kann wirken, weil sie ihrem Volk der Mäuse dessen unbewusste Form der Mitteilung bewusst macht, beziehungsweise dessen unbewusstes Artikulationsvermögen verkörpert und *vorführt*.

Doch zu diesem performativen Akt gehört auch Autosuggestion, glaubt doch Josefine, dass sie durch ihre Kunst „das Volk beschütze". Der Erzähler referiert diese Teillösung des Rätsels von Josefines Wirkung wie folgt: „Aus schlimmer politischer oder wirtschaftlicher Lage rettet uns angeblich ihr Gesang, nichts weniger als das bringt er zuwege, und wenn er das Unglück nicht vertreibt, so gibt er uns wenigstens die Kraft, es zu ertragen." (E, 249 f.)

Das ‚Prinzip Waage' in der Darstellung kommt auch an dieser Stelle zum Tragen: Glaubt das Volk der Mäuse sie, Josefine, auf eine geradezu väterliche Art zu schützen, geht sie selbst vom Gegenteil aus und wehrt sich sogar gegen diese Behauptung: „‚Ich pfeife auf euren Schutz', sagt sie dann, ‚Ja, ja, du pfeifst', denken wir. Und außerdem ist es wahrhaftig keine Widerlegung, wenn sie rebelliert, vielmehr ist das durchaus Kindesart und Kindesdankbarkeit, und Art des Vaters ist es, sich nicht daran zu kehren." (E, 249)

Wir erfahren, dass Josefine mit Vorliebe in Krisenzeiten singt; dann gleicht ihre „Gesangsvorführung" einer „bis auf das kleine Pfeifen vorne" stillen „Volksversammlung". (E, 251) Über die tatsächliche Wirkung ihres Gesangs täuscht sich Josefine beharrlich hinweg:

> Möge Josefine beschützt werden vor der Erkenntnis, daß die Tatsache, daß wir ihr zuhören, ein Beweis gegen ihren Gesang ist. Eine Ahnung dessen hat sie wohl, warum würde sie sonst so leidenschaftlich leugnen, daß wir ihr zuhören, aber immer wieder singt sie, pfeift sie sich über diese Ahnung hinweg. (E, 251 f.)

Damit benennt der Erzähler das zentrale Paradoxon in der Wirkung Josefines: Man hört ihr zu, *weil* man ihre Kunst als Nicht-Kunst erkennt. Das eigentliche Erlebnis für ihre Zuhörer besteht demnach darin, einen Nicht-Gesang in kunstvoller Darbietung zu erleben.

Wie unmittelbar biographische Erfahrungen Kafkas in diese Erzählung eingegangen sind, insbesondere das Versagen der Stimme,[140] zeigt sich auch am Hinweis des Erzählers auf die vermeintliche oder tatsächliche „Unmusikalität" (E, 253) des Mäusevolkes. Trifft sie auch auf die Urteilsfähigkeit des Erzählers in musikalischen Dingen zu? Sofern im Singen oder Pfeifen Josefines überhaupt „etwas von Musik enthalten sein sollte, so ist es auf die möglichste Nichtigkeit reduziert". (E, 254) Weiter qualifiziert er sein Urteil nicht. Aber ist es damit nicht seinerseits ein Beweis für die mangelnde Musikalität des Erzählers, dass er nicht in der Lage ist, das ästhetische Defizit in den Darbietungen Josefines zu benennen und zu bestimmen? Dem Erzähler nach zu urteilen, liegt die Unmusikalität des Mäusevolkes darin begründet, dass es um seine Kindheit und Kindlichkeit gebracht werde, weil es sogleich erwachsen sein müsse. Der Zeit- und rapide Entwicklungsfaktor sei demnach verantwortlich für die Vereitelung wirklich musikalischer Empfindungen, die offenbar eine länger gelebte ‚Kindlichkeit' voraussetzten.

Damit Musik wirken kann, so der Erzähler, müsse sie auf den „sie wartenden Augenblick" finden und treffen; man könnte ihn den sonantischen Moment nennen. „Etwas von der armen kurzen Kindheit ist darin, etwas von verlorenem, nie wieder aufzufindendem Glück, aber auch etwas vom tätigen heutigen Leben ist darin, von seiner kleinen, unbegreiflichen und dennoch bestehenden und nicht zu ertötenden Munterkeit." (E, 254) Unbewusst scheint das Mäusevolk eben darauf zu warten, auf diesen ‚Augenblick', der jedoch nicht eintritt, da sich Josefine zurückzieht, eine Leerstelle hinterlässt, verschwindet: „Selbst entzieht sie sich dem Gesang, selbst zerstört sie die Macht, die sie über die Gemüter erworben hat." (E, 261)

---

140 Vgl. dazu u. a. Rüdiger Görner, Das Schweigen der Sirenen und Pfeifen der Mäuse. Stimmen bei Franz Kafka und die Tendenz zum Verstummen. In: Görner, Stimmenzauber. Über eine literaturästhetische Vokalistik. Die Salzburger Vorlesungen II, Freiburg i.Br./Berlin/Wien 2014, S. 69–82.

Erst nach ihrem Abgang wäre die Möglichkeit, sich über ihre Wirkung klar zu werden und aus der Erinnerung zu bestimmen, welche Bedeutung Josefine für die Mäuse hatte. Aber der Erzähler lässt diese Erwägungen in Fragen aufgehen. Zurück bleiben Musik und Gesang im Zustand ihrer Entfremdung. Was sich hierbei ereignet, ist eine Entsubjektivierung des Künstlerischen.[141] Das artgebunden instinktive Pfeifen steht für eine in seiner ästhetischen Wahrnehmung verfremdete Art der Musik. Doch Josefine wurde vom Erzähler bereits als „sich [selbst] völlig entzogen" (E, 247) beschrieben, als sie noch ganz und gar präsent und ihrem Gesang hingegeben war. Nichts an seinem Erzählen wirkt auch nur im Entferntesten lautmalerisch. Das Sonantische dieses Erzählens beschränkt sich auf das Evozieren akustischer Eindrücke oder Erfahrungen, etwa der Art:

> Ist es ihr Gesang, der uns entzückt oder nicht mehr die feierliche Stille, von der das schwache Stimmchen umgeben ist? Einmal geschah es, daß irgendein törichtes kleines Ding während Josefinens Gesang in aller Unschuld auch zu pfeifen anfing. Nun, es war ganz dasselbe, was wir auch von Josefine hörten [...]. (E, 246)

Die Wirkung solcher Passagen besteht darin, dass der Leser diese akustische Erfahrung zu imaginieren hat. So vieles auch an Josefines Auftritten lächerlich wirkt, nach Auskunft des Erzählers ist das Volk der Mäuse nicht fähig, über ihre Sängerin zu lachen. Mehrdeutig genug überliefert er eine Redensart der Mäuse: „Das Lachen vergeht uns, wenn wir Josefine *sehn.*" (E, 249; Hervorh. d. Verf.) Ihre Erscheinung, diese Verbindung aus Diva und Verletzbarkeit, zuletzt gar Gebrechlichkeit, führt ihren Bewunderern und Kritikern (einschließlich des Erzählers selbst) buchstäblich ihr eigenes Wesen vor Augen. Gerade weil sie ihre Josefine beim Hören ihres Gesangs auch immer *sehen,* können sie auch ihr Singen nicht verlachen. Oder ist ihre mehr oder minder verhaltene Bewunderung nichts als Heuchelei?

Wie dem auch sei, mit Josefine, dieser Sängerin des Nicht-Gesangs, hatte sich Kafka zuletzt eine Ikone seiner Musikskepsis geschaffen, eine Verkörperung des Dissonantischen, eine Künstlerin der Selbstverblendung. Ihre wahre Kunst bestand aus ihrem Illusionismus, die der Erzähler als ein Vertreter des Mäusevolkes als negative Klangutopie entlarvte. Dessen Kunst wiederum ist jene der behutsamen und doch schonungslosen Entzauberung.

---

[141] Vgl. Rüdiger Görner, „Fremdklänge oder: Neues vom verlorenen Subjekt". Kursorische Annäherungen an die Verfremdung als musik-ästhetische Kategorie. In: Verfremdungen. Ein Phänomen Bertolt Brechts in der Musik, hrsg. von Jürgen Hillesheim, Freiburg i. Br./Berlin/Wien 2013, S. 273–283.

Trompeten (meist) ohne Pauken: Was Karl Roßmann in der Neuen Welt hörte

Er hätte sie hören können, Antonín Dvořáks Symphonie Nr. 9 e-Moll (op. 95) *Aus der Neuen Welt* (1893) – Kafka ebenso wie sein Amerika-Reisender, der dort verschollene Karl Roßmann: diese Paukenschläge im ersten Satz, das danach in den Hörnern aufsteigende erste Hauptthema, das zweite, von den Holzbläsern getragen, beide Themen verbunden durch Flöten. Vielleicht wäre ja wenigstens einer von beiden doch gerührt, gar ergriffen gewesen vom Largo des zweiten Satzes, einer Elegie auf den Tod der Indianerin Minnehaha, eine Klage ihres Gefährten Hiawatha – nach Longfellows großem Gedicht –, vom Englischhorn vorgetragen. Womöglich hätten sie das Scherzo überhört, den indianisch-böhmischen Festtanz, nicht aber den letzten Satz, das Allegro con fuoco, den niemand überhören kann, stehe er der Musik auch noch so fern, das Mitreißendste, was Dvořák komponiert hat, den Kontrast zwischen dem Marschthema der Neuen Welt und der sehnsuchtsvollen Melancholie nach der böhmischen Heimat, dieser geradezu gewaltsame, von Trompeten und Posaunen dominierte wiederholte Einsatz der Orchestertutti, die dynamische Coda, sowie zuletzt der von den Bläsern aufgefangene, ausgehaltene Akkord, der alles Triumphale verklingen lässt.

Er, Kafka oder sein Karl Roßmann, hatte sie noch nicht hören können, Edgar Varèses New-York-Komposition *Amériques* (1918 – 1921), weil sie erst 1926 uraufgeführt wurde, ein Jahr nach der Veröffentlichung von John Dos Passos Roman *Manhattan Transfer* (1925), mit dem sie die sinnliche Erschließung der großstädtischen Geräuschkulisse teilt. Doch Varèses kompositorisches Verfahren hätte auch Kafka nicht missfallen, im Gegenteil; schließlich enthielt es die Aufnahme von Stadtgeräuschen, heulende Sirenen der Polizeifahrzeuge vor allem und die Pfeifsignale von Dampfbooten im New Yorker Hafen. Spektralakkorde, Melodiefetzen und rhythmische Eigenheiten verband Varèse zu komplexen, aus Gegensätzen bestehenden musikalischen Strukturen. Die prononcierte Verwendung von Sirenensignalen indizierte bei Varèse ein Geräuschkontinuum jenseits der Zwölfton-(Selbst-)Limitierung und war damit ein Strukturelement (nicht nur) dieser Komposition.[142] Zum ‚organisierten Klang' (Varèse) gehörte für diesen Komponisten – wie selbstverständlich mit musikalischen Konventionen brechend – naturgemäß auch das Geräusch als akustisches Signum der urbanen

---

[142] Vgl. Helga de la Motte-Haber, Die Musik von Edgar Varèse. Studien zu seinen nach 1918 entstandenen Werken, Hofheim i. Ts. 1993.

Zivilisation,[143] ein Ansatz, den Kafka in seinem ersten Romanfragment, *Der Verschollene*, antizipierte. Schon in dessen erstem Kapitel „Der Heizer", das als Fragment im Mai 1913 erschien, geht es denn auch deutlich unmelodischer zu.[144] Zeitgleich zu den Erzählungen *Das Urteil* und *Die Verwandlung* entstanden (zwischen Ende September 1912 und Ende Januar 1913) und von Kafka als eine Verbindung zwischen beiden empfunden – er schlug Kurt Wolff eine Veröffentlichung der drei Arbeiten in *einem* Buch als Trilogie vor, wozu es dann aber nicht kam –, erweist sich „Der Heizer" als ein Auftakt, der das Differenzieren akustischer Eindrücke, die, wie gesehen, auch *Die Verwandlung* besonders auszeichnen, noch weiterführt und zu einem motivischen Signum von Kafkas erzählerischem Verfahren werden lässt.

Wie hinreichend bekannt, hat Kafka selbst den „Heizer" als eine „glatte Dickensnachahmung" (T, 840 f.; 8.10.1917) bezeichnet, vor allem des Romans *David Copperfield* (1849/50), wobei er sich selbst bescheinigen konnte, dem „bedenkenlos mächtigen Hinströmen" (T, 841) des Dickens'schen Erzählens mehr Struktur, sprich: Gestaltungssinn entgegengehalten zu haben. Die Kafka-Forschung ist dieser Wahlverwandtschaft, aber auch Verschiedenheit der beiden Erzähler vielfältig nachgegangen,[145] wobei neben *David Copperfield* auch *The Life and Adventures of Martin Chuzzlewit* (1843/44) und Dickens' Reiseberichte *American Notes* (1842), die in Chuzzlewits Amerika-Erlebnis eingegangen sind, einschließlich der Eindrücke unter Deck während der Schiffspassage, die Kafka jedoch anders als Dickens in den Hafenbereich von New York bei der Ankunft verlagert und damit lokal bündelt. Die wichtigste Gemeinsamkeit zwischen Dikkens und Kafka besteht in dieser Hinsicht fraglos in deren Vorliebe für die gro-

---

143 Um zu ermessen, wie weit sich die avantgardistische Moderne um 1910 von romantischen Vorgaben gelöst hat, genügt der Hinweis auf eine Stelle in Hector Berlioz' Überlegungen zur ‚klassischen und romantischen Musik': „Die Menschen in den Städten haben keinerlei Gesänge, die ihren Gewohnheiten oder ihren verschiedenen Ständen entsprechen, ganz im Gegenteil ist bei ihnen die Empfindung des Ausdrucks so wenig ausgeprägt, dass man unbedenklich sagen kann, es existiere nicht." Hector Berlioz, Anmerkung zu klassischer und romantischer Musik. In: Berlioz Schriften. Betrachtungen eines musikalischen Enthusiasten, ausgewählt, hrsg. u. komm. von Frank Heidlberger, übersetzt von Dagmar Kreher, Kassel/Stuttgart/Weimar 2002, S. 49–53, hier S. 50.
144 Manfred Engels Befund, der 1927 von postum als *Amerika* veröffentlichte *Verschollene* sei „immer ein Stiefkind der Kafka-Forschung gewesen", trifft in besonderem Maße auch für die, wie hier zu zeigen sein wird, prominente Präsenz und Problematik des Akustischen in diesem Erzählfragment zu; Engel, [Art.] Der Verschollene. In: Kafka-Handbuch. Leben – Werk – Wirkung, hrsg. von Manfred Engel u. Bernd Auerochs, Stuttgart/Weimar 2010, S. 175–191, hier S. 183.
145 Vgl. den Überblick bei Nagel, Kafka und die Weltliteratur, S. 28–31; dazu auch R, 987–990; zur Forschungsliteratur vgl. R, 936–939.

teske Übersteigerung einzelner Episoden oder Erzählphasen; es ließe sich hierbei von einer aus den Szenen generierten, vom weiteren Kontext nahezu unabhängigen Absurdisierung ihres Gehalts sprechen.[146]

Worin sich aber Kafkas erzählerischer Ansatz vor allem von jenem Dickens' unterscheidet – und dies fand bislang in der Forschung keine Berücksichtigung –, ist die prononcierte Darstellung akustischer Phänomene, wobei es Dickens hier meist nur bei der Erwähnung von ‚noise' belässt. „Der Heizer" ist nämlich in erster Linie ein den geplanten Roman eröffnendes Wahrnehmungsprotokoll, in dem der Erzähler dem Gehörten eine dem Gesehenen zumindest gleichgeordnete Bedeutung einräumt. Die erste akustisch geprägte Szene steht in unmittelbarer Verbindung mit Roßmanns Verirrung unter Deck:

> In seiner Ratlosigkeit und da er keinen Menschen traf und nur immerfort über sich das Scharren der tausend Menschenfüße hörte und von der Ferne wie einen Hauch das letzte Arbeiten der schon eingestellten Maschine merkte, fieng er ohne zu überlegen, an eine beliebige kleine Türe zu schlagen an, bei der er in seinem Herumirren stockte. (R, 608)

Roßmann gibt Laut, so könnte man sagen, das aber als eine Art Reflexhandlung („ohne zu überlegen"). Er reagiert damit auf das ihn irritierende „Scharren der tausend Menschenfüße" über ihm und auf seine eigene „Ratlosigkeit", wie er aus dem Irrgarten des Schiffsbauchs wieder herausfinden soll. Die durch das Laufen erzeugten Geräusche hatten ja auch Gregor Samsa in der *Verwandlung* „erschreckt". (E, 75) Einer Bagatelle wegen hat Roßmann sich auf diese eigene Welt unter Deck eingelassen, will er doch seinen Regenschirm finden, den er glaubt, in seiner Kabine zurückgelassen zu haben. Dabei findet er weder den Schirm noch die Kabine noch den Ausgang. Da er sich nicht zu Wort melden kann, schlägt er „an eine beliebige kleine Türe". Das ist mehr als nur das „Scharren" der Füße, ja es wird zum dominanten Lärm, der aber Wirkung zeigt. Ausgerechnet dieser übersteigerte Lärm führt zur Kommunikation mit der Titelfigur des Kapitels, dem namenlosen ‚riesigen' Heizer. Dieses widersinnige, ja manische Gegen-die-Tür-Schlagen erbringt demnach wider Erwarten für Roßmann eine menschliche Beziehung, genauer gesagt: den Widerhall einer menschlichen Stimme, die des Heizers, die ihm Verblüffendes meldet und bereits hier ein später klassisch werdendes Kafka-Motiv anschlägt: „Warum schlagen Sie so verrückt auf die Tür?" denn: „Es ist ja offen." (R, 608) Das Unnütze an Anstrengung angesichts des Offensichtlichen ist ein Wesensmerkmal Kafka'schen Erzählens.

---

146 Vgl. Rüdiger Görner, Nach dem Sinn. Amerika oder das Selbstverständliche im Absurden. In: Franz Kafka und die Weltliteratur, hrsg. von Manfred Engel u. Dieter Lamping, Göttingen 2006, S. 291–304.

Die zweite inhaltlich bedeutsame akustisch grundierte Szene im ersten Kapitel verhindert, dass Roßmann sich nach den Aufregungen unter Deck entspannen kann in einem „von allen Sorgen um den Koffer" befreiten Schlummer. Denn nachdem er in der Person des Heizers einen ihm wohlwollend zugetanen Menschen gefunden hat, offenbar den ersten auf der ganzen Überfahrt, hat er keine Eile, wieder an Deck zu gelangen; er beginnt sogar, sich im Schiffsbauch geborgen zu fühlen. Nun aber erfolgt eine Art Tempowechsel, ein ‚Einsatz', der das vorige Motiv des „Scharren[s] der tausend Menschenfüße" in abgewandelter Form aufnimmt:

> In diesem Augenblick ertönten draußen in weiter Ferne in die bisherige vollkommene Ruhe hinein kleine kurze Schläge wie von Kinderfüßen, sie kamen näher mit verstärktem Klang und nun war es ein ruhiger Marsch von Männern. Sie giengen offenbar, wie es in dem schmalen Gang natürlich war, in einer Reihe, man hörte Klirren wie von Waffen. (R, 614)

Der Heizer löst Roßmann das Klang- oder Geräuschrätsel mit dem Hinweis auf: „Das ist die Schiffskapelle [...]. Die haben oben gespielt und gehen jetzt einpacken." (R, 614) Es sind Klang- oder Geräuschreste, die Roßmann hier wahrnimmt und ‚aufschrecken' lässt. Erstaunlich freilich, dass er zuvor das Spiel der Schiffskapelle nicht gehört hat. Was der Erzähler jedoch über Roßmanns Hören zu sagen hat, spricht für dessen Fähigkeit, Akustisches differenziert wahrzunehmen, wozu freilich auch akustische Täuschungen gehören. Das Bedrohlich-Martialische schwingt dabei immer mit („Klirren wie vor Waffen"). Dem sekundieren auch die „Salutschüsse", die „[w]ahrscheinlich von Kriegsschiffen" abgefeuert wurden, wobei der Erzähler hierfür das Harmonisches evozierende Wort „erklangen" wählt. (R, 615) Täuschung über die Art von Geräuschen und ihre Verifizierung durch ein anderes Medium, wie hier die Optik (denn Roßmann sieht beim Hören der Salutschüsse eines „vorüberfahrenden Schiffes" und kann damit das Gehörte visuell verorten), behindern oder entwerten einander nicht, sie vollziehen sich parallel. (Ebd.)

Geräusche entstehen in diesem Auftaktkapitel jedoch vor allem unvermutet: „Entlang der Gänge zogen sich auch Drähte elektrischer Leitungen und eine kleine Glocke hörte man immerfort." (R, 615) Einer der Schiffsoffiziere vollführt „fast ununterbrochen ein kleines Geräusch mit den Zähnen". (R, 616) Und der Kapitän verfügt über eine „Stimme, fest, um mit einem Hammer darauf zu schlagen." (R, 618) Doch nicht nur Geräusche dieser Art sind unvermutet; auch die ersten musikalischen Vergleiche – sie werden sich im Laufe des Romanfragments häufen – überraschen. Um die relative Autorität des Schiffskapitäns zu betonen, gleichzeitig aber auch mitleidsvoll zu charakterisieren, wählt der Erzähler diesen – etwas ausgefallenen – Vergleich: „[E]r war kein Instrument, das man in

Grund und Boden spielen konnte – und gerade so behandelte ihn der Heizer, allerdings aus seinem grenzenlos empörten Inneren heraus." (R, 621) Der Erzähler deutet hier an, wie der Heizer mit seinem Vorgesetzten *eigentlich* verfahren würde, wenn er es könnte, wie ein Virtuose, ob Teufelsgeiger oder Pianist, der sein Instrument ruiniert und dadurch die größte Wirkung erzielt. Wieder aber gilt: Das Unbestimmte herrscht vor; denn es ist hier noch keineswegs deutlich, was mit diesen akustischen Verweisen tatsächlich erreicht ist.

In allen folgenden fünf ausgearbeiteten Kapiteln sowie in den Prosastücken, die das Gesamtfragment *Der Verschollene* bilden, nehmen erzählerische Verweise auf akustische Phänomene eine besondere Rolle ein. Es entsteht durch sie der sehr bestimmte Eindruck, dass das betont Unvollendete in seiner narrativen Darstellung überhaupt die (kako-)phonische Entsprechung zum fragmentarischen Charakter dieses Romans darstellt. Das bedeutet, diesen phonischen Werten kommt im Erzählzusammenhang eine strukturelle Bedeutung zu. Sie kann jedoch erst dann deutlich werden, wenn wir uns einen Überblick über diese einzelnen narrativ-akustischen Einschübe oder Begebenheiten verschafft haben. Dies soll nun im Einzelnen geschehen.

Nach dem Schiffsbauch ist der nächste Schauplatz akustischer Phänomene das Haus von Roßmanns Onkel, genauer gesagt: Karls Zimmer im sechsten Stock des Hauses. Dorthin wird für ihn alsbald ein Klavier angeliefert werden; es ist das einzige Beispiel für ein eigenständiges Thematisieren eines Instruments in Kafkas Erzählungen (im Falle der *Verwandlung* blieb ja die Violine von Gregor Samsas Schwester eine Randerscheinung). Der zuvor erwähnte negative Vergleich des Kapitäns mit einem Instrument gewinnt nun im Zusammenhang mit Roßmanns dem Onkel gegenüber andeutungsweise geäußerten Wunsch nach einem Klavier und dessen Erfüllung eine andere Konkretion mit zunächst positiven Konnotationen.

Doch bevor dieses Klavier angeliefert wird, erwähnt der Erzähler die sinnliche Gemengelage, die Roßmann von seinem Fenster aus wie aus der Vogelperspektive wahrnimmt und von der sich die Verheißung auf Klaviermusik deutlich abhebt:

> Und morgen wie abend und in den Träumen der Nacht vollzog sich auf dieser Straße ein immer drängender Verkehr, der von oben gesehn sich als eine aus immer neuen Anfängen ineinandergestreute Mischung von verzerrten menschlichen Figuren und von Dächern der Fuhrwerke aller Art darstellte, von der aus sich noch eine neue vervielfältigte wildere Mischung von Lärm, Staub und Gerüchen erhob, und alles dieses wurde erfaßt und durchdrungen von einem mächtigen Licht, das immer wieder von der Menge der Gegenstände zerstreut, fortgetragen und wieder eifrig herbeigebracht wurde und das dem betörten Auge so körperlich erschien, als werde über dieser Straße eine alles bedeckende Glasscheibe jeden Augenblick immer wieder mit aller Kraft zerschlagen. (R, 641)

Dem in sich Brüchigen dieses Wahrnehmungszusammenhangs, verstärkt noch durch den Eindruck gleich mehrfacher realer und imaginierter optischer Brechungen, steht eine geradezu synästhetische, in ihrer Wirkung potenzierte „Mischung" von sinnlichen Phänomenen gegenüber; dabei müsste dem „betörten Auge" ein betörtes Ohr entsprechen, um den „Lärm" der „wildere[n] Mischung" aufzunehmen. Die „Gegenstände", die Dinge selbst sind es, die das Diffuse erzeugen und gleichzeitig die Eindrücke wieder wie durch verschiedene Prismen im Auge des Betrachters, also Roßmanns, wieder zusammenbringen. Nun fällt auf, dass Karl Roßmann sein neues Instrument zunächst auch durch Glaswände (des Aufzugs) sieht, dies aber ohne den Eindruck von Brechungen. Das Klavier ist ein „schöne[s] Instrument" (R, 644) als Ganzes, wobei sich erweisen wird, dass der einzige ganzheitliche Eindruck auf das Instrument beschränkt bleibt und keineswegs auf Karls Klavierspiel: „Als er es in seinem Zimmer hatte und die ersten Töne anschlug, bekam er eine so närrische Freude, daß er statt weiterzuspielen aufsprang und aus einiger Entfernung die Hände in den Hüften das Klavier lieber anstaunte." (Ebd.)

Was diese Episode besonders veranschaulicht, ist das Inkongruente zwischen vollendetem Instrument sowie der „ausgezeichneten" Akustik (R, 644) des Zimmers und Roßmanns musikalischem Unvermögen. Zwar verfügt er, wie gesehen, über ein gutes Gehör, nicht aber über Fertigkeit in der musikalischen Ausübung. Dieser Eindruck des Inkongruenten verstärkt sich noch in der folgenden Passage:

> Karl erhoffte in der ersten Zeit viel von seinem Klavierspiel und schämte sich nicht wenigstens vor dem Einschlafen an die Möglichkeit einer unmittelbaren Beeinflussung der amerikanischen Verhältnisse durch dieses Klavierspiel zu denken. Es klang ja allerdings sonderbar, wenn er vor den in die lärmerfüllte Luft geöffneten Fenstern ein altes Soldatenlied seiner Heimat spielte [...]. (R, 644)

Roßmann liefert hier ein – seltenes – Beispiel von Selbstüberschätzung, zumal er in der Folge immer seltener spielt. Um seinem einschlägig-dürftigen Repertoire aufzuhelfen, versorgt ihn der Onkel nun sogar mit „Noten amerikanischer Märsche und natürlich auch der Nationalhymne, aber allein aus der Freude an der Musik war es wohl nicht zu erklären, als er eines Tages ohne allen Scherz Karl fragte, ob er nicht auch das Spiel auf der Geige oder auf dem Waldhorn lernen wolle." (R, 645) Zumindest erspart der Erzähler seinem Protagonisten Karl die Vermutung, dass die Frage des Onkels eine Portion Ironie enthalten haben könnte.

Noch im selben Kapitel führt der Erzähler seinen Protagonisten in die akustische Gegenwelt zu besagtem Zimmer mit Klavier. Es handelt sich um den großen Telegraphensaal im Geschäft des Onkels, wo Roßmann dem „sinnverwirrendem" Läuten ausgesetzt ist, das aus den Telephonzellen dringt. Doch fällt Roßmann auch ein Schreiber auf, der auf mechanische Weise gegen diesen Lärm der Apparate immunisiert ist. Er ist dank einer etwas martialischen Vorrichtung „gleichgültig gegen jedes Geräusch", „den Kopf eingespannt in ein Stahlband, das ihm die Hörmuscheln an die Ohren drückte." (R, 648) Und noch eine dritte akustische Qualität enthält dieses zweite Kapitel, die wiederum auf die Außenwelt bezogen ist. Auf den Straßen New Yorks registriert der Erzähler mit und für Roßmann „Trottoire angefüllt mit einer in winzigen Schritten sich bewegenden Masse, deren Gesang einheitlicher war, als der einer einzigen Menschenstimme." (R, 654) Bemerkenswert daran ist die akustische und optische Differenzierung im Vergleich zu Roßmanns Erstwahrnehmung des Straßenlebens – freilich anfangs aus der Vogelperspektive seines sechsten Stocks. Jetzt ist nicht mehr die Rede von einer wilden „Mischung von Lärm, Staub und Gerüchen" und auch nicht von amorphen Erscheinungen wie der „aus immer neuen Anfängen ineinandergestreute[n] Mischung von verzerrten menschlichen Figuren und von Dächern der Fuhrwerke". (R, 641) Nunmehr steht das Einheitliche als Kennzeichnung der anonymen „Masse" im Vordergrund, wobei aus dem „Lärm" ein „Gesang" geworden ist, seltsamerweise so bezeichnet als der dominante akustische Eindruck, der von den „winzigen Schritten" der Menschen auf den Erzähler und Roßmann ausgeht. Dabei ist das Verhältnis dieses akustischen Eindrucks zum Vergleichswert „einer einzigen Menschenstimme" aufschlussreich: Die Schritte der Menschenmenge sprechen oder singen mit *einer* Stimme. Das freilich ist ein Anzeichen von Monotonie, die der Erzähler aber nicht weiter verfolgt, sondern durch Hinweise auf diverse Gruppen (Polizisten, Neugierige, Demonstranten) wieder auflockert. Es handelt sich dabei jedoch um Einzelne, die „über die eigentlichen Ereignisse im Unklaren blieben." (R, 654) Einmal mehr dominiert das Unbestimmte.

Ein gemeinsamer Nenner dieser ersten akustischen Eindrücke Roßmanns in der sogenannten Neuen Welt bilden Geräusche, die durch das – im weiten Sinne – Gehen verursacht werden, sei es in „winzigen Schritten", seien es scharrende Füße, sei es das Marschieren von Angehörigen der Schiffskapelle. Die kultivierte Klangwelt dagegen, vertreten durch Karls Klavier, bringt sich zwar in Erinnerung, aber eben nur in parodierter Form. Beiden akustischen Sphären gemein ist jedoch, dass unbestimmt bleibt, was sich in ihnen ‚wirklich' ausdrückt.

Das mögliche Klavierspiel bestimmt denn auch die akustischen Elemente im dritten Romankapitel „Ein Landhaus bei New York". Klara, die Tochter des Hauses Pollunder, fordert es ein, besser gesagt: sie verlangt es von Karl, dem späten Gast. Sie verfügt standesgemäß über ein Klavier, gesteht aber, selbst unfähig zu sein, „Musik auszuüben", sie rühre ihr Klavier nicht an, obgleich sie „die Musik eigentlich liebe". (R, 658) Zwar verspricht Karl, Klaras Bitte zu erfüllen, doch bis dies – wie sich erweisen wird: nur stümperhaft – geschieht, ereignet sich im Halbdunkel ein Kampf der Geschlechter, nämlich ein erotisch aufgeladenes

Ringen der sportlich gestählten Klara mit ihrem hoffnungslos unterlegenen Gast. Zuvor vermerkte der Erzähler noch etwa „Vögelgesang" und die „Pfeife eines Newyorker Vorortzuges", die – unbestimmt genug – „irgendwo im Land" nicht schrillte, sondern „erklang". (R, 665) Der sehr bestimmte Eindruck entsteht, dass der Erzähler bemüht ist, jedem Geräusch ein zumindest potentielles ‚Klingen' zuzubilligen, ‚eigentlicher' Musik dagegen, etwa die von Karl auf dem Klavier gespielte, das Kangliche abzusprechen. Auch das auffallend große Landhaus ‚klingt' in den Ohren des Erzählers, wenn auch nur „hohl" in den viel leeren Zimmern, die ja ohnehin nur „dazu da [waren], um hohl zu klingen, wenn man an die Tür schlägt", wie der Erzähler süffisant bemerkt. (R, 671)

Zuletzt aber erinnert Klara ihren Gast an sein Versprechen, für sie und ihren Vater Klavier zu spielen. Nun entlarvt sich Karl vollends als Dilettant, der auf Klaras Frage „Wollen Sie Noten haben?" antwortet: „Danke, ich kann ja Noten nicht einmal vollkommen lesen [...]." (R, 685) Er spielt ein kleines Lied, aber viel zu schnell, wodurch er es verunstaltet („er hudelte es im ärgsten Marschtempo hinunter"; ebd.), wobei sich aber nichts und niemand gestört fühlte – außer der Stille. Sie verhält sich nach dieser verfehlten Darbietung vergleichsweise am aktivsten; denn während die Zuhörer wie „benommen" dasaßen und sich nicht rührten, „fuhr die gestörte Stille des Hauses wie in großem Gedränge wieder an ihren Platz." (Ebd.) Beifall erhält Karl nur von einem Nebenschauplatz aus, dem Nebenzimmer, wodurch sich der Beifallspender, ein gewisser Mack, als eine künftig wichtiger werdende Romanfigur empfiehlt.

Immer wieder ist festzustellen, dass bei Kafka und in der Perspektive seiner Erzähler das Klangliche, gar die Musik, in einem eigenwilligen Verhältnis zum bloß Geräuschhaften steht, was gerade auch für ihre sprachliche Darstellung gilt und Kafkas dezidiert dissonantisches Erzählen bedingt. Ungewöhnliche Wendungen bleiben dem im weitesten Sinne Akustischen vorbehalten. Im Roman erweist sich Mack übrigens als diskreter Musikkenner, der Roßmanns Spiel einzuschätzen versteht, das er als „reichlich anfängerhaft" bezeichnet. Selbst bei „sehr primitiv gesetzten" Liedern habe er, Roßmann, „einige Fehler gemacht". Doch gibt sich Mack generös nachsichtig, indem er betont, er verachte „das Spiel keines Menschen". (R, 687) In einem besonderen ‚Verhältnis' jedoch steht das Akustische gerade im Romanfragment *Der Verschollene*, nämlich in jenem zu Szenen des Übergangs. Dies war bei der anfänglichen Schiffsszene evident und auch dann, wenn sich Karl von Pollunders Landhaus verabschieden muss, um zu seinem Onkel nach New York zurückzukehren. Sein stümperhaftes Klavierspiel entspricht dem wiederholt misslingenden Versuch, von diesem scheinidyllischen Ort Abschied zu nehmen. Und Roßmanns Gefühl, es habe ihm die Stunde geschlagen, das sich übrigens bewahrheitet, als er erfährt, dass sein Onkel ihn zur Strafe nicht mehr aufnehmen will, weil er sich eigenmächtig von ihm entfernt hat und ins Landhaus Pollunder gegangen war, steht buchstäblich in Einklang mit den Glocken dieses New Yorker Vororts: „In diesem Augenblick erklangen zwölf Glockenschläge, rasch hintereinander, einer in den Lärm des andern dreinschlagend, Karl fühlte das Wehen der großen Bewegung dieser Glocken an den Wangen." (Ebd.) Nicht die emotionale Reaktion auf Kangliches steht hier im Vordergrund, sondern die physische Wahrnehmung der Glocken als einem ‚Dreinschlagen' und ‚Lärm'; harmonischer Einklang scheint somit unerreichbar.

Von seinem Onkel verbannt, begibt sich Roßmann auf den (nicht allzu langen) „Marsch nach Ramses", um eine Arbeitsstelle zu finden, wobei er auf weitere Emigranten trifft, den Franzosen Delamarche und den Iren Robinson. Doch hat Roßmann Vorbehalte: „Vieles erinnerte Karl an seine Heimat und er wußte nicht, ob er gut daran tue, New-York zu verlassen und in das Innere des Landes zu gehen. In New-York war das Meer und zu jeder Zeit die Möglichkeit der Rückkehr in die Heimat." (R, 703) Schon wenig später hat Roßmann Anlass, diesen Vorbehalt zu relativieren. Denn

> Robinson begann im Anschluß daran mit vollem Mund ein Lied zu singen, das Delamarche mit Händeklatschen begleitete, das Karl als eine Operettenmelodie aus seiner Heimat erkannte die ihm hier mit dem englischen Text viel besser gefiel, als sie ihm je zuhause gefallen hatte. So gab es eine kleine Vorstellung im Freien, an der alle Anteil nahmen, nur die Stadt unten, die sich angeblich bei dieser Melodie unterhielt, schien gar nichts davon zu wissen. (R, 705)

Das ist insofern eine signifikante Stelle, als die Melodie aus Roßmanns Heimat sich ihm in doppelter Verfremdung präsentiert: zum einen in einer fremden Sprache zum anderen vorgetragen und applaudiert von Fremden. Aber in dieser Form kann das Lied in der Fremde zu einem sozialen, sprich: kommunikativen Medium werden. Zudem gefällt es Roßmann in dieser Form sogar besser als das heimische Original.

Doch auch hier gilt, dass ein Zeugnis relativer Konsonanz nicht lange den Text und damit den Fortgang der Erzählung bestimmen darf. Zwei markante dissonante Kontrapunkte führt der Erzähler im Laufe des „Marsches nach Ramses" ein, zunächst beim Bezahlen des gemeinsamen Essens ist vom „Klang des Geldes" (R, 708) die Rede, womit eigentlich das Klimpern der Münzen gemeint ist, gefolgt von einem Missklang ganz anderer Art: Roßmann „horchte auf das eigentümliche Geräusch, das Robinson beim Trinken hervorbrachte, da ihm die Flüssigkeit zuerst weit in die Gurgel eindrang, dann aber mit einer Art Pfeifen wieder zurückschnellte, um erst dann in großem Erguß in die Tiefe zu rollen." (R, 716) Wiederum steht hier ein außergewöhnliches physiologisches Phänomen im Vordergrund, das akustische Folgen zeitigt, für dissonantisches Erzählen aber konstitutiv ist.

Von einer distinkten Geräuschkulisse kann dagegen im „Hotel occidental", wo Roßmann vorübergehend Anstellung findet, keine Rede sein. Das Akustische dort beschränkt sich auf Eklektisches, etwa auf den „beherrschten und elastischen Tastenschlag" im Hotelbüro, der „an dem nur hie und da merklichen Ticken der Wanduhr vorüberjagte" (R, 723), wobei wiederum die Kontrastivität der Geräusche auffällt und die ungewöhnliche verbale Charakterisierung (das Vorüberjagen des ‚Tastenschlags'). Damit wird einerseits die Nicht-Homogenität der Geräusche betont, andererseits aber auch die Besonderheit ihrer Wirkung.

Neben dem „dumpfen Gesang der Betrunkenen" (R, 744) im Hotel ist es der dortige Schlafsaal der Bediensteten, der als Hauptort des Akustischen gelten darf, da dort ständige Bewegung herrschte: „Da schliefen einige und zogen die Decken über die Ohren um nichts zu hören; wurde doch einer geweckt, dann schrie er so wütend über das Geschrei der andern, daß auch die übrigen noch so guten Schläfer nicht standhalten konnten." (R, 737) Aus dem Schlafsaal dringt zuweilen auch „rhythmisches Händeklatschen, aufgeregtes Füßetrappeln und sportliche Zurufe", wenn dort eine „große Rauferei" im Gange ist. (R, 756) Zu diesem akustischen Panorama der Hotel-Kapitel gehört überdies das martialische Läuten einer Tischglocke ebenso wie die „betäubenden Pfiffe" der Polizeipatrouillen und deren Laufen, das, wie der Erzähler berichtet, „in der leeren Gasse" klingt, „wie wenn Stahl gegen Stein geschlagen wird." (R, 804) Hinzu kommt die Geräuschwelt der Telephonvermittlung (R, 787), die aber in unserer Untersuchung im dritten Teil gesondert berücksichtigt werden wird. Den eigentlichen leeren Mittelpunkt dieser klangbezogenen Passagen bildet die Gesangskunst Bruneldas, die man als Karikatur der Walküren Wagners deuten kann. ‚Leer' weil sie nach Auskunft Robinsons eine „große Sängerin" (R, 817) sein soll, die sich aber nicht vernehmen lässt oder vernehmen lassen kann. Wir erfahren, dass sie „alles hört" (R, 826), aber an ihrem Singen durch die Nachbarn gehindert wird, da diese ein Singverbot erwirkt haben. Und weil Brunelda ihre Wohnung nicht (mehr) verlässt, liegt ihr Gesang brach und verkommt wahrscheinlich auch. Selbst im Fragmentkapitel „Ausreise Bruneldas", das ihr Verlassen der Wohnung behandeln sollte, findet sich kein Hinweis auf ihre Gesangskunst; das bedeutet, selbst die Aussicht auf ‚Freiheit' setzt in ihr keinen Gesang frei. (R, 867–872) Anstatt zu singen, weint Brunelda „krampfhaft" (R, 858) oder sie *schreit* zuweilen, weil sie in einem zwanghaften Akt der Selbstentäußerung schreien müsse, wie Robinson erklärt. Ein Schreiverbot könne eben niemand erwirken oder verhängen. In dieser Hinsicht ist Brunelda im Werk Kafkas eine Vorläuferin der prätentiösen Sangesmaus Josefine und deren pfeifendem Singen.

Doch *der* entscheidende akustische Effekt im *Amerika*-Fragment Kafkas bereitet sich gegen Ende der Brunelda-Episode vor. Roßmann sieht sich inzwischen quasi in ihrer Wohnung gefangen und zu Delamarches Bedienstetem degradiert.

Roßmanns ‚American Dream', wenn er denn je einen solchen geträumt hatte, fällt in sich zusammen. Doch auch seine mehr oder weniger falschen Freunde, Robinson und Delamarche, wirken wie ‚überflüssige Menschen' nach den Romanmodellen Michail Lermontows (*Ein Held unserer Zeit*), Iwan Gontscharow (*Oblomov*), ein Motiv, essayistisch fortgesetzt in unseren Tagen durch Ilija Trojanow. Diese Charaktere Kafkas haben nichts mehr zu bieten als absurde Spielchen oder Gezeter im übermächtigen, die ganze Wohnung ausfüllenden Schatten ihrer Domina, Brunelda. Sie ist ihrerseits sinnlos geworden, ihre Gesangsstimme ein Phantom oder Mythos, ein Nichts im Vergleich zu der Geräuschkulisse, die sich draußen aufbaut: „Da ertönten aus der Ferne von der Gasse her stoßweise Trommeln und Trompeten. Einzelne Rufe vieler Leute sammelten sich bald zu einem allgemeinen Schreien." (R, 829) Wahlkampfstimmung herrscht oder wird akustisch erzeugt. Keine einzige Parole, die Inhaltliches, Thematisches über den Wahlkampf oder die Kandidaten verriete, teilt der Erzähler mit. Vermutlich gibt es auch keine. Die Namen der Kandidaten werden von ihren Parteigängern ‚gesungen', deren Hände „maschinenmäßig klatschen". (R, 832) Auf den Balkonen sieht Roßmann „lauschende Gesichter" und hört, wie „Gegengesang" aufkommt, unterstützt von „einem allgemeinen Pfeifen" und sogar von „Grammophone[n]" verstärkt. (Ebd.) Der „Parteigesang" artet in ein Gebrüll aus (R, 833), wobei die „Trommler und Trompeter" die Aufgabe haben, den Gesangslärm zu übertönen: „[I]hr schmetterndes, mit ganzer Kraft ausgeführtes, nicht endenwollendes Signal unterdrückte alle menschlichen Stimmen bis zu den Dächern der Häuser hinauf." (Ebd.) Diese akustischen Aufwallungen können mit plötzlich eintretender Stille kontrastieren, wobei der Eindruck entsteht, als schreie diese Stille und gehöre somit zu der alles beherrschenden Kakophonie. Vor dieser Geräuschkulisse verblasst unwillkürlich selbst die Erinnerung an Bruneldas Gesang, ja, von ihm ist fortan keine Rede mehr. Im Vordergrund steht vielmehr der Versuch Roßmanns, sich aus seiner zunehmenden Zwangslage zu befreien. Die von Gewalt beherrschte und von Brunelda beäugte Auseinandersetzung zwischen Roßmann und seinen zu Peinigern gewordenen Mitimmigranten, Robinson und Delamarche, eskaliert. Roßmann sieht sich buchstäblich auf sich zurückgeworfen. Doch alles das geschieht wie in einer Art verzögertem gewalttätigem Echo der Trommeln und Posaunen und des Höllenlärms der Wahlkampfveranstaltung, die auf der Straße zuvor getobt hatte. Ihre kakophone Übersteigerung schlägt um in einen offenen Konflikt zwischen den Hauptprotagonisten dieser fragmentarischen Erzählteile.

Nicht die Trommeln, sondern die Trompeten dieser Szene bereiten Karl auf jene Geräuschwelt vor, die er im „Teater in Oklahoma" vorfinden wird. Die nur fragmentarisch überlieferten Zwischenteile lassen erkennen, dass sich Roßmann allmählich von Delamarche und Robinson lösen konnte – und das wider Erwarten gemeinsam mit einer halb hysterischen, halb depressiven Brunelda. Wir erfahren, dass er sie an einen unbestimmten Ort fährt, wo sie Aufnahme (und vermutlich Pflege) findet. Daraufhin scheint sich aber auch Roßmann von ihr getrennt zu haben; denn wenn wir ihm das nächste Mal begegnen, liest er ein Werbeplakat, das über seine Zukunft bestimmen wird: „Auf dem Rennplatz in Clayton wird heute von sechs Uhr früh bis Mitternacht Personal für das Teater in Oklahoma aufgenommen. [...] Wer an seine Zukunft denkt, gehört zu uns! Jeder ist willkommen! Wer Künstler werden will melde sich! Wir sind das Teater, das jeden brauchen kann, jeden an seinem Ort!" (R, 873)

Auf Roßmann wirkt das Plakat, als rufe es ihn wie ein akustisches Instrument, auch wenn niemand mehr Plakaten glaube, wie der Erzähler betont. Doch das Plakat verheißt Roßmann quasi Auslöschung seiner Vergangenheit: „Alles was er bisher getan hatte, war vergessen, niemand wollte ihm daraus einen Vorwurf machen." (R, 873) Auch wenn das Plakat eine „Lüge" (R, 874) sein sollte, die Parole „Jeder ist willkommen" *will* Roßmann für bare Münze oder besser: beim Wort nehmen. Das weist voraus auf Kafkas *Zürauer Aphorismen* und besonders auf diese, die achtzigste der Reflexionen, notiert am 14. Oktober 1917: „Wahrheit ist unteilbar, kann sich also selbst nicht erkennen; wer sie erkennen will, muß Lüge sein." (NSF II, 192)[147] Man kann daraus folgern, dass „die Erkenntnisfähigkeit des Menschen" nicht nur unhintergehbar ist, sondern auch notwendig,[148] wenngleich sie sich nicht auf das nur rationale Erklären empirischer Sachverhalte beschränkt. Doch entscheidet über die Wertigkeit der Erkenntnis auch der Weg zur Erkenntnis (vermittels eines ‚sprechenden' Plakats) und – noch maßgeblicher – das Erkenntnisinteresse. Und eben darauf kommt es Roßmann an. Die Frage, ob das Plakat eine Lüge sei, erweist sich als obsolet. Denn lesend sucht Roßmann den Satz „noch einmal hervor", dass jeder willkommen sei. (R, 874) Das ist die für ihn entscheidende Mitteilung, und sie erweist sich ja dann auch tatsächlich als ‚wahr' oder zumindest als wirklich, weil er sich im Naturtheater für willkommen *hält*. Was dort – in der wahren Scheinwelt – zählt, ist wiederum das Akustische. Roßmann trifft im wörtlichen Sinne darauf: „Als er in Clayton ausstieg, hörte er gleich den Lärm vieler Trompeten." (R, 874) Was sich in Clayton abspielt, ist ein Lärmspektakel, eine Art stationärer Werbekampagne für alle diejenigen, die „Künstler werden" wollen, wobei schon vorab der Erzähler – man könnte sagen: im Namen Roßmanns – betont hatte, dass heute niemand mehr dieses Ziel an-

---

[147] Vgl. zu den Aphorismen auch Manfred Engel, [Art.] Zürauer Aphorismen. In: Kafka-Handbuch. Leben – Werk – Wirkung, hrsg. von Manfred Engel u. Bernd Auerochs, Stuttgart/Weimar 2010, S. 281–292, bes. S. 289; Ritchie Robertson, Kafka's Zürau-Aphorisms. In: Oxford German Studies 14 (1983), S. 73–91.
[148] Engel, [Art.] Zürauer Aphorismen, S. 289.

strebe. Damit ist dieser Plakatspruch bereits sinnentleert. Ist daher dieser „Lärm vieler Trompeten" nur ‚viel Lärm um nichts'? Dem widerspricht der erzählerische Aufwand, der auf den nächsten Seiten entfaltet wird und nahezu ausschließlich akustischen Phänomenen gilt oder zumindest sie als Ausgangspunkt für weitere – mögliche, aber nicht realisierte – Entwicklungen hört und behandelt.

Das Akustische setzt demonstrativ genug ein – mit Trompeten ohne Pauken: „Es war ein wirrer Lärm, die Trompeten waren nicht gegeneinander abgestimmt, es wurde rücksichtslos geblasen." (R, 874) Es herrscht eine geradezu klassische Kakophonie, wobei Roßmann sich dadurch nicht irritieren lässt. Missklänge ist er längst gewohnt; eher könnte man behaupten, dass ein Wohlklang das für ihn Unverhoffte wäre. Dieser „wirre[ ] Lärm" bestätigte ihm vielmehr, „daß das Teater von Oklahoma ein großes Unternehmen war." (Ebd.)

Diese „langen goldglänzenden Trompeten" (R, 874), vor allem aber ihre als Engel gekleideten Bläserinnen, Hunderte von ihnen, so erkennt Roßmann rasch, sind Teil einer großen Inszenierung, die aber offenbar der Ablenkung dient – wovon, bleibt zunächst offen. Was sich ihm darstellt, gleicht einer profanen Parodie einer zentralen Szene in der Johannes-Offenbarung. Dort führt die Öffnung des siebenten Siegels zum Erscheinen der sieben Engel, denen je eine Posaune gegeben wird. Diese Posaunen transponieren das Unheil, das die Siegel bargen, ins Klangliche, wobei die Johannes-Offenbarung keine Auskunft über die Art des Posaunenklangs gibt. Doch ist jedes Siegel wie auch jede Posaune mit einer ganz bestimmten (apokalyptischen) Wirkung ausgestattet, deren letzte die Aufhebung der Zeit ist (Joh 10,6). Im Falle des Naturtheaters von Oklahoma, dem „größte[n] Teater der Welt" (R, 877), wie Fanny, einer der „Engel" (R, ebd.) und Bekannten von Roßmann diesen belehrt, ist es die Unübersehbarkeit des Raumes und damit verbunden die Aufhebung eines wirklichen Raumgefühls, die sich in diesem Posaunenlärm artikuliert.

Die Parodie in der Parodie lässt auch nicht lange auf sich warten. Wieder gilt sie Roßmanns vermeintlichem Künstlertum. Denn Fanny, seine Bekannte von einst, erlaubt ihm, die Trompete zu blasen. „[E]r hatte gedacht, es sei eine grob gearbeitete Trompete, nur zum Lärmmachen bestimmt, aber nun zeigte sich daß es ein Instrument war, das fast jede Feinheit ausführen konnte." (R, 877) Der Erzähler folgert: „Waren alle Instrumente von gleicher Beschaffenheit, so wurde ein großer Mißbrauch mit ihnen getrieben." (Ebd.) Roßmann verhält sich jedoch im Sinne dieses „Mißbrauch[s]". Denn auf seiner – beziehungsweise Fannys – wertvoller Konzerttrompete „blies er, ohne sich vom Lärm der anderen stören zu lassen, mit voller Brust ein Lied das er irgendwo in einer Kneipe einmal gehört hatte." (Ebd.) In den Ohren der anderen ‚Engel' erweist sich Roßmann jedoch gerade dadurch als Künstler, wie ihm Fanny bescheinigt. „Viele Frauen hörten zu blasen auf und hörten zu; als er plötzlich abbrach, war kaum die Hälfte der

Trompeten in Tätigkeit, erst allmählich kam wieder der vollständige Lärm zustande." (Ebd.)

An dieser Passage ist mehrerlei bemerkenswert. Zum einen gleicht das Instrument der Sprache; auch sie ist feiner gestimmt als das, was gewöhnlich durch sie und mit ihr kommuniziert wird. Zum anderen gilt Roßmann seiner Engelsbekannten erst dann als ein Künstler, als er sein Trompeten abbricht.[149] Und überdies liefert der Erzähler durch die Art seiner Wortverwendung, die ihrerseits etwas leicht Ironisch-Parodistisches hat, ein Beispiel für die Feingestimmtheit der Sprache, nämlich durch das Wechselspiel von ‚aufhören' und ‚zuhören': Das Ende einer Dauer schlägt um in akustische Wahrnehmung. Dass das Abbrechen des Trompetenspiels als der eigentliche Kunstakt Roßmanns gelten kann, hat poetologische Rückwirkungen; denn es ließe sich behaupten, dass der Erzähler damit das Fragmentarische überhaupt und seinen ästhetischen Wert anspricht: Erst im Abbrechen des Erzählens oder Narrativs gewinnt es Distinktion. Im Abbruch oder Abbrechen zeigt sich dann gewissermaßen der harte Schliff, das Kantige im Kunstakt. Erst die Bruchlinie verleiht dem Erzählten ihre scharfe Kontur.

Auf Fannys Betreiben nun soll sich Roßmann als Trompeter anheuern lassen; denn diese wechseln sich – als Teufel verkleidet – mit den Engeln ab, wobei sie ihm sagt, sie warte „in großer Unruhe auf die Nachricht" (R, 878) über seine Anstellung als Trompeter. Offenbar hegt sie für ihn Gefühle, die sich Roßmann selbst nicht wirklich erschließen und die er daher auch nicht erwidern kann. Doch überlegt er „das eben Gehörte nach verschiedenen Richtungen hin". (R, 879) Damit ist das Trompeten ebenso gemeint wie das von Fanny ihm Gesagte, doch bleibt beides ohne Konsequenzen für ihn. Denn Roßmann sieht sich zuletzt als bloßer „technischer Arbeiter" (R, 888) angestellt und keineswegs als Musiker. Als er dies – zumindest also sein Verbleiben im Theater – Fanny mitteilen möchte, erfährt er jedoch, dass „die Engel ebenso wie auch die Teufel bereits nach dem nächsten Bestimmungsort der Werbetruppe abgereist seien". (R, 889) Was übrig bleibt, sind die leeren Postamente, auf denen zuvor die Engel gestanden, und einige ihrer Requisiten, eine lärmfreie Ödnis, die ihrerseits den Zustand des Abbruchs illustriert.

---

[149] Vgl. Franziska Schößler, Verborgene Künstlerkonzepte in Kafkas Romanfragment ‚Der Verschollene'. In: Hofmannsthal-Jahrbuch 6 (1998), S. 281–305.

K. wie Kakophonie in *Der Proceß* und *Das Schloß*

Im fünften Teil seiner Dichtung *Ash-Wednesday* (1930) begibt sich T.S. Eliots poetisches Ich auf die Suche nach dem ‚verlorenen Wort', genauer gesagt: es fragt nach den Gegebenheiten, unter denen ein Wort nicht nur als verloren gilt, sondern tatsächlich verloren *ist*. Das Gedicht befindet, nachdem sich die Suche nach dem Wort als erfolglos erwiesen hat: „No time to rejoice for those who walk among noise and deny the voice."[150] Thematisiert findet sich hier somit das akustische Wechselverhältnis von Geräusch oder bloßem Lärm einerseits und artikulierter Stimme andererseits, eine Konstellation wie sie auch für Kafkas große Romanfragmente *Der Proceß* und insbesondere *Das Schloß* prägend gewesen ist.

Wie diese Untersuchung und die daraus resultierenden Überlegungen bereits erwiesen haben, ereignete sich im Werk Kafkas die Entfremdung von (literarischen) Vorstellungen vom tonalen ‚Wohlklang', der sich im Geräusch oder Lärm dissoziiert. Nicht die „Fülle des Wohllauts" findet sich darin, um das berühmte Erzählerwort aus Thomas Manns Roman *Der Zauberberg* (1924) zu gebrauchen, sondern die Leere des Lärms. Was aber lehrt uns diese Leere, was der Lärm? Mit dieser Frage sieht sich Kafkas K. in den 1925 beziehungsweise 1926 von Max Brod postum erstveröffentlichten Romanen *Der Proceß* und *Das Schloß* konfrontiert.

Akustische Erzählelemente haben im *Proceß* eine strukturierende Funktion. Zudem zeigt sich auch in diesem Text Kafkas die Tendenz, dem Phänomen und der Wirkungsweise des Geräuschs auf die Spur zu kommen. Es verursacht eine zeitweise Irritation mit Langzeitfolgen. Ein weiteres Charakteristikum der erzählerischen Darstellung des Akustischen ist ein diesem Roman eigentümlicher Vorgang: Es ist in den Prozess im Sinne des Verfahrens selbst mit eingebunden. Was das bedeutet, veranschaulicht im Roman die Episode „Kaufmann Block / Kündigung des Advokaten". Auf ein „Glockenzeichen" (R, 190), das Läuten des Advokaten, erscheint Leni, die wiederum den bereits seit fünf Jahren in einen Prozess verwickelten Kaufmann Block ruft. Wie K. steht er unter unbestimmter Anklage; und wie dieser hat er im Advokaten denselben Rechtsbeistand, fühlt sich aber von K. beleidigt. Das wiederum führt dazu, dass Block den Advokaten durch Lenis diskret erotische Vermittlung darum bittet, ihm auch gegen K. beizustehen. Der Advokat erklärt: „In einem gewissen Stadium des Processes wird nach altem Brauch ein Glockenzeichen gegeben. Nach der Ansicht dieses Richters beginnt damit der Proceß." (R, 191) Unklar bleibt, wer das Glockenzeichen wann und auf wessen Veranlassung gibt. Es gehört zu jenen Aspekten des Verfahrens, die es ‚undurchdringlich' (vgl. R, 191) machen. Es handelt sich hier um ein prä-

---

150 T.S. Eliot, Collected Poems, London 1983, S. 102.

https://doi.org/10.1515/9783110542240-006

zises akustisches Signal, das aber die Unbestimmbarkeit der Prozessführung nur noch vergrößert. Doch verfolgen wir zunächst die akustischen Momente in diesem Roman der Reihe nach, erwecken sie doch den Eindruck eines lautlichen Reihungsphänomens innerhalb der einzelnen Erzählabschnitte.

Akustische Signale im *Proceß*

Läuten und Klopfen lösen im Eröffnungskapitel „Verhaftung" das Unerwartete, ja Unerhörte aus. Josef K. läutet, weil Anna, die Köchin seiner Zimmervermieterin, nicht erscheint. Dieses Läuten aber ruft statt ihrer einen unbekannten Mann auf den Plan. Der verleumdete Josef K. nimmt daraufhin ein „kleines Gelächter im Nebenzimmer" wahr, wobei er sich „dem Klang nach" nicht sicher ist, „ob nicht mehrere Personen daran beteiligt waren". (R, 7) Die Fehldeutung akustischer Signale ergibt demnach ein erstes Hauptmotiv im *Proceß*. Sie präludiert den Fehleinschätzungen, die K. im Laufe dieses ersten Kapitels hinsichtlich seiner eigenen Situation unterlaufen werden. Zudem fällt auf, dass Josef K. diese akustischen Momente oft nur indirekt wahrnimmt. So hört er etwas „hinter sich sagen" (R, 10) oder es „erschreckte ihn ein Zuruf aus dem Nebenzimmer derartig, daß er mit den Zähnen ans Glas schlug." (R, 14) Dies ist ein Beispiel für das Unverhältnismäßige der Reaktionen auf akustische und andere Phänomene, das gleichfalls den *Proceß* kennzeichnet. Aus dieser Unverhältnismäßigkeit erwächst dann ein erster konkreter Vorwurf, den der Aufseher gegen Josef K. erhebt; bezeichnenderweise steht auch dieser Vorwurf im Zusammenhang mit Akustischem: „Und machen Sie keinen solchen Lärm mit dem Gefühl Ihrer Unschuld, es stört den nicht gerade schlechten Eindruck, den Sie im übrigen machen." (R, 17 f.) Am Ende dieses Eingangskapitels nimmt sich Josef K. vor, „genauer zu beobachten". (R, 22) Ob dies auch ein genaueres Hinhören einschließt, bleibt vorerst offen. Poetisch wesentlich ist hierbei, dass der Erzähler Lautmuster in seinen Text einwebt, was im zweiten Kapitel „Gespräch mit Frau Grubach / Dann Fräulein Bürstner" noch evidenter wird. Hierin ist es das Klopfen, das in seinem akustischen Zeichencharakter mehr oder weniger diskret wirksam wird. K. klopft „mit seinem Stock ungeduldig den Boden" (R, 24); dann klopft er an die Tür von Frau Grubach, um Genaueres über das Fräulein Bürstner zu erfahren, und schließlich ist sie es, die durch „ein leises Klopfen" (R, 28) an K.s bereits geschlossene Tür versucht, eine Verstimmung zwischen ihnen zu bereinigen, die sich bezeichnenderweise um eine unterschiedliche Auffassung von „Reinheit" (R, 28) zwischen Vermieterin und Mieter ergeben hat. Des Fräulein Bürstners vermeintlicher lockerer Lebenswandel gilt der Vermieterin als etwas, das ihre Pension verunreinigt, wogegen K. kontert, dass sie dann ihm kündigen müsse, wenn sie diese Art ‚Reinheit' erreichen wolle.

Vor dem nächsten Klopfen berichtet der Erzähler von einem anderen akustischen Phänomen. Josef K. will im nächtlichen Zimmer des Fräulein Bürstner jene Szene nachspielen, die seine ‚Verhaftung' einleitete; vor allem versucht er, das Schreien des Aufsehers nachzuahmen, das ihn zu Beginn seiner Leidenszeit weckte. Um das zu leisten, müsse aber auch er, Josef K., jetzt schreien, und zwar nur seinen Namen, den allein auch der Aufseher herausgeschrieen habe. Was der Erzähler nun an akustischer Nuancierung aufbietet, entspricht seinem betont differenzierenden Darstellungsverfahren:

> Fräulein Bürstner die lachend zuhörte[,] legte den Zeigefinger an den Mund, um K. am Schreien zu hindern, aber es war zu spät, K. war zu sehr in der Rolle, er rief langsam ‚Josef K.!', übrigens nicht so laut [,] wie er gedroht hatte, aber doch so [,] daß sich der Ruf, nachdem er plötzlich ausgestoßen war, erst allmählich im Zimmer zu verbreiten schien. (R, 33)

Der Aufbau dieses Abschnitts gleicht einem *crescendo* und *decrescendo*, einem kurzen Spannungsaufbau, der die Wirkungsweise des Akustischen mit einschließt: Der leicht verhaltene Schrei gewinnt eine schallwellenbedingte Eigendynamik. Die akustische Regie dieser Szene sieht nun ein unterbrechendes Klopfen „an die Tür des Nebenzimmers" vor; es hat eine dem amorph sich verbreitenden Schrei entgegengesetzte Rhythmik: „kurz und regelmäßig". (R, 33) Es handelt sich um das Protestzeichen des neuen Mitbewohners, eines Hauptmanns und Neffen der Vermieterin, über dessen Interesse, das vermeintlich werdende Liebespaar zu belauschen, Bürstner und K. spekulieren. Während Fräulein Bürstner, K. nun dessen Schrei vorwerfend, behauptet: „Was wollen Sie, er horcht doch an der Tür, er hört doch alles. Wie Sie mich quälen" (R, 34), sucht K. nach einer Ecke im Zimmer, von der er glaubt, sie sei vor den Ohren des Hauptmanns sicher. Wenig später beweist Fräulein Bürstner gegenüber Josef K., dass ihre Sensitivität in akustischen Dingen ausgeprägt ist: „Verzeihen Sie, ich bin durch das plötzliche Klopfen so erschreckt worden, nicht so sehr durch die Folgen, die die Anwesenheit des Hauptmanns haben könnte. Es war so still nach Ihrem Schrei und da klopfte es, deshalb bin ich so erschrocken, ich saß auch in der Nähe der Tür, es klopfte fast neben mir." (R, 35)

Wiederum ist es dann ein Geräusch, dieses Mal jedoch unbestimmter als ein Klopfen, das die äußerste Intimität zwischen K. und Fräulein Bürstner – K.s Lippen auf der Gurgel der Frau – stört. Doch bleibt dieses Geräusch ohne weitere Deutung. Angesichts der auffallenden Präsenz des Klopfens in Kafkas Texten stellt sich die Frage nach der Wertigkeit dieses akustischen Zeichens. Das Klopfen changiert hier zwischen (scheinbar) höflich und unabweisbar dringlich. Sein Signum ist eine elementare Rhythmik. Da es zumeist in häuslichen Kontexten vernehmbar ist, ließe sich von einem domestizierten Urgeräusch sprechen, das freilich Leben signalisiert. Schließlich ist es mit dem Herzklopfen verwandt. Klopfen klingt stärker als ein bloßes Pochen und ist schwächer als Schlagen, deutet aber eine Intervention an. Man hört das Klopfen erwartungsvoll oder irritiert, fühlt sich gestört dadurch oder erlöst. Die Art des Klopfens – ob mit Bedacht oder impulsiv – verrät den Charakter des Klopfenden, eine Tatsache, die erstaunlicherweise keiner von Kafkas Protagonisten reflektiert. In seiner Prosa, seinem Erzählen eignet dem Klopfen etwas zugleich Verstörendes und Rhythmisierendes. Es ist das Zeichen der Außenwelt, ein Akusticon, das als etwas Wiederholtes in Hörweite tritt; denn Klopfen, sagen wir als ein An-der-Türe-Klopfen, ist in der Regel mindestens zweifach. Dauernde Klopfgeräusche dagegen vermitteln den Eindruck einer fortwährenden Störung; sie belästigen. Kafka bemühte sich – wie oben gesehen – augenscheinlich darum, die ganze Bandbreite von Klopfgeräuschen zu benennen, wobei er zeigt, wie ihnen seine Protagonisten ausgesetzt sind; sie selbst klopfen quasi nie.

Nun, das *Proceß*-Kapitel „Erste Untersuchung" beginnt mit einem akustischen Moment, jenem des Telephonierens. Auch wenn in einem der nachfolgenden Kapitel noch eigens auf das Telephon im Kontext von Phonograph und Grammophon einzugehen sein wird, sei bereits hier hervorgehoben, dass Kafkas Erzähler sich des Telephons als eines Instruments mittelbarer Mündlichkeit bedient. Bezeichnend für K.s Verstörung ist, dass er die Mitteilung betreffs des Termins für die erste Voruntersuchung ohne zu antworten über das Telephon aufnimmt. Die sich daraus ergebende leicht surreale Situation verstärkt den Eindruck verfehlter Kommunikation noch. Der namenlose „Direktor-Stellvertreter" (R, 38) will nun seinerseits telephonieren, doch steht ihm K. im Weg. Er spricht daher mit K. quasi über Kreuz, nämlich „über das Hörrohr hinweg" (ebd.) und lädt diesen zu einer sonntäglichen Segelpartie ein. Doch die Vorladung zur sonntäglichen Voruntersuchung durch das Gericht verunmöglicht es K., diese Einladung anzunehmen. K. bleibt nun unverwandt beim Telephonapparat stehen, wobei der Direktor-Stellvertreter diese Behinderung nicht moniert, sondern dessen ungeachtet sein „kurzes Gespräch" (R, 38) führt. K. reagiert erst auf das „Abläuten" (R, 38) des Telephons, erschrickt vor diesem Geräusch und erklärt sich daraufhin dem Direktor-Stellvertreter. Die Fernsprecher der Zeit wurden auf diese geräuschvolle Weise nach dem Ende eines Gesprächs freigeschaltet. Dass es aber eines solchen Geräusches bedurfte, um K. wieder zur Besinnung zu bringen, zeugt von dessen akustischer Empfänglichkeit und Empfindlichkeit.

Als sich K. dann am Sonntag zur Voruntersuchung in die Vorstadt begibt, ist es wiederum ein akustisches Phänomen, das einen Einschnitt markiert und zudem soziale Differenzierung signalisiert. In der sozial deklassierten Vorstadt sieht sich K. nicht nur dem Gelächter der heruntergekommenen Bewohner ausgesetzt. Zudem hört er, wie ein „in besseren Stadtvierteln ausgedientes Grammophon mörderisch zu spielen" beginnt. (R, 40) Das bürgerliche Statussymbol und Klangmöbelstück ‚Grammophon' wird hier zu einem sozialen Versatzstück. Sein ‚mörderischer' Klang mag als Vorverweis auf den kommenden Gang der Dinge gehört werden. Besonders aber trifft diese vorverweisende Funktion auf die akustischen Verhältnisse im improvisierten Gerichtssaal zu, die K. antreffen wird. Das ‚mörderische' Spiel des Grammophons schien dieser dort herrschenden grellen Kakophonie tatsächlich präludiert zu haben. Sie beginnt mit den Hustenanfällen und dem Gelächter von der Zuschauergalerie, wobei der Erzähler sogleich genau die räumlich-akustische Differenzierung im Saal schildert: „Die linke Saalhälfte war aber noch immer still, die Leute standen dort in Reihen, hatten ihre Gesichter dem Podium zugewendet und hörten den Worten die oben gewechselt wurden ebenso ruhig zu wie dem Lärm der anderen Partei [...]." (R, 45 f.)

In der Folge ist das Wechselspiel von Stille und Lärmen besonders auffallend, wobei K. mehr und mehr der akustischen Situationen Herr wird und immer virtuoser über sie gebietet. Er ist es, der den Untersuchungsrichter „ermächtig[t]", seine „bezahlten Angestellten", die wie Claqueure in Theater und Oper sich verhalten, „statt mit geheimen Zeichen, laut mit Worten zu befehligen, indem er etwa einmal sagt: ‚Jetzt zischt' und das nächste Mal: ‚Jetzt klatscht'." (R, 50)

Die Art, wie K. zunehmend über die akustischen Verhältnisse gebietet, gilt als Maß seiner Souveränität, die in diesem Kapitel unanfechtbar zu sein scheint. Wenn er spricht, ist es im Saal „[s]ofort [...] still". Und der Erzähler kommentiert: „[S]o sehr beherrschte schon K. die Versammlung." (R, 50) Wiederum fällt die subtile Differenzierung auf, die der Erzähler selbst Phasen der Stille angedeihen lässt: K. spricht wahlweise laut und bestimmt oder leise, da er dann das „angespannte Aufhorchen der ganzen Versammlung" genießt, wobei in dieser Stille „ein Sausen, das aufreizender war als der verzückteste Beifall", entstehen konnte. (R, 51)

Doch bleibt K.s Fähigkeit, über Lärm und Stille zu gebieten, nicht unangefochten. Ein plötzliches „Kreischen vom Saalende" (R, 51) genügt, um K.s, des Angeklagten, Autorität, wenn nicht zu erschüttern, so doch zu relativieren und zumindest seine Verteidigungsrede, die zu einem Angriff auf das Rechtsgebaren der Behörden geworden war, empfindlich zu unterbrechen und damit in ihrer Gesamtwirkung zu schwächen. Es handelt sich dabei wieder um ein schrill kakophones Moment, ein Kreischen, das eine „Waschfrau" (R, 51) verursacht hat, der sich nun die Aufmerksamkeit der Zuhörer zuwendet. Der kleine Vorfall genügt, um in K. Zweifel an seiner Urteilsfähigkeit aufkommen zu lassen: „Hatte er seiner Rede zu viel Wirkung zugetraut? Hatte man sich verstellt, solange er gesprochen hatte und hatte man jetzt, da er zu den Schlussfolgerungen kam, die Verstellung satt?" (R, 52)

K. beendet dann seinen Auftritt mit einer regelrechten Publikumsbeschimpfung: „Ihr seid ja alle Beamte wie ich sehe, Ihr seid ja die korrupte Bande, gegen die ich sprach, Ihr habt Euch hier gedrängt, als Zuhörer und Schnüffler, habt scheinbare Parteien gebildet und eine hat applaudiert um mich zu prüfen [...]." (R, 53) Aber erst durch die rasche, ja abrupte Art seines Abgangs scheint er für Augenblicke seine frühere Autorität in Gestalt der von ihm hervorgerufenen „Stille vollkommenster Überraschung" (R, 53) wiederherzustellen.

Kaum hat er den Saal verlassen, hört er hinter sich neuerlich ausbrechenden „Lärm" (R, 53) zu Beginn einer neuen Verhandlung.

Das Interesse an akustischen Phänomenen verlagert sich im Kapitel „Der Onkel / Leni" auf die Kennzeichnung des jeweiligen Sprechtons. Aus der Art, wie das Gesagte beschrieben wird, ergibt sich in diesem Kapitel ein eigenständiges narratives Element. Die Tönung der jeweiligen Stimmen – vom stets zu Lauten des Onkels bis zur beinahe „erlöschenden Stimme" (R, 97) von Josef K.s herzkrankem Advokaten – entspricht geradezu einem Stimmungsindikator. Der Erzähler beschränkt sich nämlich nicht auf die Betonung des (äußerst) Leisen oder Flüsternden als Anzeichen des Diskret-Geheimnisvollen, wenngleich es auch in diesem Kapitel durchaus prominent bleibt. Hinzu kommen Skalen der Stimmfärbungen. Greifen wir sie im Einzelnen heraus:

> Richtig", sagte der Onkel in einem Ton als kämen sie jetzt endlich einander näher [...]. (R, 92)
>
> „Du kannst vor Leni alles sagen", sagte der Kranke zweifellos im Ton einer dringenden Bitte. (R, 96)
>
> Aber in viel teilnehmenderem Tone fuhr er fort [...]. (R, 97)
>
> „Sie müssen doch bedenken", fuhr der Advokat fort, in einem Tone, als erkläre er etwas selbstverständliches, überflüssigerweise und nebenbei. (R, 98)

Der jeweilige Ton spricht hier buchstäblich für sich. Dramatisch unterbrochen wird diese subtile Differenzierung der stimmlichen Wirkungen jedoch durch einen „Lärm aus dem Vorzimmer wie von zerbrechendem Porzellan". (R, 101) Des Advokaten Pflegerin, die sich Josef K. als neue Geliebte geradezu aufdrängt, hat ihn verursacht. Der Erzähler kann nicht umhin, hier einen akustischen Gegensatz eigens zu akzentuieren, weil er auch Lenis sonstiges Verhalten charakterisiert: „‚Es ist nichts geschehen', flüsterte sie, ‚ich habe nur einen Teller gegen die Mauer geworfen, um Sie herauszuholen.'" (R, 101) Die schrille Dissonanz als Lockruf – nichts wäre bezeichnender für Lenis eigenartige Mischung aus Fürsorge und burschikosem Auftreten. Dass Leni durch ein Geräusch wie das „von zerbrechendem Porzellan" (R, 101), also einen (vorgeblich) destruktiven Gewaltakt, in Josef K. Emotionalität wecken möchte, fügt sich in das Gesamterscheinungsbild einer Erzählung, die aus unerwarteten Entgegensetzungen besteht. Der Lärm des Zerbrechens versteht sich so als eine demonstrative, betont misstönende Entsprechung zum vielfachen Läuten und Klopfen, die in den vorigen Kapiteln diskret Entwicklungen ankündigen.

Selbst im Kapitel „Advokat / Fabrikant / Maler", das deutlicher das Visuelle thematisiert, finden sich Spuren des Akustischen von spezifischem Aussagewert. K.s Advokat leidet an einem schwachen Gehör, was seine Effektivität als Verteidiger einschränkt. Überhaupt erweist sich das Ver-Hören und Über-Hören als ein wichtiges Seitenmotiv neben der Frage, ob der Maler Titorelli als wirklicher Künstler bezeichnet werden kann, da er Auftragsporträts der Hohen des Gerichts nur nach bestimmten Vorschriften ausführen darf. Als Josef K. ihm beim weiteren Ausarbeiten des Porträts eines Richters zusieht, illustriert der Erzähler – bei Kafka äußerst selten – mit produktionsästhetischen Einlassungen, was Josef K. sieht.

Was das Ver-Hören angeht, so erfahren wir: „Bei den Verhören dürfen im allgemeinen Verteidiger nicht anwesend sein, sie müssen daher nach den Verhören und zwar möglichst noch an der Tür des Untersuchungszimmers den Angeklagten über das Verhör ausforschen [...]." (R, 111) Der Kanzleidirektor, dem Josef K. im Zimmer seines Advokaten begegnet und den er zu seinem eigenen Schaden brüskiert, *über-hört* künftig „[s]elbst flüchtige Erwähnungen des Processes". (R, 166) Josef K. wiederum verhört sich, als er – wieder zurück in seiner Bank – glaubt, im Vorzimmer Geräusche von wartenden Klienten wahrgenommen zu haben. (R, 127) Aurale Täuschung, mänadische Kakophonie (jene der Mädchen, die nach Aussage Titorellis auch „zum Gericht" gehören, wie später in *Das Schloß* buchstäblich alles zum Schloß gehören wird: „Ein Durcheinander unverständlicher zustimmender Zurufe folgte"; R. 145) kontrastieren mit des Malers Flüsterton und „gedämpfter Stimme" (R, 147), die zu seiner Arbeit mit „Pastellfarben" (R, 141) passen.

Bestimmten, wie bereits gesehen, das Glockenmotiv und mit ihm das Läuten das Kapitel „Kaufmann Block / Kündigung des Advokaten", fehlen sie auffälligerweise dort, wo man sie am meisten erwartet: im Kapitel „Im Dom". Zwar begreift der Erzähler den Dom durchaus auch als einen akustischen Raum, aber in anderer Absicht. Denn was Josef K., kunstverständiger Bankangestellter und „Mitglied des Vereins zur Erhaltung der städtischen Kunstdenkmäler" (R, 193), hier erlebt, besteht aus düsterer Leere, durchdrungen allein von der Stimme des Geistlichen, der sich als der zum Gericht gehörende „Gefängniskaplan" (R, 204) herausstellt. Die „Gewalt der Musik", die in Kleists Erzählung *Die heilige Cäcilie* (1810) den Dom erfüllt, hat sich in diesem *Proceß*-Kapitel auf diese „mächtige geübte Stimme" des Geistlichen, auf seinen Ruf „Josef K." sowie dann die Türhüter-Parabel verlagert und damit auf das reine Erzählen übertragen. (R, 203) K. war in den Dom gegangen, um dort einem italienischen Geschäftspartner der Bank Sehenswürdiges zu zeigen. Bereits die erste Begegnung mit dem Italiener im Büro des Bankdirektors erwies, dass sich K. nicht von der Sprachmelodie des

Italienischen angezogen fühlte, sondern diese Sprache eher als eine Belastung empfand. Ja, K. bemüht sich sogar darum, „den Italiener zu überhören". (R, 196) Ein solches Überhören ist gegenüber der gebieterischen Stimme des Geistlichen nicht möglich: „Wie durchdrang sie den zu ihrer Aufnahme bereiten Dom!" (R, 203)

Das Kircheninstrument schlechthin, die Orgel, sieht sich im Dom-Kapitel auf das Optische reduziert: Sie leitete keine Predigt ein, sondern „blieb still und blinkte nur schwach aus der Finsternis ihrer großen Höhe." (R, 202) Der Erzähler betont, dass die „Größe des Doms gerade an der Grenze des für Menschen noch Erträglichen" lag. (R, 203) Den ‚Altarchor' versteht er allein als einen architektonischen Begriff. Ein ‚klanglicher Chor' findet sich in diesem Dom ebenso wenig wie eine Gemeinde. Der Erzähler fragt prononciert: „Konnte K. allein die Gemeinde darstellen?" (R, 202) Diese teils ernst gemeinte, teils rhetorische Frage verweist auch auf eine aus der attischen Tragödie bekannte Praxis, nämlich die Reduktion des Chores auf eine Person, nur dass in diesem Fall K. nicht nach Art des attischen Chores das Geschehen kommentiert, sondern längst selbst als tragische Figur Objekt des Geschehens geworden ist.

Die Türhüter-Parabel nun, eine vorwortartige Einleitung „zum Gesetz", erzählt der Geistliche nicht von der Kanzel, sondern „unten an der Treppe". (R, 207) K. hatte ihn aufgefordert, von der Kanzel zu steigen, wobei der Erzähler mutmaßt, der Geistliche habe sein voriges „Schreien vielleicht bereut". (Ebd.) Allem Anschein nach erzählt der Geistliche diese Parabel mit gemäßigter Stimme – auch in bewusstem Gegensatz zum Türhüter selbst, der zuletzt den vor dem Tor sterbenden „Mann vom Lande" anbrüllt, wie es im Text heißt, „um sein vergehendes Gehör noch zu erreichen". (R, 209)

Das zentrale epistemische Problem dieser Parabel ist die Frage nach der Täuschung, die K. sogleich aufwirft, nachdem der Geistliche seine Erzählung beendet hat. Auch wenn der Geistliche emphatisch verneint, dass der Türhüter den Mann getäuscht habe, so war er es doch, der seine Erzählung mit dem Hinweis eingeleitet hatte, K. täusche sich über das Gericht. Daraufhin betont er, dass die folgende Geschichte, also die Türhüter-Parabel, von „dieser Täuschung" in den „einleitenden Schriften zum Gesetz" handle. (R, 207) Bereits hier stellt sich die Frage, ob im Vorfeld des vermeintlich Eigentlichen – hier: des Gesetzes – Täuschungen gedeihen. Ohnedies ließe sich diese in den Roman eingeschaltete Erzählung als eine Parabel des Davor und damit des Antizipatorischen lesen, was andernorts ausführlicher zu erörtern wäre.[151]

---

[151] Die reichhaltige Literatur zu dieser Parabel klammert diese Frage erstaunlicherweise aus, dabei ließe sie sich für eine zu entwickelnde Ästhetik des Antizipatorischen sinnvoll fruchtbar

Für die Frage nach dem Akustischen ist dabei zweierlei von Bedeutung: Im Resonanzraum der Legende vollziehen sich erzählte Deutungsversuche oder Verstehensübungen, eingeleitet durch die oft zitierte Aussage des Geistlichen als Antwort auf K.s Behauptung, der Türhüter habe getäuscht: „Ich habe Dir die Geschichte im Wort*laut* der Schrift erzählt. Von Täuschung steht darin nichts." (R, 209; Hervorh. d. Verf.) Diese Aussage kommentiert nicht nur einen ‚gelungenen Sprechakt',[152] nämlich das Erzählen der Parabel, sondern auch die Möglichkeit der Oralisierung von Schrift, ihrem Lauten oder Verlauten-Lassen im Akt des – in diesem Falle – Wiedererzählens eines schriftlich vorliegenden fiktiven Textes.

Dieser „Wortlaut" ist jedoch auch übertragbar auf Kafkas stellenweise betont rhythmisiert-klangliches Schreiben, wofür im *Proceß* etwa ein fünftaktiger Satz wie dieser steht: „Störend schwebte das ewige Licht davor." (R, 199) Im Störenden des sakralen Scheins scheint das Misstönende, Kakophone der hier besprochenen Stellen im *Proceß* eine Entsprechung zu finden. Doch korrespondiert dieses ‚schwebende Licht' auch mit der Betonung auf der „Zeit der Stille" (so im Schlusskapitel „Ende"; R, 240) und der „schwächer werdende[n] und schließlich vergehende[n] Stimme" eines Unbekannten am anderen Ende der Telephonleitung, als er auf diesem fernmündlichen Wege eine Vorladung zum Gericht erhält (im Fragment „Zu Elsa", R, 239). Und noch eine weitere Korrespondenz fällt auf, jene nämlich zwischen den Mutmaßungen zu Beginn des Schlusskapitels über K.s weiteres Schicksal und den wiederum quasi-musikalisch grundierten Vermutungen K.s und der „erzählende[n] Stimme"[153] über die Identität der „zwei Herren", die K. in seiner Wohnung abholten: „Vielleicht sind es Tenöre dachte er im Anblick ihres schweren Doppelkinns." (R, 218)

---

machen. Zur Türhüter-Forschung vgl. Hartmut Binder, „Vor dem Gesetz". Einführung in Kafkas Welt, Stuttgart 1993; Jürgen Born, Kafkas Türhüterlegende. Versuch einer positiven Deutung. In: Jenseits der Gleichnisse. Kafka und sein Werk, hrsg. von Luc Lamberechts u. Jaak De Vos, Bern/Frankfurt a. M./New York 1986 (= Jahrbuch für Internationale Germanistik 17), S. 170–181; Klaus-Michael Bogdal (Hrsg.), Neue Literaturtheorien in der Praxis. Textanalyse von Kafkas „Vor dem Gesetz", Opladen 1993; Aage A. Hansen-Löve, „Vor dem Gesetz". In: Franz Kafka. Romane und Erzählungen, hrsg. von Michael Müller, Stuttgart 1994, S. 146–157; Manfred Voigts (Hrsg.), Franz Kafka. „Vor dem Gesetz". Aufsätze und Materialien. Würzburg 1994.
152 Vgl. J. Hillis Miller, Geglückte und mißlungene Sprechakte in Kafkas „Der Proceß". In: Franz Kafka. Eine ethische und ästhetische Rechtfertigung, hrsg. von Beatrice Sandberg u. Jakob Lothe, Freiburg i. Br. 2002, S. 233–246.
153 Miller, Geglückte und mißlungene Sprechakte, S. 245: Der Erzähler „ist jemand oder etwas, eine erzählende Stimme, die K. auf Schritt und Tritt oder Gedanken folgt und trotzdem nicht wirklich folgt, teils weil er/sie/es eine leise lächelnde, undurchdringliche, leicht ironische Distanz hält, teils weil er oder sie/es nicht verhaftet wird und anscheinend nicht schuldig ist wie K., versehentlich ein Verbrechen begangen zu haben."

In den überlieferten Fragmenten zum *Proceß* finden sich neben dem Hinweis auf die unhörbar werdende Telephonstimme noch zwei markante sonantische Referenzen, die das Gesamterscheinungsbild des Akustischen in diesem Roman Kafkas zwar nicht unwesentlich verändern, aber doch ergänzen. Zum einen handelt es sich um eine Szene im Teilkapitel „B.'s Freundin", zum anderen um den Schlusssatz von „Fahrt zur Mutter". Die erste Stelle fällt durch eine verbale Besonderheit auf: „Stundenlang sah man sie durch das Vorzimmer schlürfen." (R, 225) Gemeint ist das von K. begehrte Fräulein Bürstner und ihre ihn und das erhoffte Stelldichein störende Freundin, eine „Lehrerin des Französischen" (R, 224) namens Montag. Ein bestimmtes Geräusch, das Schlürfen der Füße, wird visuell wahrgenommen, was auf den Vorrang des Optischen deutet. Wenig später jedoch verkehrt er sich in sein Gegenteil, wenn nämlich K. seine Vermieterin fragt: „Warum ist denn heute ein solcher Lärm im Vorzimmer?" (R, 225) Aus dem ‚Schlürfen' ist ‚Lärm' geworden, genauer gesagt: K. übertreibt, bedingt durch seine Irritation über die Anwesenheit einer Rivalin in der Gunst des Fräulein Bürstner. Selbst der schlürfende Gang der Frauen gilt ihm jetzt als lärmende Ruhestörung. Dabei gehört es zu seinen Eigenschaften, dass er selbst gerne lärmend aufträte, was belegt ist durch die demonstrative Art seines Auftretens und seines alles übertönenden Sprechens vor Gericht.

Das zweite Beispiel steht wiederum im Irrealis: „[A]m liebsten" hätte er „zwei laute Schläge" auf die „bleichen runden Wangen" eines subalternen Bankbeamten namens Kullych gegeben, weil dieser es gewagt hatte, ihm mit einem Briefentwurf daherzukommen, als K. dabei war, die Bank zu verlassen, um seine Mutter aufzusuchen. (R, 252)

Verschiebungen in der Deutung akustischer Phänomene seitens der Protagonisten und vor allem Josef K.s ergeben keine wirkliche Prozessualität, wie sich ja auch der ‚Proceß' gegen K. im eigentlichen Sinne nicht entwickelt, sondern abrupt mit Josef K.s urteilsloser Hinrichtung endet. Im Wechselspiel von Lärm und Leisem, Glocken- und Klopfzeichen verwirklicht sich eine (meist) kakophone Dialektik im Akustischen, deren Synthese Stummheit ist, jene K.s nämlich, der in stiller Ergebenheit ohne Schreie eines Protests seine Hinrichtung, treffender gesagt: Ermordung, durch das Gericht erwartet.

Das Schloß als akustische Eigenwelt

In Wolfgang Hildesheimers fragmentarischer Erzählung *Hamlet* (1961) spricht der Ich-Erzähler davon, dass seine Ohren des Nachts Geräusche geradezu ansaugten.¹⁵⁴ Nun mag es problematisch erscheinen, in einer Studie zu Kafka diesen Autor zu zitieren, zu dessen *Lieblosen Legenden* eine Episode mit dem emphatischen Titel *Ich schreibe kein Buch über Kafka* gehört.¹⁵⁵ Aber kaum eine Wendung trifft genauer, was Kafkas und (Josef) K.s akustische Erfahrung angeht, als gerade diese Selbstbeobachtung von Hildesheimers Hamlet. Hinzu kommt auch ein Hamlet-spezifischer Verweis bei Kafka, der buchstäblich aufhorchen lässt. Aus Berlin schrieb er an Brod im Dezember 1910: „Max, ich habe eine Hamletaufführung gesehen oder besser den Bassermann gehört [...] von Zeit zu Zeit mußte ich von der Bühne weg in eine leere Loge schauen, um in Ordnung zu kommen." (MBFK, 82)¹⁵⁶ Bemerkenswert ist, dass Kafka Hamlet mehr hörte als sah, ja, dass er seinen Blick neutralisieren musste, indem er ins Leere schaute, um die Stimme des Schauspielers Albert Bassermanns zu verarbeiten.¹⁵⁷ Diese subtile Reaktion auf Stimmen zeigte sich in Kafkas Äußerungen Brod gegenüber schon früh, etwa in seinem auf Tschechisch geschriebenen Kommentar zur Schauspielerin Sibyl Smolová: „Ihre dünne, reine, empfindungsvolle Stimme hörte sich allerdings angenehm an." (MBFK, 73; Brief v. 12.3.1910)

Doch zurück zum ‚Ansaugen der Geräusche'. *Das Schloß* nun beginnt auf den ersten Blick mit einer solchen Situation – eine tief verschneite Winternacht, in der der Landvermesser K. im zum Schloß gehörenden Dorf ankommt, leitet ein Wechselspiel von Stille und Geräuschen ein, das für das gesamte Romanfragment kennzeichnend bleibt. Der in einer improvisierten Unterkunft in der Stille des Wirtshauses eingeschlafene K. wird sogleich wieder geweckt, weil seine „Erlaubnis zum Übernachten" (R, 258) in Frage steht. K. muss sich zunächst davon überzeugen, dass er den Vorfall nicht geträumt hat. Es folgt ein erzählter Dialog zwischen K. und dem Sohn des Kastellans namens Schwarzer, den wiederum der Wechsel von Telephongeräuschen und Stille durchsetzt. Diese Stille kennzeichnet der Erzähler mal als „allgemein" (R, 259), mal als „plötzlich" (R, 265) oder gar „vollkommen" (R, 268). Sie bildet in jedem Fall den Hintergrund zu den jähen, ja

---

154 Wolfgang Hildesheimer, Hamlet. In: Hildesheimer, Gesammelte Werke in sieben Bänden, Bd. 1: Erzählende Prosa, hrsg. von Christiaan Lucas Hart Nibbrig u. Volker Jehle, Frankfurt a.M. 1991, S. 259–272, hier: S. 261.
155 Wolfgang Hildesheimer, Ich schreibe kein Buch über Kafka. In: Ebd., S. 28 f.
156 Noch im März 1913 erinnert er in einem Brief an Felice Bauer seine „Ergriffenheit" ob dieser Aufführung mit Albert Bassermann in der Titelrolle (Max Reinhardt führte Regie); BaF, 325 f.
157 Vgl. Rüdiger Görner, Als K. Hamlet sah und hörte. Eine Episode aus theatralischer Zeit. In: Neue Rundschau 129/3 (2018), S. 224–228. Vgl. zur Bassermann-Episode bes. Ulrich Stadler, Kafkas Poetik, Zürich 2019 [im Druck]. Ich danke dem Verfasser für die Möglichkeit, das Kapitel „Sehen und hören: Die Begegnung mit Albert Bassermann" im Manuskript einzusehen. Es wäre unangebracht, Ulrichs Stadlers wichtige Befunde zu diesem Themenkomplex hier zu referieren. Das soll Interessierten durch die zusammenhängende Lektüre seiner Studie vorbehalten bleiben.

„schreienden" (R, 260) Ausbrüchen Schwarzers am Telephon, als es darum geht, die offizielle Genehmigung der Schloßverwaltung für K.s Übernachten zu erhalten. Die Stille bildet den akustischen Gegensatz zu dem Läuten des Telephons, das K. in unterschiedlicher Lautstärke glaubt wahrzunehmen. (R, 260) Die akustische Stille überträgt sich auch ins Physische, als K. später still steht, „als hätte er im Stillestehn mehr Kraft des Urteils." (R, 265) Dabei erlebt K. jedoch auch eine kleines Szene, die den Zusammenhang von Stille und Kommunikation schlagartig beleuchtet; es ist seine Begegnung mit dem Lehrer: „Mit einem Schlag verstummten die Kinder, diese plötzliche Stille als Vorbereitung für seine Worte mochte wohl dem Lehrer gefallen." (R, 265) Daraufhin geht es tatsächlich um ein ‚Urteil', nämlich des Geschmacks, fragt der Lehrer doch K., ob ihm das Schloß gefalle. Einmal mehr ist es jedoch ein bestimmtes Läuten, das auf K. nachdrücklich wirkt, und es hat den Anschein, als habe der Erzähler die Episoden zuvor nur erzählt, um das Symbolische des Läutens vom Schloß umso wirkungsvoller beschreiben zu können:

> Als sollte ihm [Josef K.; d. Verf.] aber noch zum vorläufigen Abschied ein Zeichen gegeben werden, erklang dort ein Glockenton, fröhlich beschwingt, eine Glocke, die wenigstens einen Augenblick lang das Herz erbeben ließ, so als drohe ihm – denn auch schmerzlich war der Klang – die Erfüllung dessen, wonach er sich unsicher sehnte. Aber bald verstummte diese große Glocke und wurde von einem schwachen eintönigen Glöckchen abgelöst, vielleicht noch oben, vielleicht aber schon im Dorfe. Dieses Geklingel paßte freilich besser zu der langsamen Fahrt und dem jämmerlichen aber unerbittlichen Fuhrmann. (R, 273)

Dieser voll tönende Glockenton enthält das Fröhlich-Beschwingte ebenso wie das Schmerzliche, und beides empfindet K. als klanglichen Ausdruck von Erfüllung. Diese beiden Empfindungen bilden damit einen auffallend harmonischen Akkord, in dem wiederum eine Erfindung keimt, auch wenn sie in diesem Fall zumindest klanglich dürftig wirkt. Das entspricht durchaus dem barocken Kompositionsprinzip des *cimento dell'armonia e dell'inventione*, des Wagnisses von Harmonie und Erfindung, wobei der Erzähler in diesem Abschnitt als ‚Erfindung' (nur) eine Art Engführung oder Reduktion des Glockenklangs wagt, aber doch dadurch überrascht, dass er den Gegensatz „Glockenton" und „Geklingel" auf K.s und des Fuhrmanns Charakter überträgt. Der Ton- und der Persönlichkeitscharakter bilden hier einen eindrücklichen akustischen Kontrast. Wiederum fällt auf, wie differenziert der Erzähler sich klanglicher Mittel bedient und sie an Stellen einsetzt, die zum einen Umschlagspunkte bezeichnen (Dauer/Plötzlichkeit), zum anderen eine Erzählphase mit einem bestimmten Motiv vorbereiten. Auch wenn nicht davon auszugehen ist, dass Kafka Kenntnis des *cimento*-Verfahrens hatte, fügt es sich doch auffällig, dass nach dieser ‚gewagten' Kontrastierung verschiedenartigen Läutens das Thema ‚Wagnis' explizit wird. Um diesen Klangkontrast im Läuten zumindest für sich selbst zu beenden, redet K. seinen „jämmerlichen aber unerbittlichen Fuhrmann" *plötzlich* per Zuruf an. Dieses „Du" gleicht einer Interjektion oder einem neuen Einsatz, wobei der Erzähler diese Anrufung seinerseits mit dem Kommentar begleitet: „K. durfte schon etwas wagen [...]." (R, 273) Dabei überträgt K. dieses positiv Gewagte auf den Kutscher: „[I]ch wundere mich sehr, daß Du auf Deine eigene Verantwortung mich herumzufahren wagst." (Ebd.)

Wie im Nachhallen dieses zweifachen Läutens potenziert sich nicht nur das ‚Wagnis' als Einfall oder *inventione*; es kommt auch zu einer gewagten, aber sinnlosen Geste: K. wirft ausgerechnet auf das Ohr des Fuhrmann einen Schneeball, um seine Aufmerksamkeit zu erzwingen. Doch ist der Gegenstand dieser Aufmerksamkeit nichtig, wie der Fuhrmann durchaus treffend bemerkt: „‚Was willst Du?' fragte Gerstäcker verständnislos, erwartete aber auch keine weitere Erklärung, rief dem Pferdchen zu und sie fuhren wieder." (R, 273)

Akustische Effekte verlagern sich im zweiten *Schloß*-Kapitel, „Barnabas", beinahe ganz auf das Telephon und damit auf das Medium kommunikativer Vermittlung. Die interpersonale Uneigentlichkeit dieser technischen Vermittlungsform, die bereits in der Szene im Wirtshaus nach K.s „Ankunft" Thema war, verstärkt sich hier noch. Denn der Dialog vermittels des Telephons kann nur ein verzerrter sein, fehlt doch das Gestisch-Mimische. Missverständnisse gehören daher mit zu dieser Art des Kommunizierens.

Anders als im Romanfragment *Der Verschollene* geht in der Telephon-Episode im „Barnabas"-Kapitel das versuchte Gespräch nicht einfach im Geräusch auf; es beginnt mit einem zunächst nicht differenzierbaren „Summen", aus dem sich dann Artikuliertes herausschält. Da diese Episode in drei motivisch strukturierten Phasen für das Akustische in *Das Schloß* zentral ist, sei es vollständig zitiert. Hier nun die erste Phase:

> Aus der Hörmuschel kam ein Summen, wie K. es sonst beim Telephonieren nie gehört hatte. Es war wie wenn sich aus dem Summen zahlloser kindlicher Stimmen – aber auch dieses Summen war keines, sondern war Gesang fernster, allerfernster Stimmen – wie wenn sich aus diesem Summen in einer geradezu unmöglichen Weise eine *einzige hohe aber starke Stimme bilde, die an das Ohr schlug so* wie wenn sie fordere tiefer einzudringen als nur in das armselige Gehör. K. horchte ohne zu telephonieren, den linken Arm hatte er auf das Telephonpult gestützt und horchte so. (R, 277; Hervorh. d. Verf.)

Das akustische Phänomen, dem sich K. ausgesetzt hört, ist derart, dass K. zunächst auf das Horchen reduziert ist. Angesichts *dieser* Stimme, die ihm wie eine Synthese aus ‚allerfernsten Stimmen' erscheint, hat er nichts zu sagen. Was der Erzähler hier vorführt, gehört zum Differenziertesten, was Kafka an akustischer Beschreibung aufgeboten hat. Die im Zitat hervorgehobene zentrale Stelle, läse man sie abstrahiert vom eigentlichen Medium, dem Telephon, erinnert in Ansatz und Diktion an Rilke, dieses Wechselspiel von vielen Stimmen und ihrem Summen, das sich als Gesang erweist, und der einen ‚starken' Stimme, die etwas geradezu Gewaltsames hat, ‚schlägt' sie doch ans Ohr, wobei sie den Horchenden zu vergewaltigen droht – und eben nicht nur sein Gehör, sondern seine ganze Physis und damit auch seine Psyche.

Die Stimme, die aus Stimmen besteht, und die Frage nach dem, was Gesang bedeutet (die ‚Josefine'-Problematik) – beides erweist sich hier als etwas scheinbar ‚Unmögliches', das sich aber als Hörbares realisiert. Es handelt sich um ein konsonantisches, stimmlich *sym-phonisches*, also: zusammenklingendes Vorspiel zu einer Kommunikationssituation, die jedoch ins Schrill-Dissonantische umschlagen wird. Dieses stimmlich Sym-Phonische vermag jedoch etwas für K. bislang Unerhörtes zu generieren, eben diese *eine* ungeheuerliche Stimme. Aus dem Hören K.s ist ein verwundertes Horchen geworden. Das Telephonieren, das Gespräch also, hat er einstweilen aufgegeben; allein die Materialität des Telephonierens bleibt übrig in dieser episodischen Erzählphase, und zwar in Gestalt der „Hörmuschel" und des „Telephonpult[s]".

Die zweite Phase setzt mit einer Gesprächssituation ein, eigentlich dem Versuch eines Gesprächs, der zwischen Vergewisserung („Hier Oswald, wer dort?"; R, 277) und Identitätsproblem („Welcher Gehilfe? Welcher Herr? Welcher Landvermesser?"; [ebd.] changiert. Doch es ist eine akustische Eigenart, die nach Auskunft des Erzählers K. auffällt und das Folgende konditioniert. K. nimmt in der Art, wie „Oswald" allein diese vier Worte ausspricht, eine „strenge hochmütige Stimme, mit einem kleinen Sprachfehler" wahr, „den sie über sich selbst hinaus durch eine weitere Zugabe von Strenge auszugleichen versuchte." (R, 277) Bezeichnend einmal mehr, dass in diesem Textteil die Stimme als quasi selbsttätig und damit wie losgelöst vom Sprecher erscheint. Aus dem von K. diagnostizierten „Sprachfehler" ergeben sich dann in der Folge Kommunikationsdefizite, die K. auch selbst – eine falsche Identität vortäuschend – inszeniert, indem er sich als „Gehilfe des Herrn Landvermessers" ausgibt. Die Verwirrung, die er dadurch stiftet, scheint K. regelrecht auszukosten, sehr zum Missfallen der anderen Gäste, die gespannt zuhören, was bei diesem Telephonat geschieht. Sie artikulieren mit einem „Murmeln" ihr Unbehagen an K.'s Verhalten. Die Pointe am Ende dieser zweiten Phase ist, dass „die gleiche Stimme mit dem gleichen Sprachfehler" nun tiefer und „achtungswerter[ ]" klingt und K. seine falsche Identität als die richtige bestätigt: „Du bist der alte Gehilfe." (R, 278)

Die dritte und finale Phase beginnt wiederum mit einem stimmlich-akustischen Phänomen: „K. horchte dem Stimmklang nach und überhörte dabei fast die Frage: ‚Was willst Du?'" (R, 278) K., der sich weiter als sein eigener Gehilfe ausgibt, erkennt, dass dieses Telephonat nichts mehr bringen wird. Der Zugang zum Schloß bleibt ihm verwehrt. Doch auch später im Verkehr mit dem Boten Barnabas spielt das Stimmliche eine entscheidende Rolle, einmal mehr das Zittern der Stimme, das dem Bezwingen seines Wunsches folgt, „Lärm" (R, 283) zu machen, also auf akustischem Wege Protest gegen die Art einzulegen, mit der man ihn behandelt. Und eine letzte akustische Eigenheit findet sich in diesem Kapitel. Als einer der Gäste sagt: „Man hört immer etwas Neues", leckt er sich nach Auskunft des Erzählers „die Lippen als sei das Neue eine Speise." (R, 282) Damit ist eine Verwandlung des Hörens ins Sinnlich-Haptische angedeutet, die auch die folgenden Episoden zumindest teilweise grundiert, gelegentlich angereichert durch surreal getönte Momente. Ein solcher ereignet sich recht genau in der Mitte des „Frieda"-Kapitels. Es handelt sich um einen Tanz ohne Musik. Die Bauern im Wirtshaus

> hatten einen Tanz erfunden, dessen Mittelpunkt Olga war, im Reigen tanzten sie herum und immer bei einem gemeinsamen Schrei trat einer zu Olga, faßte sie mit einer Hand fest um die Hüften und wirbelte sie einigemal herum, der Reigen wurde immer schneller, die Schreie hungrig röchelnd wurden allmählich fast ein einziger, Olga, die früher den Kreis hatte lächelnd durchbrechen wollen, taumelte nur noch mit aufgelöstem Haar von einem zum andern. (R, 297)

Lustschreie ersetzen hier die Musik; die sinnlich betonte Choreographie dieses quasi-korybantischen Tanzes, der ausdrücklich nicht als improvisiert, sondern „erfunden" – also überlegt – charakterisiert wird, führt dazu, dass Olga zur Mänadin wird. Was die Bauern da inszenieren, ist krude Kunst, die keine Begleitmusik braucht, sondern den ekstatischen Schrei als eine sinnlich geladene Reduktion von Musik. Rhythmisierten die Schreie zunächst den Tanz, so werden sie dann eins mit ihm, eben als ein einziger Schrei. Olga lebt auf diese Weise Frieda und K. Leidenschaftlichkeit vor. Im Gegensatz, ja absoluten Kontrast zu Olga wird es Frieda wenig später nur zu einem vergleichsweise kläglichen Lied als Ausdruck ihrer Liebesbeseligung bringen: „[W]ie ohnmächtig vor Liebe lag sie auf dem Rücken und breitete die Arme aus, die Zeit war wohl unendlich vor ihrer glücklichen Liebe, sie seufzte mehr als sie sang irgendein kleines Lied." (R, 299) Aber ein weiterer, wohl wichtigerer Gegensatz in den Empfindungen beider Frauen besteht darin, dass Frieda einen ‚liebeserfüllten Augenblick' erlebt, wogegen Olga nach dieser sinnlichen Ekstase keine Erfüllung verspürt.

Diese zum Minimalistischen, ja Anti-Ekstatischen hin tendierenden Reduktion in der erzählerischen Behandlung akustischer Phänomene im Romanfragment *Das Schloß* drückt sich im bloßen „Lispeln", „Kichern" und „Scharren" aus (im Kapitel „Erstes Gespräch mit der Wirtin"; R, 303 u. 304), im „Klopfen" und „Flüstern" (R, 321). Die narrative Bedeutung dieser akustischen Kommunikationszeichen gewinnt in *Das Schloß* eine eigenständige Bedeutung, die wiederholt durch Reflexionen über die Bedeutung des Telephons akzentuiert werden. Ausführlich kommt darauf der „Vorsteher" im fünften Kapitel zu sprechen. Dabei fällt auf, dass der Vorsteher das Telephon in „Wirtsstuben" als ein Medium der Unterhaltung ansieht und mit einem „Musikautomat[en]" vergleicht. (R, 333) Im Schloß dagegen wird ununterbrochen telephoniert; man könnte von einer Totalisierung der dortigen Kommunikation sprechen, was den autonomen Herrschaftsbereich des Schloßes unterstreicht. In den dem Schloß von außerhalb zuarbeitenden Behörden hört man dieses „ununterbrochene Telephonieren [...] als Rauschen und Gesang". Darauf folgt der bezeichnende Zusatz: „Nun ist aber dieses Rauschen und dieser Gesang das einzig Richtige und Vertrauenswerte, was uns die hiesigen Telephone übermitteln, alles andere ist trügerisch." (R, 334) Das Eigentliche scheint hier das Unartikulierte, wobei einmal die Frage im Raum steht, was ‚Gesang' denn wirklich sei.

Was sich hier andeutet, ist eine Art Umwertung der Bedeutung des Akustisch-Sonantischen. Das, was gemeinhin in seiner kommunikativen Funktion als nicht verlässlich gilt, das Rauschen oder der unartikulierte Gesang, bezeichnet der Vorsteher als das Nicht-Trügerische und damit Wahre. Die sinnentkernte Kommunikation sieht sich damit – ob ironisch oder nicht – zum Wesentlichen erklärt.

Entsprechend bizarr verhält es sich mit dem Läuten, das diese Art der Kommunikation anzeigt. Ruft jemand im Schloß an, dann „läutet es dort bei allen Apparaten der untersten Abteilungen oder vielmehr es würde bei allen läuten, wenn nicht, wie ich bestimmt weiß, bei fast allen dieses Läutwerk abgestellt wäre." (R, 334) Die dortigen Beamten, so der Vorsteher schalten das Läutwerk nur zu ihrer Unterhaltung ein und erteilen Antworten, die „nichts als Scherz" seien. (Ebd.)

Kontrastives Prinzip, jähe Wechsel beim Entstehen und in der Wahrnehmung bestimmter Geräusche – das kennzeichnet Kafkas erzählerisches Verfahren bei der Schilderung akustischer Erscheinungen gerade auch im *Schloß*-Roman. Sitzt K. mit dem Lehrer „wieder still beim Tisch", so wäscht sich K. im nächsten Moment, wobei seine „Worte in dem Wasserschwall schwerverständlich waren". (R, 352) Neben dieser temporal bedingten Kontrastivität findet sich auch eine andere, unkonventionellere Konstellation ausgesprochen: So *wollen* K.s Augen etwas erkennen, nämlich „Zeichen von Leben" im Schloß – auch auf die Ferne hin – und damit „die Stille nicht dulden". (R, 362) Diese unmittelbare Verbindung zwischen Optischem und Akustischem zeugt von Kafkas Interesse daran, scheinbar inkompatible Sinnesbereiche aufeinander zu beziehen.

Hinzu kommt, dass sich – etwa in der Schulraumszene – ein bestimmtes penetrantes Geräusch verselbständigt: das Gelächter und Geschrei der Kinder, ja K.s Verlachtwerden durch sie angesichts seiner Verletzung, die ihm eine „hinterlistige Katze" zugefügt. (R, 397) Am Ende dieses elften Kapitels schlägt der

Lehrer – gegen K. erzürnt – die Tür zu – das Äußerste an von emotionaler Spannung geladenem Lärm, der auch einen Erzähleinschnitt bedeutet.

Wiederum kontrastiv hierzu hören wir zu Beginn des anschließenden Kapitels „Die Gehilfen" das Winseln der vor die Tür verwiesenen Gehilfen K.s. In der Folge erfahren wir, dass Frieda, K.s und Klamms Geliebte, mindestens ebenso geräuschempfindlich ist wie er selbst („ich fahre beim kleinsten Geräusch zusammen"; R, 407).

Wiederholt synkopieren Schreie den Erzählfluss und treiben ihn gleichzeitig an, sei es wiederum kontrastiv („Nach einem Weilchen klopfte es leise. ‚Barnabas!', schrie K."; R, 410), sei es der Befehlston des Lehrers gegenüber K. und Frieda, wobei der Erzähler es nicht versäumt, selbst dieses Brüllen genauer zu qualifizieren und in seiner Wirkung zu relativieren, wenn nicht abzuschwächen: „Das alles war wütend geschrien, aber die Worte waren verhältnismäßig sanft, selbst das an sich grobe Du." (R, 421) Dieses leicht Zweideutige im Geschrei des Lehrers erlaubt K. den Versuch, durch eine Gegenfrage den Lehrer über sein eigenes Geschick „auszuhorchen". (Ebd.)

K.s akustische Sensitivität reagiert zuweilen unerwartet. So irritiert ihn die „tränenvoll klagende Stimme" der Wirtin mehr, als dass sie ihn rührt, weil er spürt, wie sich die Wirtin auf diese Weise wieder in sein Leben „mischte". (R, 423) Es ist eine Irritation, die er auch angesichts der Frage Friedas spürt, die sie nach „einer Weile schweigenden Arbeitens" an ihn richtet, die Frage nämlich, weshalb er sich dem Lehrer mittlerweile „so sehr füge". (R, 423)

Was ist dieses Irritiertsein bei Kafka? Darin drückt sich in seinen Texten das psychisch Dissonante aus, eine Verstimmung, oft ausgelöst durch ein Geräusch oder einen Misston im Gesagten. Irritieren ist zumeist ein Zustandspassiv: Man fühlt sich irritiert. Aktiv und damit willentlich selbst jemanden zu irritieren, ist dagegen selten. Damit sich eine Irritation löst und nicht verfestigt – etwa zum Vorurteil –, bedarf es eines harmonisierenden Gegeneffekts, der in Kafkas Texten jedoch gewöhnlich ausbleibt. Das wiederum bedeutet, dass diese Irritationen einen mehr oder weniger unterschwelligen *basso dissotiatio* bilden, einen in sich disparaten Grundbass, der – am Rande des Pathologischen –[158] die Wahrnehmungsfähigkeit der Protagonisten entweder einseitig schärft oder desintegrieren lässt.

Aus akustischen Gegebenheiten in Kafkas Texten entstehen jedoch auch immer leicht groteske Szenen, etwa wenn der Erzähler im sechzehnten Kapitel eine Szene schildert, in der ein Beamter geradezu flüsternd einem Schreiber diktiert: „Oft diktiert der Beamte so leise, daß der Schreiber es sitzend gar nicht

---

158 Vgl. u.a. Peter Fiedler, Dissoziative Störungen, 2., überarb. Aufl., Göttingen 2013.

hören kann, dann muß er immer aufspringen, das Diktierte auffangen, schnell sich setzen und es aufschreiben, dann wieder aufspringen u.s.f." (R, 450 f.) Und wieder baut sich hier ein akustischer Kontrast auf; denn bereits im Folgekapitel erzählt Olga von einem Feuerwehrfest, das an einem 3. Juli stattgefunden habe – die einzige konkrete Datumsangabe in diesem Romanfragment und zudem Kafkas Geburtstag –, das durch einen Lärm der besonderen Art auffiel und in Erinnerung blieb:

> Es war freilich ein entsetzlicher Lärm damals, nicht nur wie es sonst bei Festen ist; das Schloß hatte nämlich der Feuerwehr auch noch einige Trompeten geschenkt, besondere Instrumente, auf denen man mit der kleinsten Kraftanstrengung, ein Kind konnte das, die wildesten Töne hervorbringen konnte; wenn man das hörte, glaubte man, die Türken seien schon da und man konnte sich nicht daran gewöhnen, bei jedem neuen Blasen fuhr man wieder zusammen. Und weil es neue Trompeten waren, wollte sie jeder versuchen und weil es doch ein Volksfest war erlaubte man es. (R, 463)

Angesichts dieser Lärmkulisse sei es schwierig gewesen, „die Sinne dabei zusammenzuhalten". (R, ebd.) Den Kontrapunkt dazu bildet das Schweigen des Schloß-Beamten Sortini, in den sich Olgas Schwester, Amalia, auf dem Feuerwehrfest zu dessen Missvergnügen verliebte. Im vorletzten Kapitel entfaltet der Erzähler nochmals ein ganzes akustisches Spektrum, das die administrativen Abläufe, von K. genau beobachtet, grundiert. Es umfasst zum einen fröhliches „Stimmengewirr" in den Amtszimmern gegen Büroschluss, wobei der Erzähler es auch nicht unterlässt, genau zu differenzieren: „Einmal klang es wie der Jubel von Kindern, die sich zu einem Ausflug bereitmachen, ein andermal wie der Aufbruch im Hühnerstall, wie die Freude, in völliger Übereinstimmung mit dem erwachenden Tag zu sein, irgendwo ahmte sogar ein Herr den Ruf eines Hahnes nach." (R, 557) Zum anderen ist es der „große Lärm", der aus denselben Amtsstuben dringt, wenn die dortigen Beamten ihren Anspruch auf bestimmte Akten geltend machen, sei es durch Händeklatschen, Füßestampfen oder Zurufe. (R, 559)

Im Zentrum dieser Bürokratie-Satire steht nun des Erzählers ausführliche, drei Druckseiten in Anspruch nehmende Schilderung von Lärmphänomenen in der Schloß-Behörde. Sie ergeben sich nahezu ausschließlich aus dem Verhalten eines Beamten, nur „Herr" genannt, der für sich eine Art Akteneinsichtshoheit beansprucht. Betont nuanciert beschreibt der Erzähler nun die Skala der von diesem Herrn verursachten Lauterzeugung. Zunächst geht sein „Geschrei" „wie ununterbrochenes Kinderweinen allmählich in immer vereinzelteres Schluchzen" über. Aber „nachdem er schon ganz still geworden war, gab es doch wieder noch manchmal einen vereinzelten Schrei oder ein flüchtiges Öffnen und Zuschlagen jener Tür. (R, 562) Daraufhin setzt das Schreien und Klagen wieder ein, wobei der Erzähler ergänzt: „[V]ielleicht war es gar nicht wegen der Aktenverteilung." (Ebd.)

Bezeichnend für das Gewitzte in der Schilderung des Erzählers ist, dass er ‚Jeremias', neben Hiob *die* biblische Klagegestalt, zwar als Gehilfen-Namen einführt, ihn aber gerade nicht klagen lässt, dafür den ‚Herrn' umso mehr:

> Noch immer gellte ja die Stimme des durch nichts zu beruhigenden Herrn durch den Gang und die Kollegen, die in anderer Hinsicht sich nicht sehr freundlich zu einander verhielten, schienen hinsichtlich des Lärms völlig einer Meinung zu sein, es war allmählich, als habe der Herr die Aufgabe übernommen, Lärm für alle zu machen, die ihn nur durch Zurufe und Kopfnicken aufmunterten, bei der Sache zu bleiben. (R, 563 f.)

Auch das Prinzip Variation setzt der Erzähler ein, indem er das Schreien des Herrn durch dessen Bedienen einer „elektrischen Glocke" ersetzt. Der um seine Aktenzuteilung schreiende Beamte hat nämlich einen Klingelknopf entdeckt, woraufhin er, „wohl entzückt darüber, so entlastet zu sein, statt des Schreiens jetzt ununterbrochen zu läuten anfing." Dem antwortet in den anderen Zimmern ein zustimmendes „Gemurmel". (R, 564)

Nicht anders als in den novellistischen Großfragmenten *Der Proceß* und *Der Verschollene* bilden die erzählten Geräusche in *Das Schloß* ein akustisches Strukturelement. In *Das Schloß* fällt dabei die subtile Nuancierung der Geräuschelemente besonders auf, die Gradabstufungen im Lärmen und Leisen. Das Schloß selbst gleicht dabei einem Sinnvakuum, einer alles beherrschenden Leerstelle, die von Lautwerten – dagegen kaum von Klängen – umgeben wird. Dieses Lärmen und Läuten täuscht eine Geschäftigkeit vor, die unproduktiv bleibt. Dabei zeigt sich auch eine sozial differenzierte und differenzierende Zuordnung von Geräuschen, auch wenn sie Klischeevorstellungen oft widerspricht – wie im Fall der Bauern im Wirtshaus, die sich durchaus still verhalten können und keineswegs, wie gesehen, beständig lärmen. Im letzten Kapitel des *Schloß*-Fragments etwa ist die Welt des Leisen jene der „Zimmermädchen", denen offenbar die Sympathie des Erzählers gehört. Ihre Arbeit hat „leise" zu geschehen, gerade weil sie mit dem vielen Lärm konfrontiert werden, den die von ihnen betreuten „Herren" machen. (R, 576) Der Erzähler klagt in ihrem Namen: „Und niemals Ruhe – nicht bei Tag, nicht bei Nacht. Lärm die halbe Nacht und Lärm vom frühesten Morgen." (Ebd.) Dieser Lärm und schon die Antizipation lärmender Forderungen der Herren tyrannisieren die Zimmermädchen. In Erwartung eines neuerlichen „Faustschlag[s]" an ihre Tür, der weitere Aufträge bedeutet, bleiben sie in nervöser Anspannung auf ihrem Zimmer und „horchen an der Tür, knien nieder, umarmen sich in Angst. Und immerfort hört man den Schleicher vor der Tür. [...] Jedenfalls vergehn die Mädchen drinnen vor Angst und, wenn es draußen endlich still ist, lehnen sie an der Wand und haben nicht genug Kraft wieder in ihre Betten zu steigen." (R, 577)

Der buchstäblich letzte akustische Effekt ist der Doppelruf des Kutschers Gerstäcker („Wohin denn? Wohin denn?"; R, 600), der sich seinerzeit geweigert hatte, K. zum Schloß zu fahren. Nun aber erhofft er sich von K. Unterstützung, um bei Klamms Erstem Sekretär etwas (Unbestimmtes) für sich erwirken zu können. Die abschließende Freundschaftsgeste zwischen Gerstäcker und K. kontrastiert mit der Art der Lautmaske des Kutschers, dessen an die Wirtin gerichtete Worte sich „häßlich mit Seufzen und Husten" vermischen. (R, 600) Das Unschöne dieser Geräusche, die von Gerstäcker ausgehen, deutet darauf hin, dass auch die sich anbahnende Freundschaft zwischen den beiden jederzeit in ihr ‚hässliches' Gegenteil umschlagen könnte.

Wenn wir uns abschließend noch einmal die Ausgangssituation des Romans vor Augen führen oder angemessener gesagt: vor Ohren rufen, dann fällt auf, wie bemüht der Erzähler ist, Stille sprachlich zu evozieren, damit zu *zeigen* und als eine solche hörbar zu machen. Es ist eine Stille, die von einem zunächst in „Nebel und Finsternis" (R, 257) unsichtbar bleibenden Schloß-Berg ausgeht und von der K. den ganzen Roman über eine Antwort erhofft. Kafkas großes Fragment handelt im Grunde von K.s Warten auf eine *Antwort aus der Stille*, um den Titel von Max Frischs zweiter Buchpublikation zu zitieren. Und der folgende zentrale Abschnitt in Frischs 1937 erschienener „Erzählung aus den Bergen" könnte zum Erzählerkommentar in Kafkas Roman gehören, trifft er doch genau jenen akustischen Zustand, in dem sich K. immer dann befindet, wenn ihm ‚Lärm' erspart bleibt:

> Es ist, als löse sie alles Denken auf, diese Stille, die über der Welt ist; man hört nur noch sein eignes Herz, das klopft, oder mitunter den Wind, der in den Ohrmuscheln saust. Und wenn einmal eine schwarze Dohle um die Felsen segelt und wieder mit heiserem Schrei entschwindet, immer bleibt diese einsame Stille zurück, die um alles Leben ist und jeden Aufschrei verschluckt, als sei er nie gewesen, diese namenlose Stille, die vielleicht Gott oder das Nichts ist.[159]

In Kafkas Roman ist das Schloß der Ort dieser Stille. Was man von ihr zu erwarten hat, erweist sich zunehmend als – nichtig. Am Ende kontrastiert mit dieser Stille nichts mehr. Nur in *Der Proceß* versieht der Erzähler die Stille zuletzt mit einer positiv wertenden Aussage, die jedoch in völligem Gegensatz zu der Ungeheuerlichkeit der Vorkommnisse steht, die von der Schönheit der Stille beschienen wird: „Überall lag der Mondschein mit seiner Natürlichkeit und Ruhe, die keinem andern Licht gegeben ist." (R, 220) Im 1922 und also rund sieben Jahre später

---

[159] Max Frisch, Antwort aus der Stille. Eine Erzählung aus den Bergen, mit einem Nachwort von Peter von Matt, Frankfurt a. M. 2009, S. 36.

entstandenen *Schloß* war eine solche Ästhetisierung der Welt der Stille bereits nicht mehr vorstellbar.

III **Beziehungen**

Akustische Nöte: *Das Schweigen der Sirenen* und andere Unhörbarkeiten

Zwischen dem Singen der Sirenen und ihrem Schweigen gibt es nichts Drittes.[160] Genaueres über die Art ihres Singens erfahren wir weder bei Homer noch bei Ovid, nur Annäherndes. Bei Homer ist vom „hell[en]" und „holden" Gesang der Sirenen die Rede.[161] Bei Homer geht es auf Empfehlung der Kirke darum, dass Odysseus die Sirenen hören kann, ohne von ihnen verführt zu werden. Deswegen muss er sich an die Masten binden lassen, nachdem er seinen Gefährten die Ohren mit Bienenwachs verstopft hat. Das bedeutet, Odysseus wusste, wie die Sirenen sangen, schwieg sich aber darüber im Wesentlichen aus. Anders als Orpheus, der den Gesang der Sirenen mit seiner Leier zu übertönen versteht, bleibt Odysseus auf die von Kirke geratene Überlistung der Sirenen angewiesen.[162]

Kann man sich diesem Sirenen-Gesang aussetzen, ohne ihm zu erliegen? Was hört man, wenn man die Sirenen vernimmt? Todesweisen oder erotisierende Stimmen? Bei Homer charakterisieren die Sirenen ihren Gesang selbst als ‚süß'.

---

160 Von der ungebrochenen Attraktivität dieses mythologischen Stoffes zeugt auch Michael Wildenhain, Das Singen der Sirenen. Roman, Stuttgart 2017.
161 Spekulativ dazu Maurice Blanchot, Le Chant des Sirènes. In: Nouvelle Revue Française 19 (1954), S. 95–104 (deutsch: Der Gesang der Sirenen. In: Blanchot, Der Gesang der Sirenen. Essays zur modernen Literatur, München 1962, S. 9–40). – Die Stelle bei Homer (*Odyssee*, XII, V. 39–58) lautet: „Jetzt antwortete mir die hohe Kirke, und sagte: // Dieses hast du denn alles vollbracht; vernimm nun, Odysseus, / Was ich dir sagen will: Des wird auch ein Gott dich erinnern. / Erstlich erreichet dein Schiff die Sirenen; diese bezaubern / Alle sterblichen Menschen, wer ihre Wohnung berühret. / Welcher mit törichtem Herzen hinanfährt, und der Sirenen / Stimme lauscht, dem wird zu Hause nimmer die Gattin / Und unmündige Kinder mit freudigem Gruße begegnen; / Denn es bezaubert ihn der helle Gesang der Sirenen, / Die auf der Wiese sitzen, von aufgehäuftem Gebeine / Modernder Menschen umringt und ausgetrockneten Häuten. / Aber du steure vorbei, und verklebe die Ohren der Freunde / Mit dem geschmolzenen Wachse der Honigscheiben, dass niemand /Von den andern sie höre. Doch willst du selber sie hören; / Siehe dann binde man dich an Händen und Füßen im Schiffe, / Aufrecht stehend am Maste, mit festumschlungenen Seilen: / Dass du den holden Gesang der zwei Sirenen vernehmest. / Flehst du die Freunde nun an, und befiehlst die Seile zu lösen; / Eilend fessle man dich mit mehreren Banden noch stärker! // Sind nun deine Gefährten bei diesen vorüber gerudert, / Dann bestimm' ich den Weg nicht weiter, ob du zur Rechten / Oder zur Linken dein Schiff hinsteuren müssest; erwäg' es / Selber in deinem Geist. Ich will dir beide bezeichnen."
162 Vgl. zum Hintergrund und den frühen Verweisstellen Berthold Hinz, [Art.] Sirenen. In: Mythenrezeption. Die antike Mythologie in Literatur, Musik und Kunst von den Anfängen bis zur Gegenwart, hrsg. von Maria Moog-Grünewald, Stuttgart/Weimar 2008 (= Der Neue Pauly. Supplemente, Bd. 5), S. 655–661.

Odysseus spricht von der „Anmut" ihres Singens. Vergewissern wir uns der Stelle in Homers *Odyssee:*

> Komm, besungner Odysseus, du großer Ruhm der Achaier!
> Lenke dein Schiff ans Land, und horche unserer Stimme.
> Denn hier steurte noch keiner im schwarzen Schiffe vorüber,
> Eh' er dem süßen Gesang aus unserem Munde gelauschet;
> Und dann ging er von hinnen, vergnügt und weiser wie vormals.
> Uns ist alles bekannt, was ihr Argeier und Troer
> Durch der Götter Verhängnis in Troias Fluren geduldet:
> Alles, was irgend geschieht auf der lebenschenkenden Erde!
>
> Also sangen jene voll Anmut. Heißes Verlangen
> Fühlt' ich weiter zu hören, und winkte den Freunden Befehle,
> Meine Bande zu lösen; doch hurtiger ruderten diese.
> Und es erhoben sich schnell Eurylochos und Perimedes,
> Legten noch mehrere Fesseln mir an, und banden mich stärker.
> Also steuerten wir den Sirenen vorüber; und leiser,
> Immer leiser, verhallte der Singenden Lied und Stimme.
> Eilend nahmen sich nun die teuren Genossen des Schiffes
> Von den Ohren das Wachs, und lösten mich wieder vom Mastbaum.
>
> Als wir jetzo der Insel entruderten, sah ich von ferne
> Dampf und brandende Flut, und hört' ein dumpfes Getöse.
> Schnell entflogen den Händen der zitternden Freunde die Ruder;
> Rauschend schleppten sie alle dem Strome nach, und das Schiff stand
> Still, weil keiner mehr das lange Ruder bewegte.
> (*Odyssee*, XII, V. 154–205)

An dieser Stelle der *Odyssee* ist das Akustische besonders differenziert geschildert, und zwar von Odysseus selbst: Die Sirenenstimmen werden „leiser"; doch dieses Leise schlägt buchstäblich im Rückblick – also in visueller Umkehr – um in „dumpfes Getöse". Ein Rauschen wird vernehmbar, bevor akustische und motorische Stille eintritt. Was wird nun daraus in Kafkas Text *Das Schweigen der Sirenen?*

In seinem Werk ist das Sirenen-Motiv nicht auf seine im Nachlass gefundene Parabel *Das Schweigen der Sirenen* beschränkt, die er am 23. Oktober 1917 verfasst hat.[163] Sie gehört in den thematischen Zusammenhang dessen, was Isolde Schiffermüller unter dem Titel „Entstellung der menschlichen Sprache" bei Kafka

---

[163] Vgl. Manfred Engel, [Art.] Kleine nachgelassene Schriften und Fragmente 3. In: Kafka-Handbuch. Leben – Werk – Wirkung, hrsg. von Manfred Engel u. Bernd Auerochs, Stuttgart/Weimar 2010, S. 356–357, hier S. 356.

untersucht hat.[164] Unsere Untersuchung hat inzwischen erwiesen, dass bei Kafka auch von einem konsistenten Entstellen der akustischen Effekte auszugehen ist und des ‚Gesangs' zumal. Denn wie auch später in der *Josefine*-Erzählung ist es keineswegs deutlich, was dieser Gesang der Sirenen *ist*. Wie in den übrigen Texten Kafkas, die sich akustischen Phänomenen stellen, bewegt sich auch *Das Schweigen der Sirenen* am Rande des Ironisch-Parodistischen.

Bereits im Romanfragment *Der Proceß* kommt dem Sirenenhaften eine besondere Bedeutung zu, und zwar in jenem Anfangskapitel („Im leeren Sitzungssaal / Der Student / Die Kanzleien"), das in der vorangegangenen Analyse der akustischen Elemente dieser Prosa noch weitgehend ausgespart blieb. Erzähltechnisch fällt in diesem Kapitel auf, dass der Sirenenvergleich an dessen Ende steht. Was erzählt wird, läuft demnach auf diesen Vergleich zu, darf als dessen Vorbereitung gelten. Das Kapitel setzt ein mit einem Hinweis auf die doppelte Bedeutung des Wortes ‚Verhör'. K. wartet auf „Verständigung" mit dem Gericht, weil er nicht glauben kann, „daß man seinen Verzicht auf Verhöre wörtlich genommen hatte". (R, 54) Der juristische Begriff ‚Verhör' schließt hier das Überhören oder Verhören des wahren, aber unergründlichen rechtlichen Sachverhalts mit ein. K.s Klopfen, das Beinahe-Schreien, von dem die laszive Frau des Gerichtsdieners spricht – sie gehört im Grunde in die Überschrift zu diesem Kapitel, ist sie doch darin die eigentliche Hauptperson –, das tatsächliche Schreien einer sinnlosen Meldung durch den „Türspalt" (R, 65) eines Amtszimmers, das kontrastiv hierzu leise Flüstern eines Mädchens „in K.'s Ohr" (R, 75), diese Geräuscheffekte bereiten vor, was K. am Ende dieser Episode erlebt. K. wirkt durch einen Schwächeanfall, den er erleidet, zusätzlich sensibilisiert für sinnliche Eindrücke, offenbar mit verursacht durch das Verhalten der Gerichtsdiener-Frau, die sich einerseits ihm willig zeigt, andererseits ihn über ihre wahren Gefühle täuscht. Was diese Schwäche in K. auslöst, ist das Empfinden „seekrank" (R, 76) zu sein oder schiffbrüchig zu werden inmitten eines surreal wirkenden Gerichtsortes. K. wird zum seekranken Odysseus, bevor er glaubt, eine Sirene zu hören. Hinzu kommt das Gefühl der Orientierungslosigkeit, schon bevor er den Eindruck hat, „auf einem Schiff zu sein, das sich in schwerem Seegang befand." (Ebd.) Die Räume dieses Hauses unterliegen offenbar ständiger Umfunktionierung. Aus der Wohnung des Gerichtsdienerehepaares wird an Prozesstagen ein Teil des Gerichtssaals, so wie später in *Das Schloß* K.s und Friedas Bleibe im Schulgebäude Teil des Klassenraums werden wird. Die Erzählung dieser Episode in *Der Proceß* gewinnt an Dramatik, wenn wir lesen: „Es war ihm [Josef K.; d. Verf.] als stürze das Wasser gegen die Holzwände, als komme

---

164 Vgl. Isolde Schiffermüller, Franz Kafkas Gesten. Studien zur Entstellung der menschlichen Sprache, Tübingen 2011, S. 141.

aus der Tiefe des Ganges ein Brausen her, wie von überschlagendem Wasser, als schaukle der Gang in der Quere und als würden die wartenden Parteien zu beiden Seiten gesenkt und gehoben." (R, 76 f.) Das imaginierte Wassergeräusch verstärkt sich noch, wird zum „Lärm" – eben an der entscheidenden Stelle dieses Kapitels: „Endlich merkte er, daß sie zu ihm sprachen, aber er verstand sie nicht, er hörte nur den Lärm der alles erfüllte und durch den hindurch ein unveränderlicher hoher Ton wie von einer Sirene zu klingen schien." (R, 77) Nun ließe sich diese „Sirene" nicht nur mythologisch deuten. Als mechanisches Warnsignal ist sie seit ihrer Erfindung durch den britischen Naturphilosophen John Robinson und ihre Popularisierung durch Charles Cagniard de la Tour im Jahre 1819 in Verwendung.[165] Wie seinerzeit Cagniard durch die Namensgebung für diese Erfindung spielt auch Kafka hier mit der mythologischen Überblendung für dieses technische Gerät. Die Wirkung dieses Geräuschgemischs könnte dann paradoxer nicht sein. Er, K., der sonst Lärmempfindliche, sieht sich einer ungewohnten Situation ausgesetzt: „‚Lauter', flüsterte er mit gesenktem Kopf und schämte sich, denn er wußte, daß sie laut genug, wenn auch für ihn unverständlich gesprochen hatten." (R, 77) In diesem Flüstern des Wortes ‚laut', dem wir bei Kafka bereits begegnet sind, verbirgt sich eine für sein Werk konstitutive Antinomie im Akustischen. Deleuzes und Guattaris Befund hinsichtlich der akustischen Dispositionen im Werk Kafkas – das Gregor Samsas Worte entstellende Piepsen, das Pfeifen der Maus, das Husten des Affen, der Klavierspieler, der nicht spielt, und die Sängerin, die nicht singt und „die ihren Gesang gerade durch ihr Nichtsingen hervorbringt", sowie „die musizierenden Hunde, die mit ihrem ganzen Körper musizieren, ohne Musik zu machen" – lautete: „Überall zieht sich quer durch die organisierte Musik eine Gegenlinie, die sie aufhebt, überall schneidet eine Fluchtlinie quer durch die Sinnsprache, um eine lebendige Ausdrucksmaterie freizusetzen, die nur noch für sich selber spricht und nicht mehr der Formung bedarf."[166] Mit dem Hinweis auf die Sirene lässt sich nun jedoch genau benennen, was dieses Durchschneidende *ist:* das gerade für das Akustische symptomatische Fusionieren von Technik und Mythos. Dabei können wir auch das „Überall" genauer qualifizieren, von dem Deleuze und Guattari sprechen: Es handelt sich nämlich um ein akustisches Geschehen in Wechselräumen. Das wiederum entspricht dem, was beide die ‚De- oder Reterritorialisierung' des Geräuschs in Texten Kafkas nennen, wahl- oder situationsweise ihre Ver- oder Enträumlichung.

Im Umfeld von Kafkas Tagebuchaufzeichnungen und Notizen zur Erzählung *In der Strafkolonie* findet sich ein Eintrag, der diesen Zusammenhang von Raum

---

[165] Vgl. Hans Geiger u. Karl Scheel (Hrsg.), Handbuch der Physik, Bd. VIII: Akustik, Berlin 1927, S. 290. Deleuze und Guattari sehen diese Stelle offenbar rein mythologisch; vgl. Deleuze u. Guattari, Kafka, S. 125, Anm. 9.
[166] Deleuze u. Guattari, Kafka, S. 30.

und Enträumlichung im Hinblick auf ein Geräusch und eine nun eindeutig mythologisch gemeinte Sirene illustriert:

> „Nein, laß mich! Nein, laß mich!", so rief ich unaufhörlich die Gassen entlang und immer wieder faßte sie mich an, immer wieder schlugen von der Seite oder über meine Schultern hinweg die Krallenhände der Sirene in meine Brust. (T, 828; 9. 8.1917)

Auch diese Sirene schweigt wie später diese verstörenden mythologischen Wesen in Kafkas zwei Monate später entstandener Parabel.[167] In dieser Tagebuchstelle folgt Kafka der für ihn lebensgeschichtlich bedeutsamen Vorstellung, dass die Sirenen von Aphrodite in Vögel verwandelt wurden, weil sie sich weigerten zu heiraten.[168] Die vogelhaften „Krallenhände" verwunden dieses Ich nicht weniger, als der Sirenengesang dies vermöchte.

Fragt man nach der Art des Sirenengesangs, so wäre die Entsprechung im Falle des Schweigens der Sirenen, *was* sie verschweigen.[169] In diesem Schweigen hat man sogar die Auflösung des Mythos durch Kafka zu erkennen geglaubt.[170] Andere wiederum sahen in diesem Schweigen einen intrikaten Zusammenhang mit dem Reden, der Stimme und der Schrift bei Kafka, gewissermaßen als die lautlose Gegenfolie zum Lärmen in seinen Texten.[171]

Mögen in diesem Text auch die Sirenen schweigen, der Erzähler verschweigt nicht seine Absicht, die er mit dieser Parabel verfolgt; dies kann zwar bei anderen Parabeln der Fall sein, aber diese Beispielerzählung beginnt mit einem beweislogischen Vorwurf. Will sie doch beweisen, „daß auch unzulängliche, ja kindische Mittel zur Rettung dienen können". (E, 500) Odysseus bedient sich einer Naivität, die zu seiner Listigkeit gehört; er vertraut einfachsten „Mittelchen" (ebd.), um den Sirenen begegnen zu können. Der Ohropax-erfahrene Kafka wünschte offenbar genau, wovon er da schrieb.

---

[167] Vgl. Beda Allemann, Kafka und die Mythologie. In: Zeitschrift für Ästhetik und allgemeine Kunstwissenschaft 20 (1975), S. 129–144.
[168] Vgl. Helga Arend, Sirene, Taube und Möwe: Die Frau als Vogel. In: Frauen in Kultur und Gesellschaft. Ausgewählte Beiträge der 2. Fachtagung Frauen-/Gender-Forschung in Rheinland-Pfalz, hrsg. von Renate von Bardeleben, Tübingen 2000, S. 111–122.
[169] Vgl. allgemein dazu Bettine Menke, Das Schweigen der Sirenen. Die Rhetorik und das Schweigen. In: Franz Kafka. Neue Wege der Forschung, hrsg. von Claudia Liebrand, Darmstadt 2006, S. 116–130.
[170] So etwa Norbert Rath, Mythos-Auflösung. Kafkas ‚Das Schweigen der Sirenen'. In: „Zerstörung, Rettung des Mythos durch Licht", hrsg. von Christa Bürger, Frankfurt a. M. 1986, S. 86–110; Liliane Weissberg, Singing of Tales. Kafka's Sirens. In: Kafka and the Contemporary Critical Performance. Centenary Readings, hrsg. von Alan Udoff, Bloomington 1987, S. 165–177.
[171] So Wolf Kittler, Der Turmbau zu Babel und das Schweigen der Sirenen. Über das Reden, das Schweigen, die Stimme und die Schrift in vier Texten von Franz Kafka, Erlangen 1985.

Von Beginn an geht der Erzähler von einer Komplementarität des Gesangs der Sirenen und der „Leidenschaft" der durch sie „Verführten" aus. (E, 500)[172] Durchdringt der Gesang „alles", so sprengt diese Leidenschaft der Opfer „mehr als Ketten und Mast". (Ebd.) Kafkas Odysseus reflektiert dies nicht weiter, sondern vertraut in „unschuldiger Freude" seinem Geschick. (Ebd.) Damit ist auch die entscheidende Umdeutung der Sirenen-Passage in der *Odyssee* benannt: Homer spricht nicht davon, dass der Sirenengesang das Wachs durchdringe, noch dass Odysseus sich selbst die Ohren mit Wachs versiegle. Man sollte daraus jedoch keine Wahrnehmungsverweigerung des Kafka'schen Odysseus ableiten. Denn er geht ja sehenden Auges und nicht mit verbundenen Augen in dieses Abenteuer.[173] Die Parabel bezeichnet nun das Schweigen der Sirenen als die gefährliche Steigerung ihres Gesangs und damit ein Aufweis *ihrer* Listigkeit. Diese List steht in krassem Gegensatz zu Odysseus naiven „Mittelchen" und setzt auf Täuschung: Ihr Verstummen erzeugt im Opfer den Irrglauben, die Sirenen „besiegt" (ebd.) zu haben, und führt damit zu dessen Selbstüberhebung.

Doch relativiert der Erzähler die List der Sirenen sogleich, indem er behauptet, sie hätten ihren Gesang beim „Anblick der Glückseligkeit im Gesicht des Odysseus" (E, 501) schlicht vergessen.

Was Kafka durch diese Erzählweise in seiner Parabel vorführt, gleicht einer kontrapunktischen Darstellung. Denn kaum hat der Erzähler diese Relativierung vorgenommen, kehrt er im folgenden Abschnitt die Wirkung dieser scheinbaren Selbstvergessenheit der Sirenen um. Die Sirenen sahen sich mit einer ihnen bis dahin offenbar unbekannten (männlichen) Schönheit konfrontiert, eben dem Antlitz des Odysseus. Dieser aber hörte – nach Auskunft des Erzählers – ihr Schweigen nicht. Er „glaubte, sie sängen und nur er sei behütet es zu hören, flüchtig sah er zuerst die Wendungen ihrer Hälse, das Tiefatmen, die tränenvollen Augen, den halb geöffneten Mund, glaubte aber, dies gehörte zu den Arien die ungehört um ihn erklangen." (E, 501)

Was Odysseus in ‚Wahrheit' sieht, ist die Wirkung, die *er* auf die Sirenen hat. Bezeichnend für die Herangehensweise Kafkas an das Phänomen ‚Wahrnehmung akustischer Phänomene' bleibt freilich der Umstand, dass die physischen Attri-

---

[172] Vgl. Clayton Koelb, Kafka and the Sirens. Writing as Lethetic Reading. In: The Comparative Perspective on Literature. Approaches to Theory and Practice, hrsg. von Clayton Koelb u. Susan Noakes, Ithaca/London 1988, S. 300–314.

[173] So argumentiert Monika Schmitz-Emans, dass die künstlich hergestellte Taubheit des Odysseus von dessen Verweigerung von Rezeption zeuge; vgl. Monika Schmitz-Emans, Seetiefen und Seelentiefen. Literarische Spiegelungen innerer und äußerer Fremde, Würzburg 2003, S. 362. Bedenkenswert dagegen ist ihre These, wer die Botschaft der Kunst vernimmt, den würde sie vernichten. Doch ist der Sirenengesang eben *kein* Kunstgesang – weder bei Homer noch bei Kafka.

bute des vermeintlichen Gesangs zählen und nicht die Art und Weise seines (schweigenden) Klanges.

Überraschend kommt hinzu, dass der Erzähler konstatiert, die Sirenen verfügten über kein Bewusstsein; denn sonst wären sie dem Tod anheimgegeben gewesen, nachdem sie den schönen Odysseus angeschaut hatten. Damit steht ihre Bewusstsein voraussetzende Listigkeit erneut in Frage. Doch die eigentliche Volte findet sich im dritten und letzten Erzählabschnitt: Odysseus habe durch seine, wie es in der *propositio* heißt, ‚unzulänglichen, ja kindischen Mittel' Naivität nur vorgetäuscht, in Wirklichkeit aber durchaus das Schweigen der Sirenen gehört. Doch sei ihm daraus nicht die Hybris erwachsen, die Sirenen ‚besiegt' zu haben; vielmehr habe er sie schlicht hinter sich gelassen. Die Versuchung durch die Sirenen habe er in einen „Scheingang" (E, 502) verwandelt und damit sowohl diese wie auch die Götter zu täuschen verstanden.

Seitenblicke auf Rilke und Joyce

Ein knappes Jahr vor der Niederschrift der *Sirenen*-Parabel hatte Kafka anlässlich seiner vermutlich von Rainer Maria Rilke besuchten Münchener Vorlesung im Kunst-Salon Goltz am 10. November 1916 einen Grund, sich wieder mit Arbeiten dieses Dichters zu beschäftigen. Während dies angesichts der Quellenlage Vermutung bleiben muss, ist umgekehrt Rilkes Beschäftigung mit Texten Kafkas verbürgt. So hatte er in München Lou Albert-Lazard die von ihm hoch geschätzte *Verwandlung* vorgelesen. Und die Erzählung *In der Strafkolonie* kannte er sogar im Manuskript, wobei die Umstände, die zu dieser Kenntnis führten, unklar sind.[174] Zudem bekannte Rilke noch 1922 gegenüber Kurt Wolff mit Blick auf Kafka, er sei „nicht sein schlechtester Leser".[175] Dieser schrieb nach seinem Auftritt in München an Felice Bauer: „Übrigens habe ich mich in Prag auch noch an Rilkes Worte erinnert. Nach etwas sehr Liebenswürdigem über den Heizer meinte er, weder in Verwandlung noch in Strafkolonie sei diese Konsequenz wie dort erreicht. Die

---

174 Vgl. BaF, 743 u. 744; jeweils Anm. 1.
175 Rilke schreibt dem Verleger am 17. Februar 1922: „Ich habe die schönen Bücher meiner nächsten Lesezeit gutgeschrieben, – nur das Buch Kafka's hab ich mir schon jetzt, gestern Abend, mitten in anderen Beschäftigungen, vorweggenommen. Ich habe nie eine Zeile von diesem Autor gelesen, die mir nicht auf das Eigenthümlichste mich angehend oder erstaunend gewesen wäre. Und da ich, wie Sie mich so freundlich erkennen lassen, wünschen darf, so merken Sie mich, bitte, immer ganz besonders für alles vor, was von Franz Kafka bei Ihnen an den Tag kommt. Ich bin, darf ich versichern, nicht sein schlechtester Leser." In: Kurt Wolff, Briefwechsel eines Verlegers 1911–1963. Hrsg. v. Bernhard Zeller und Ellen Otten. Frankfurt am Main 1980, S. 152.

Bemerkung ist nicht ohne weiteres verständlich, aber einsichtsvoll." (7. Dezember 1916; BaF, 744)

Nun mag Kafka in dieser Zeit womöglich auch wieder Rilkes lyrische Komposition *Der Neuen Gedichte Anderer Teil* (1908) vor Augen gekommen sein mit ihren betont mythologischen oder zumindest antikisierenden Gedichten, die mit der vielzitierten Forderung anhebt: „Du mußt dein Leben ändern" als Folge der Anschauung des „Archaïschen Torso Apollos" und des Angeschaut-Werdens durch ihn.[176] Zu diesen ersten mythologisierenden Gedichten der Sammlung gehört auch „Die Insel der Sirenen".[177] Seine thematische Ausprägung legt zumindest die Vermutung nahe, dass dieses Gedicht nicht ohne Einfluss auf Kafkas Sirenen-Konzeption geblieben sein könnte, wobei seine frühe Vertrautheit mit Homers *Odyssee* und damit auch der Sirenen-Episode (XII, V. 39–54 u. V. 154– 200) ohnedies vorausgesetzt werden kann.[178]

Rilkes Gedicht lautet:

Die Insel der Sirenen

Wenn er denen, die ihm gastlich waren,
spät, nach ihrem Tage noch, da sie
fragten nach den Fahrten und Gefahren,
still berichtete: er wußte nie,

wie sie schrecken und mit welchem jähen
Wort sie wenden, daß sie so wie er
in dem blau gestillten Inselmeer
die Vergoldung jener Inseln sähen,

---

[176] Rainer Maria Rilke, Archaïscher Torso Apollos. In: Rilke, Sämtliche Werke, Bd. 1: Gedichte. Erster Teil, Frankfurt a. M. 1987, S. 557.
[177] Ohne diesen biographischen Kontext stellt Monika Schmitz-Emans im Gefolge von Heinz Politzers früheren Untersuchungen diese beiden Texte Rilkes und Kafkas nebeneinander; vgl. Schmitz-Emans, Seetiefen und Seelentiefen, S. 354–364.
[178] Vgl. dazu Engel, [Art.] Kleine und nachgelassene Schriften 3, S. 356. In einem Brief an Felice Bauer vom 9. Oktober 1916 verweist Kafka auf die Schullektüre Homers und auf den bedenkenswerten Satz seines Prager Latein- und Griechischlehrers Emil Gschwind, der vom Standpunkt der hermeneutisch-pädagogischen Theorie und Praxis gerade in seiner Schlichtheit von Interesse ist. Er soll nämlich seinen Schülern gesagt haben: „Sehr schade, daß man das mit Euch lesen muß. Ihr könnt es ja nicht verstehn, selbst wenn Ihr glaubt, daß Ihr es versteht, versteht Ihr es gar nicht. Man muß viel erfahren haben, ehe man auch nur einen Zipfel davon versteht." Kafka kommentiert: „Diese Bemerkungen (der ganze Mann war allerdings auf diesen Ton eingestellt) haben damals auf mich kalten Jungen mehr Eindruck gemacht als Ilias und Odyssee zusammen. Vielleicht einen allzu demütigenden aber doch wesenhaften wenigstens." BaF, 721 f.

> deren Anblick macht, daß die Gefahr
> umschlägt; denn nun ist sie nicht im Tosen
> und im Wüten, wo sie immer war.
> Lautlos kommt sie über die Matrosen,
>
> welche wissen, daß es dort auf jenen
> goldnen Inseln manchmal singt –,
> und sich blindlings in die Ruder lehnen,
> wie umringt
>
> von der Stille, die die ganze Weite
> in sich hat und an die Ohren weht,
> so als wäre ihre andre Seite
> der Gesang, dem keiner widersteht.[179]

Dieses im Spätsommer 1907 in Paris entstandene Gedicht arbeitet mit lautlichen Elementen, die weniger im Sprachklang als in der motivischen Aussage erkennbar werden. Ein namenloses ‚Er' – zu vermuten steht: Odysseus – berichtet über das, was er erfahren hat. Das geschieht jedoch nicht in direkter Rede; vielmehr reflektiert das Gedicht dieses Berichten, das durch seinen ‚stillen' Vortrag auffällt. Das bedeutet, es spricht ein noch Ergriffener, einer, der nach wie vor unter dem Eindruck von etwas Ungewöhnlichem steht.

Ein visueller Eindruck, die vergoldet wirkenden Inseln (der Sirenen, die im Gedicht außer der Überschrift ebenso ungenannt bleiben wie Odysseus) im „blau gestillten Inselmeer", ist es, der die Schiffer „[l]autlos" lockt. Dabei *wissen* sie, dass es auf diesen „goldnen Inseln manchmal singt". Dieses Wissen bildet einen Kontrapunkt oder Gegenpol zur Stille ringsum. Meeresstille und Todesstille dürfen in der deutschsprachigen Literatur seit Goethes Gedicht „Meeresstille" in ihrer ‚Fürchterlichkeit' als komplementär gelten. Diese Stille weht in Rilkes Gedicht den Seeleuten „an die Ohren", aber eben so, als wäre die „andre Seite" dieser Stille „der Gesang, dem keiner widersteht."[180]

Wollte man diese Vorstellung auf Kafkas Parabel übertragen, bedeutete das, im ‚Schweigen' der Sirenen gleichfalls nur die ‚andere Seite' ihres Singens zu erkennen.

Diese Stille ist nicht bedächtig, sondern gesangesträchtig. In ihr ist das ‚blau gestillte Inselmeer' ebenso aufgehoben wie das Lautlose der ‚Gefahr'.

Doch was besagt das? In Rilkes Gedicht versteht sich das Er des Odysseus eher als Zeuge dieser unerhörten und in dieser Version des Mythos unhörbaren Be-

---

[179] Rainer Maria Rilke, Die Insel der Sirenen. In: Rilke, Sämtliche Werke, Bd. 1: Gedichte. Erster Teil, Frankfurt a. M. 1987, S. 560.
[180] Vgl. dazu Heinz Politzer, Das Schweigen der Sirenen. Studien zur deutschen und österreichischen Literatur, Stuttgart 1968, S. 38–41.

gebenheit. Der Gesang wiederum scheint das Produkt von Wissen und Vorstellung. Es ist ein Wissen um den Mythos und seine Wahrheit, die sich den Seeleuten jedoch tatsächlich nur als Wahrscheinlichkeit präsentiert. Odysseus berichtet eigentlich über ein bestimmtes mythologisch konnotiertes Wechselverhältnis von Natur und Kunst, wobei sein Bericht zudem die Steuerung eines Wahrnehmungsvorgangs enthält. Denn es kommt ihm darauf an, seine „gastlich[en]" Zuhörer in einen bestimmten Zustand zu versetzen, der es ihnen erlaubt, die Dinge so wie er zu sehen. Das meint, er bemüht sich um Suggestivität, deren Wirkung von seiner Fähigkeit abhängt, die Zuhörer zu „schrecken" und mit Plötzlichem („Jähem') zu beeindrucken. Das „jähe[ ]", also unreflektierte Wort soll sie genau so „wenden", wie die Stille in unwiderstehlichen Gesang umschlagen kann.

Parallelen und Unterschiede zu Kafkas Umdeutung des Sirenen-Mythos liegen auf der Hand: Kafkas Parabel ist expliziter; die Protagonisten lassen sich benennen. Das Problem der Täuschung spricht die Parabel direkter als das Gedicht an. Aber die Betonung auf der Stille, dem Schweigen, dem Lautlosen im Gedicht Rilkes, ja das Schweigen als die andere Seite des Gesangs sind lyrische Motive, die Kafkas Parabel erzählend entwickelt.

Nun lässt sich über das Sirenenmotiv in der literarischen Moderne schwerlich handeln ohne einen Bezug auf das elfte, sogenannte Sirenen-Kapitel in James Joyces 1922 erschienenem Roman *Ulysses*.[181] Es bedarf hier keiner neuerlichen Untersuchung der musikalisch-narrativen Struktur dieses Kapitels, das von Kontrapunktik und Leitmotiven geprägt ist, die der Erzähler zu Beginn quasi serialisierend auflistet, ohne dass dadurch zunächst wechselseitige thematische Bezüge erkennbar würden.[182] Die Erzählung des Kapitels nimmt dann in der Folge diese einzelnen (Leit-)Motive auf und führt sie im musikalischen Sinne narrativ durch.

Zum einen entfernen wir uns mit diesem Hinweis auf Joyce weit von Kafka, bedenkt man das emphatische und damit positive Verhältnis von Joyce zur Musik

---

181 James Joyce, Ulysses. The Corrected Text, hrsg. von Hans Walter Gabler mit Wolfhard Steppe u. Claus Melchior, mit einem neuen Vorwort von Richard Ellmann, Harmondsworth 1986, S. 210–239 (nachfolgende Seitenangaben im Text beziehen sich auf diese Ausgabe).
182 Vgl. Zack Bowen, The Bronzegold Sirensong. A Musical Analysis of the Sirens Episode in Joyce's ‚Ulysses'. In: Bowen, Bloom's Old Sweet Song. Essays on Joyce and Music, Gainesville 1995, S. 25–76; Gudrun Budde, Fuge als literarische Form? Zum Sirenen-Kapitel aus ‚Ulysses' von James Joyce. In: Musik und Literatur. Komparatistische Studien zur Strukturverwandtschaft, hrsg. von Albert Gier u. Gerold W. Gruber, Frankfurt a.M. u.a. 1995, S. 195–213; Nadya Zimmerman, Musical Form as Narrator. The Fugue of the Sirens in James Joyce's ‚Ulysses'. In: Journal of Modern Literature 26/1 (Herbst 2002), S. 108–118. Dazu auch die materialreiche Sammelbesprechung von Gerri Kimber, Tonedeaf in Our Nose. The Music of ‚Ulysses' and ‚Finnegans Wake'. In: The Times Literary Supplement vom 18. Mai 2018, S. 25.

und zum dezidiert musikalischen Erzählen. Zum anderen aber bietet das Sirenen-Kapitel aufschlussreiche Wechselbezüge von Schweigen, Stille und Gesang, die durchaus zum engeren thematischen Umfeld der Kafka'schen Parabel und des Rilke'schen Gedichts gehören und dieses bereichern.

Zu den Auffälligkeiten des Sirenen-Kapitels im *Ulysses* gehört die Differenziertheit, mit der darin akustisch-musikalische Phänomene behandelt werden. Ein weiteres Merkmal ist das Abwechseln von Aussagen über Stille, Schweigen und Musik in der Abfolge der vielfach gebrochenen Dialogizität und Sprechweise der Protagonisten; zu ihnen gehören auch die zu Bardamen mutierten Sirenen. Joyces erzählerisches Verfahren, seine spezifische narrative Sonantik, verstanden als klanghaftes Erzählen, bedient sich weniger lautmalerischer Mittel – im Sinne einer akustischen Mimetik – als vielmehr der Erzeugung von sprachlichen Lautungen, die ins Musikalische hinüberspielen. Dabei kommt es vor, dass er aus einem Teil eines bekannten Wortes dessen Lautlichkeit weiter ausreizt. Im folgenden Satz ist es das Wort „impertinent", das zu einem solchen lautlichen Ausreizen verlockt; angekündigt findet es sich bereits in den gereihten Leitmotiven am Anfang: „– I'll complain to Mrs de Massey on you if I hear any more of your impertinent insolence." Daraus wird dann: „Imperthnthn thnthnthn, bootssnout sniffed rudely, as he retreated as she threatened as he had come." (212)

Durchaus analog zu Szenen in Kafkas *Der Verschollene* spielen Einschübe über das Klavierstimmen eine Rolle, nur dass in diesem Fall das Klavier meisterlich gespielt wird.

Vergegenwärtigt man sich auch nur die wichtigsten Aussagen über Akustisches in diesem Kapitel, ergibt sich ein sonantisches Strukturbild:

> In drowsy silence gold bent on her page. (217)

> A voiceless song sang from within [...]. (217)

> Bloom with Goulding, married in silence, ate. (221)

> Horn. Have you the? Horn. Have you the? Haw haw horn.
> Over their voices Dollard bassooned attack, booming over bombarding chord: [...]. (222)

> The harping chords of prelude closed. A chord, longdrawn, expectant, drew a voice away. (225)

> Through the hush of fair a voice sang to them, low, not rain, not leaves in murmur, like no voice of strings or reeds or whatdoyoucallthem dulcimers touching their still ears with words, still hearts of their each his remembered lives. (225)

> Words? Music? No: it's what's behind. (226)
>
> That voice was a lamentation. Calmer now. It's in the silence after you feel you hear. Vibrations. Now silent air. (228)
>
> O, look we are so! Chamber music. Could make a kind of pun on that. It is a kind of music I often thought when she. Acoustics that is. Tinkling. Empty vessels make most noise. Because the acoustics, the resonance changes according to the weight of the water is equal to the law of falling water. Like those rhapsodies of Liszt's, Hungarian, gipsyeyed. Pearls. Drops. Rain. Diddleiddle addleaddle ooddleoddle. Hissss. Now. Maybe now. Before. (232)
>
> Ben Dollard's voice. Base barreltone. (232)
>
> Pprrpffrrppffff. (239)

Sprachlich hervorgebrachte Lautkonstellationen und abbreviaturhafte Aussagen über Sonantisches halten sich hier die Waage. Das Wechselspiel von (Tenor-) Gesang und benommener Stille, stimmenlosem Lied im Inneren und einer Stimme wie in der Resonanzkammer eines Fasses ergibt ein Mosaik von Klangschattierungen. Diese Aussage nun bringt sie auf den Begriff: „It's in the silence after you feel you hear. Vibrations. Now silent air." In der Stille nach dem Empfinden liegt, was man hört, das Vibrierende nämlich, nach dem dann wieder Stille einkehrt. Was sich jedoch *hinter* den Worten und der Musik verbirgt, scheint das ‚Eigentliche' zu sein: „Words? Music? No: it's what's behind."

Das Sirenen-Kapitel führt dabei auch wiederholt die Klangentstehung vor – als eine Form sprachlicher *Verführung*. Der Erzähler veranschaulicht auf diese Weise das Sirenenhafte der Sprache selbst. Als Leser hat man sich durch das Anziehende (auch Anzügliche) der Worte zu lavieren; man sollte nicht an einem von ihnen ‚hängen' bleiben und von ihm absorbiert werden. Joyces alternative Lesart des Sirenen-Mythos umfasst eine noch weitergehendere Aufschlüsselung des Akustischen als bei Kafka. Kafkas Texte versuchen sich nicht in expliziter Laut- oder Klangproduktion; vielmehr gelten sie der narrativ betriebenen Analyse von Geräusch- und Lautphänomenen, wogegen Joyce auf deren eigenständige Gestaltung setzte. Das Singen oder Schweigen der Sirenen weitet sich bei Joyce auf alle an diesem (Nicht-)Geschehen Beteiligten aus. Worauf es ihm letztlich ankommt, ist das „blending" (229) der Stimmen, bis dem schließlich die Akkorde ‚zustimmen' können („The chords consented"; 235). Lärm als das bei Kafka unablässig störende Moment tritt bei Joyce nicht wirklich in Erscheinung. Er scheint gebannt durch das affirmative Verhältnis des Erzählers und seiner Protagonisten zum Lautlichen überhaupt.

Akustische Folter? Oder: Was man *In der Strafkolonie* hört

Was man nicht *hört* in Kafkas Geschichte eines mörderischen Apparates, ist das, was man erwarten würde: Angst- oder Verzweiflungsschreie, Hilferufe, Schmerzenslaute. Das hat in der Forschung dazu geführt, dass der akustische Bereich bei der Deutung der 1919 veröffentlichten Erzählung *In der Strafkolonie* nahezu völlig ausgeblendet worden ist.[183] Dabei weist sie eine eigentümliche, Bedeutung tragende akustische Struktur auf, die zumindest die disparaten Interpretationsansätze sonantisch grundieren. Diese reichen von der These, Kafka habe mit dieser Erzählung die Selbstzerstörung des Kolonialismus parabelhaft geschildert,[184] über den Nachweis religiöser Anspielungshorizonte in dieser Geschichte[185] bis zur Betonung der Schreibtheorie,[186] auf die bereits Deleuze und Guattari rekurrierten, wobei sie die Materialitätserfahrung im Schreiben hervorhoben: „Kann ich schon nicht der Schreibende sein, der mit der Maschine schreibt, so will ich wenigstens das Papier sein, das von der Maschine beschrieben wird." Und weiter: „Kann ich schon nicht der Maschinist sein, so will ich zumindest der lebendige Rohstoff sein, den die Maschine erfaßt und verarbeitet."[187] Zu diesem „lebendige[n]", aber flüchtigen „Rohstoff" gehören auch die Geräusche, die Kafkas Erzählung durchziehen. Nehmen wir ihre zahlreichen akustischen Spuren auf, und fragen wir nach ihrer Bedeutung.

Sie beginnen mit dem Hinweis auf ein inhaltsloses Pfeifen, das genügen würde, um den hündisch wirkenden „Verurteilten" zu kommandieren. (E, 142) Sie führen dann unmittelbar zum dreiteiligen „Apparat", und dessen oberer Lage, dem sogenannten „Zeichner", das mit einem Blatt zu programmieren ist, damit es den darauf verzeichneten Urteilsspruch dem Verurteilten in einem qualvollen Prozess in dessen Körper einritzt. Hörbar aber ist in der Geschichte nur das Kreischen eines abgenutzten Zahnrads in dieser Zeichner-Vorrichtung. Es scheint, als leide die Maschine, wobei der Apparat eine Vorrichtung aufweist, die das

---

[183] Vgl. den Forschungsüberblick zu dieser Erzählung bei Bernd Auerochs, [Art.] In der Strafkolonie. In: Kafka-Handbuch. Leben – Werk – Wirkung, hrsg. von Manfred Engel u. Bernd Auerochs, Stuttgart/Weimar 2010, S. 207–217, bes. S. 211–214.
[184] Vgl. John Zilcosky, Wildes Reisen. Kolonialer Sadismus und Masochismus in Kafkas ‚Strafkolonie'. In: Weimarer Beiträge 50 (2004), S. 33–54.
[185] Vgl. Sokel, Franz Kafka. Tragik und Ironie, S. 134–136.
[186] Vgl. Oliver Jahraus, Kafka. Leben, Schreiben, Machtapparate, Stuttgart 2006, bes. S. 316–341.
[187] Deleuze u. Guattari, Kafka, S. 78.

Schreien des Opfers verunmöglichen soll: ein „Filzstumpf", der dem Gemarterten in den Mund geschoben wird. (E, 145)

Es ist das Vergehen gegen ein akustisches Signal, das dem Diener eines Offiziers zum Verhängnis wird und ihn zum „Verurteilten" ohne Gerichtsverfahren werden lässt. Er hat es versäumt, beim „Stundenschlag" um zwei Uhr nachts aufzustehen und wie bei jedem Stundenschlag „vor der Tür des Hauptmanns zu salutieren." (E, 149) Die Sinnlosigkeit dieses Befehls wird nur noch übertroffen vom Wahnsinn der Todesstrafe für diesen Akt des Ungehorsams, auch wenn er eine verbale Tätlichkeit des Dieners gegen seinen Offizier – ungeachtet ihrer ironischen Seite – mit einschließt (nachdem nämlich der Hauptmann seinen Diener gezüchtigt hatte, antwortet dieser mit den Worten: „Wirf die Peitsche weg, oder ich fresse dich"; E, 149).

Der für den – wörtlich verstandenen – Strafapparat zuständige Offizier, der diese Maschine dem Inspektionsreisenden als geniale Erfindung anpreist, die er vom früheren Kommandanten der Kolonie übernommen hat, betont, dass das Absterben der Verurteilten als Folge dieser Maschinenkunst an der Verminderung ihrer akustischen Möglichkeiten oder auralen Kompetenz ablesbar sei. Nach zwei Stunden habe der Verurteilte „keine Kraft zum Schreien mehr", und „[w]ie still" erst werde es „um die sechste Stunde". (E, 153)

Eine Geste des Reisenden ist bezeichnend: Er neigt sein Ohr auch dann noch zum Offizier, als dieser nichts mehr sagt und alle, einschließlich des Verurteilten, „aber ohne Verständnis" (E, 154), der Arbeit der Maschine in einer Art Probelauf zusehen. Das bedeutet, der Reisende erwartet sich noch mehr Auskunft, wobei vorerst aber der visuelle Eindruck vom Arbeiten der Maschine ausreichen soll.

Der Offizier nun schwärmt von den alten Zeiten, als sein Apparat einen Menschenauflauf verursachte und der Kommandant sich persönlich um den reibungslosen Ablauf der Exekutionen kümmerte. Der Offizier hebt eigens hervor: „Kein Mißton störte die Arbeit der Maschine" (E, 157), wohingegen nun das Kreischen eines Zahnrades auf den Verfall der Apparatur hindeutet. Der Offizier erhofft sich nun die Fürsprache des Reisenden beim neuen Kommandanten, wenn es darum geht, die Wirkungsweise des Apparates zu rechtfertigen. Ein problematisches akustisches Phänomen erweist sich dabei als Qualitätsaufweis und Unterscheidungsmerkmal von früherer und heutiger Leistungsfähigkeit des Apparats. Damals störte eben „kein Mißton [...] die Arbeit der Maschine." Die Zuschauer verfolgten das mit wissenschaftlicher Genauigkeit funktionierende Tötungsspektakel in ergriffener „Stille", glaubten sie doch zu wissen: „Jetzt geschieht Gerechtigkeit." (E, 158) Und nun der beklemmende akustische Qualitätsnachweis im Vergleich zwischen dem Damals und dem Heute, wobei der Offizier beklagt, dass die Präzision im Grausamen inzwischen nichts mehr gelte:

> In der Stille hörte man nur das Seufzen des Verurteilten, gedämpft durch den Filz. Heute gelingt es der Maschine nicht mehr, dem Verurteilten ein stärkeres Seufzen auszupressen, als der Filz noch ersticken kann; damals aber tropften die schreibenden Nadeln eine beizende Flüssigkeit aus, die heute nicht mehr verwendet werden darf. (E, 158)

Die nächste akustisch geprägte Situation ist putativer Art. Der Offizier imaginiert dem schweigsam gewordenen Reisenden gegenüber eine Szene, in der dieser sich einem mit „Donnerstimme" (E, 160) vorgetragenen Redeschwall des neuen Kommandanten ausgesetzt sähe, der die Abschaffung dieses Folter- und Tötungsinstruments verkündete. Wollte der Reisende, wie der Offizier hofft, dagegen Einwände erheben, würde ihm eine „Damenhand" aus der Entourage des Kommandanten den „Mund zuhalten". (E, ebd.) Da der Offizier noch immer davon ausgeht, der Reisende – später auch als „der große Forscher" (E, 163) angesprochen – werde sich für die weitere Nutzung des Apparats gegenüber dem Kommandanten einsetzen, imaginiert er eine Fortsetzung des Zusammentreffens der beiden. Im Mittelpunkt dieser Vorstellung steht abermals ein prononcierter akustischer Kontrast. Der Offizier rät dem Reisenden: „In Ihrer Rede müssen Sie sich keine Schranken setzen, machen Sie mit der Wahrheit Lärm, beugen Sie sich über die Brüstung, brüllen Sie, aber ja, brüllen Sie dem Kommandanten Ihre Meinung, Ihre unerschütterliche Meinung zu." (E, 163) Darauf folgt unmittelbar die Einschränkung, der Umschlag ins gegenteilige akustische Register: „Aber vielleicht wollen Sie das nicht, es entspricht nicht Ihrem Charakter, in Ihrer Heimat verhält man sich vielleicht in solchen Lagen anders, auch das ist richtig, auch das genügt vollkommen, stehen Sie gar nicht auf, sagen Sie nur ein paar Worte, flüstern Sie sie, daß sie gerade noch die Beamten unter Ihnen hören [...]." (E, 164)

In seiner Begeisterung steigert sich der Offizier solchermaßen in diese Vorstellungswelt, dass er – auch das ein wiederkehrendes Muster bei Kafka – laut wird, zuletzt gar ins Schreien gerät, selbst wenn er vom Flüstern spricht. Doch auch dieses Schreien kann dann wieder ins Verstummen umschlagen, wenn die erzählerische Kontrastierung es erfordert.

Doch diese rein akustische Kontrastierung bereitet in Wahrheit den eigentlichen „großen Umschwung[]" (E, 168) in dieser Erzählung symbolisch vor: Der Offizier befreit den Verurteilten, der bereits auf dem Folterapparat liegt, und opfert sich an seiner statt, spürt er doch, dass seine Sache, der Erhalt des Apparates, verloren ist. Wie zuvor bei dem Verurteilten gibt nun auch der Offizier, der sich selbst verurteilt hat, keinen Schmerzens- oder Schreckenslaut von sich. Stattdessen ereignet sich inmitten der Tortur, die der Offizier schweigend über sich ergehen lässt, ein besonderes akustisches Phänomen oder in unserer Terminologie ein Akusticon: Der Reisende beobachtet diesen quälenden Vorgang nicht, er starrt wie gebannt auf den Tötungsmechanismus, dem sich nun der Offizier ausgesetzt hat. Was ihn aus seiner optischen Starre reißt, ist die Erinnerung daran, „daß ein Rad im Zeichner hätte kreischen sollen; aber alles war still, nicht das geringste Surren war zu hören. Durch diese stille Arbeit entschwand die Maschine förmlich der Aufmerksamkeit." (E, 169) Die „Arbeit" der Maschine, die eigentlich ein qualvolles Schreien im Opfer auslösen sollte, fällt durch Stille auf, bis sich dann dieses kreischende Geräusch doch wieder meldet. Der Reisende geht ihm buchstäblich nach und muss feststellen, dass der Mechanismus in der Zeichner-Oberlage auseinanderfällt; Zahnrad um Zahnrad schleudert sich aus der Fassung: „[D]ie Maschine ging offenbar in Trümmer; ihr ruhiger Gang war eine Täuschung." (E, 171) Diese akustische Täuschung schlägt wiederum um in Stille, symbolisiert durch den Gesichtsausdruck des jetzt toten Offiziers: „[S]eine Lippen waren fest zusammengedrückt [...]." (E, 171 f.) Auch das letzte Bild der Erzählung wird von Stille bestimmt: Der Soldat und der Verurteilte wollen sich von der Strafkolonie-Insel retten und ins Boot des Reisenden springen, was dieser abwehrt. Sie „rasten [...] die Treppe hinab, schweigend, denn zu schreien wagten sie nicht." (E, 173)

Sie sehen sich nicht ‚erlöst', sondern vielmehr um einen emotionalen Ausdruck betrogen.

Es kann somit von einer akustischen Folter in Kafkas *Strafkolonie* keine Rede sein. Eher verhält es sich so, dass uns der narrativ-rhetorische Ansatz dieser Geschichte gerade durch das Aussparen der erwarteten Geräusche oder peinvollen Laute auf die Folter spannt. Das trifft selbst noch dann zu, als der Apparat beginnt auseinanderzufallen, was sich seltsamerweise geräuschlos zu vollziehen scheint. Kafka konstruiert hier Fälle von akustischer Täuschung, denen er jedoch auch immer wieder Beispiele akustischer Authentizität an die Seite stellt, dann etwa, wenn die Hafenarbeiter im Anhang zur *Strafkolonie*-Erzählung „um den Reisenden herum" flüstern: „Es ist ein Fremder". (E, 173). Denn ein solches Flüstern entspricht ja genau dem Verhalten Einheimischer Fremden gegenüber. Geräusche bilden in Kafkas *Strafkolonie* demnach eine Akustik des Unerwarteten, und das, wie gesehen, in einem eigenständigeren Sinne als in anderen seiner Texte.

Telephon, Parlograph, Grammophon: Geräusch der Dinge, verdinglichtes Geräusch

Im Geräusch meldet sich Leben in Form von akustisch-diffusen Resten. Man könnte das Geräusch oder Akusticon sogar als akustischen Überrest bezeichnen, der im Unbestimmten aufgeht. Das Geräusch ist somit das Artikuliert-Unartikulierte. Noch im Krächzen des Grammophons äußert sich ein Humanum, und das selbst dann, wenn seine Nadel die nächste Rille auf der Platte nicht erreicht und die gespielte Melodie Umdrehung um Umdrehung in sich zurückfällt und damit eine Art der Wiederholung generiert, die das Endlose zumindest zitiert und eine Vorstellung vom Unabsehbaren gibt, bis derjenige, der das Grammophon bedient, dem durch einen Eingriff ein Ende macht.

Die hier in Rede stehenden akustisch-sonantischen Dinge hatten alle bereits ihren Auftritt im Rahmen dieser Untersuchung; doch scheinen sie solchermaßen signifikant, dass sie noch einmal gemeinsam bedacht oder angemessener gesagt: verhört werden sollen. Sie sind Instrumente der Kommunikation, werden im Werk Kafkas aber auch zu Hindernissen in der Kommunikation. In ihnen verdinglicht sich das Geräusch und gleichzeitig entwesentlicht sich durch sie der Gehalt der Kommunikation.

Kafka versammelt in seinem Werk diese Kommunikationsgerätschaften der technischen Moderne, wobei die Inhalte dieser Kommunikation bestenfalls als vormodern bezeichnet werden können, elementar bis banal. Schon bei diesen Geräten zeigt sich, dass das Missverhältnis von technischem Aufwand für diese Apparate und dem geistig-ästhetischen Gehalt des durch sie Vermittelten eklatant ist. Anders etwa als Thomas Mann im Grammophon-Kapitel „Fülle des Wohllauts" im *Zauberberg* belässt es Kafka nicht selten bei der bloßen Nennung des Dinges ‚Grammophon', ohne dass es je erzählend hörbar würde, was es spielt.

Das „Telephon" als „Zwillingsbruder"

Als Ansatz der in diesem Kapitel zu leistenden vergleichenden Untersuchung der hier zu behandelnden Kommunikationsdinge diene eine genauere Betrachtung von Walter Benjamins Textstück „Das Telephon" aus den in den 1930er Jahren entstandenen analytischen Impressionen *Berliner Kindheit um Neunzehnhundert*. Der Grund für diese Wahl liegt darin, dass Benjamin hier analytisches Erzählen vorführt, und das an einem Beispiel, dessen Bedeutung für Kafka nicht nur leitmotivisch evident ist, wie der Abschnitt über das Telephon in *Das Schloß* bereits erwiesen hat, sondern auch in der Art der Herangehensweise deutliche Analogien, wenn nicht gar Parallelen zu Kafkas Verfahren aufweist.

Um der eingehenderen Betrachtungsweise willen segmentieren wir denn also Benjamins wie die Mehrzahl seiner Textstücke in dieser Sammlung absatzlos geschriebene Reflexion über das Telephon.

> [I] Es mag am Bau der Apparate oder der Erinnerung liegen – gewiß ist, daß im Nachhall die Geräusche der ersten Telephongespräche mir sehr anders in den Ohren liegen als die heutigen. Es waren Nachtgeräusche. Keine Muse vermeldet sie. Die Nacht, aus der sie kamen, war die gleiche, die jeder wahren Neugeburt vorhergeht. Und eine neugeborene war die Stimme, die in den Apparaten schlummerte.[188]

Im Zentrum steht einmal mehr der ‚Apparat'. Sogleich fällt auf, dass Benjamin ihn mit der Funktionsweise, der Struktur oder eben dem „Bau" der „Erinnerung" vergleicht, wobei eine gewisse Zweideutigkeit dieses Genetivs nicht von der Hand zu weisen ist. Es kann nämlich auch schlicht bedeuten: ‚Es mag an der Erinnerung liegen …', doch ist die Doppelsinnigkeit dieser Genetivkonstruktion zumindest angemessen. Benjamin betont zudem die Geräuschhaftigkeit der Stimme dieser „ersten Telephongespräche", das Dunkle, Nebulöse, ja Numinose. Sie entstammt einem Bereich des Ungefähren, Unbestimmten, das sich keiner eigentlichen Inspiration verdankt („Keine Muse vermeldet sie"), vielmehr hält sie sich in den Apparaten verborgen, muss also von Mal zu Mal geweckt werden.

> [II] Auf Tag und Stunde war das Telephon mein Zwillingsbruder. Und so durfte ich erleben, wie es die Erniedrigung der Frühzeit in seiner stolzen Laufbahn überwand. Denn als Kronleuchter, Ofenschirm und Zimmerpalme, Konsolen, Gueridon [gemeint ist ein Beistelltisch; d. Verf.] und Erkerbrüstung, die damals in den Vorderzimmern prangten, schon längst verdorben und gestorben waren, hielt, einem sagenhaften Helden gleich, der in der Bergschlucht ausgesetzt gewesen, den dunklen Korridor im Rücken lassend, der Apparat den königlichen Einzug in die gelichteten und helleren, nun von einem jüngeren Geschlecht bewohnten Räume.[189]

Benjamin unternimmt hier ein Höchstmaß an – von Ironie nicht freier – Identifikation mit dem Apparat: Er verpersönlicht ihn, erklärt ihn zu seinem „Zwillingsbruder". Er stellt ihn jedoch nicht als Zeugnis höchster Technik und Zivilisiertheit vor, sondern, im Gegenteil, als etwas quasi Archaisches („in der Bergschlucht ausgesetzt"). Die Errungenschaften einer abgelebten Zivilisation oder bürgerlichen Kultur (vom Kronleuchter bis zum Beistelltisch) werden nun jedoch von diesem, gar zu einem „sagenhaften Helden" stilisierten Apparat er-

---

[188] Benjamin, Berliner Kindheit um Neunzehnhundert, S. 242.
[189] Ebd.

setzt. Mit ihm setzt die neue Zeit ein, wobei die Spannung von Urhaftem und Neuem, welche diesen Apparat bestimmt, doch auffällt. Die „Bergschlucht" als Verbannungsort – das könnte zum einen darauf hindeuten, dass Benjamin im Telephon eine Art Caspar Hauser sah, bis dato zur Stummheit verurteilt, nun aber in die Zivilisation entlassen. Zum anderen sind die „Bergschluchten" in Goethes *Faust II* der Ort, wo Anachoreten „gebirgauf verteilt, gelagert zwischen Klüften" über das Leben nachsinnen. Und dieser mittelbare Verweis auf klösterliche Einsiedler, so ironisch-paradox dies im Kontext eines Kommunikationsapparates auch sein mag, erfolgt denn auch im nachfolgenden Abschnitt:

> [III] Ihm wurde er der Trost der Einsamkeit. Den Hoffnungslosen, die diese schlechte Welt verlassen wollten, blinkte er mit dem Licht der letzten Hoffnung. Mit den Verlassenen teilte er ihr Bett. Auch stand er im Begriff, die schrille Stimme, die er aus dem Exil behalten hatte, zu einem warmen Summen abzudämpfen. Denn was bedurfte es noch mehr an Stätten, wo alles seinem Anruf entgegenträumte oder ihn zitternd wie ein Sünder erwartete. Nicht viele, die heute ihn benutzen, wissen noch, welche Verheerungen einst sein Erscheinen im Schoße der Familien verursacht hat.[190]

Man könnte bei diesem ‚Er' vergessen, dass es sich noch immer um das Telephon handelt, den „Zwillingsbruder", dessen Personalisierung bei Benjamin geradezu unbedingte Züge annimmt. Das Telephon wird zum Akteur, der tröstet und verstört, hoffen lässt und zur Verzweiflung treibt. In der erlösenden und verheerenden Wirkung des Anrufs gewinnt das Telephon eine eigene Doppelgesichtigkeit, wird gewissermaßen zu seinem eigenen Bruder, jedoch mit grundverschiedenen Gesichtern:

> [IV] Der Laut, mit dem er zwischen zwei und vier, wenn wieder ein Schulfreund mich zu sprechen wünschte, anschlug, war ein Alarmsignal, das nicht allein die Mittagsruhe meiner Eltern, sondern die weltgeschichtliche Epoche störte, in deren Mitte sie sich ihr ergaben. Meinungsverschiedenheiten mit den Ämtern waren die Regel, ganz zu schweigen von den Drohungen und Donnerworten, die mein Vater gegen die Beschwerdestelle ausstieß. Doch seine eigentlichen Orgien galten der Kurbel, der er sich minutenlang und bis zur Selbstvergessenheit verschrieb. Und seine Hand war wie ein Derwisch, der der Wollust seines Taumels unterliegt. Mir aber schlug das Herz, ich war gewiß, in solchen Fällen drohe der Beamtin als Strafe ihrer Säumigkeit ein Schlag.[191]

Das Läuten des Telephons zur bürgerlichen Unzeit wird zum Fanal und Skandal zugleich. Es ist so unüberhörbar wie die Ironie, mit der Benjamin die Störung der Mittagsruhe benennt. Beinahe unmerklich wird dabei aus dem Er des Zwillings-

---

190 Ebd., S. 242 f.
191 Ebd., S. 243.

bruders Telephon das Er des Vaters, verfügen doch beide über Autorität: das Telephon über instrumentelle, der Vater über natürliche. Doch auch diese sieht sich konterkariert durch einen ironischen Vergleich: Die Hand des Vaters schlägt zwar nicht zu, versetzt sich aber in einen orgienhaften „Taumel[ ]", einen derwischähnlichen Tanz angesichts eines mechanischen Vorgangs. Das Kurbeln, das bei diesen ersten Telephonapparaten dem Freischalten beziehungsweise Verbessern einer Leitung diente, wird zur ekstatischen Ersatzhandlung.

> [V] In diesen Zeiten hing das Telephon entstellt und ausgestoßen zwischen der Truhe für die schmutzige Wäsche und dem Gasometer in einem Winkel des Hinterkorridors, von wo sein Läuten die Schrecken der Berliner Wohnung nur steigerte. Wenn ich dann, meiner Sinne kaum mehr mächtig, nach langem Tasten durch den finstern Schlauch, anlangte, um den Aufruhr abzustellen, die beiden Hörer, welche das Gewicht von Hanteln hatten, abriß und den Kopf dazwischen preßte, war ich gnadenlos der Stimme ausgeliefert, die da sprach. Nichts war, was die unheimliche Gewalt, mit der sie auf mich eindrang, milderte. Ohnmächtig litt ich, wie sie die Besinnung auf Zeit und Pflicht und Vorsatz mir entwand, die eigene Überlegung nichtig machte, und wie das Medium der Stimme, die von drüben seiner sich bemächtigt, folgt, ergab ich mich dem ersten besten Vorschlag, der durch das Telephon an mich erging.[192]

Wiederum betont Benjamin wie eingangs zu dieser Episode den gleichsam Scheinexilstatus des Telephons. Fand es sich zunächst in der „Bergschlucht ausgesetzt", sieht es sich nun in der Wohnung „ausgestoßen". Bedeutsam daran ist, dass diese vermeintliche Randexistenz des Apparates täuscht. Seine Dominanz wächst eben auch gerade von den Rändern her. Das Telephon, zunächst nur Apparat einer wertfreien Kommunikation, entpuppt sich im Laufe von Benjamins Darstellung als selbstherrliches, ja geradezu tyrannisches Instrument. Ein „Zwillingsbruder" ist es nun nicht mehr, sondern ein Herrschaftsding, das sich durch ein alles durchdringendes Läuten selbst dann noch Autorität verschafft, wenn es in die hinterste Ecke des Korridors verbannt worden ist.

Das Bild, das Benjamin wählt, um zu veranschaulichen, wie sich sein Kindheits-Ich zu diesem Apparat verhielt, entspricht jenem der Episode „Speisekammer": Es ist ein Im-Dunkeln-sich-Vortasten des Kindes, wobei es dieses Mal das erwünschte Ziel kennt, wogegen dieses Tasten in der „Speisekammer" zu etwas unverhofft Leckerem führt.[193] Im Fall des Telephons empfindet das Kind nun ein der Stimme am anderen Ende der Leitung gnadenloses Ausgeliefertsein. Diese Stimme beraubt es beinahe sogar seiner Sinne. Das Kind ergibt sich ihrer Mäch-

---

192 Ebd.
193 Ebd., S. 250.

tigkeit. Erweckte die „Speisekammer"-Episode die Sinnlichkeit des Kindes, scheint es hier quasi vergewaltigt durch die Stimme.

Einmal dem Apparat ausgeliefert, gibt es nur noch das Zuhören. Roland Barthes führte zu diesem Stichwort und Bezug auf das Telephon aus: „Die Anweisung zum Zuhören, die jede telephonische Kommunikation eröffnet, fordert den anderen auf, seinen ganzen Körper in der Stimme zusammenzuballen, und kündigt an, daß ich mich selbst völlig in meinem Ohr zusammenballe."[194] Durch diese, alle übrigen Sinne ausschließende Konzentration und Monopolisierung des Zuhörens kann wie in Benjamins Kindheitstext tatsächlich der Eindruck entstehen, dass hier ein Akt auditiver Vergewaltigung vorliege.

Kafkas (und Rilkes) „Nachbar" und das Telephon

In seiner auf Frühjahr 1917 datierbaren Prosa *Der Nachbar* gehört das Telephon zunächst einfach zum „Arbeitsapparat" (E, 495). Erst im letzten Drittel der kleinen Erzählung gewinnt es Prominenz, nachdem der Ich-Erzähler einen Nachbarn bekommen hat, der in eine bislang neben dem Bureau leerstehende Wohnung eingezogen ist. Nur „elend [...] dünne[] Wände" (E, 496) trennen Bureau und Nachbarswohnung voneinander. An einer von ihnen ist das Telephon des Ich-Erzählers angebracht. Die Wand wirkt hierbei wie ein Verstärker, denn alles, was am Telephon gesagt wird, hört der Nachbar namens Harras in der Nebenwohnung. Er wird zum unfreiwilligen oder freiwilligen Zeugen dessen, was das Ich dieser Geschichte an Geschäften betreibt, wobei es sich dieser Tatsache bewusst ist. Auch dieses Telephon wird zum Tyrannen, jedoch nicht als ‚Zwillingsbruder' des Ichs, sondern als geschäftsnotwendiger Fremdkörper. Das Ich versucht nun durch bizarre Manöver, dieses Überhört-Werden zu verhindern – vergeblich, wie sich erweist:

> Manchmal umtanze ich, die Hörmuschel am Ohr, von Unruhe gestachelt, auf den Fußspitzen den Apparat, und kann es doch nicht verhüten, daß Geheimnisse preisgegeben werden. Natürlich werden dadurch beim Telephonieren auch meine geschäftlichen Entscheidungen unsicherer, meine Stimme zittrig. (E, 497)

Der Apparat, der allein der Kommunikation dienen soll, führt zu Befangenheit, ja zu einer Pantomime. Unsicherheit bemächtigt sich des Ichs, der nur eines mit

---

[194] Roland Barthes, Der entgegenkommende und der stumpfe Sinn. Kritische Essays III, übers. von Dieter Hornig, 7. Aufl., Frankfurt a. M. 2013, S. 255.

Sicherheit weiß, eine Antwort nämlich auf die selbstgestellte Frage: „Was macht Harras, während ich telephoniere?"

> Wollte ich sehr übertreiben, aber das muß man oft, um sich Klarheit zu verschaffen, so könnte ich sagen: Harras braucht kein Telephon, er benutzt meines, er hat sein Kanapee an die Wand gerückt und horcht, ich dagegen muß, wenn geläutet wird zum Telephon laufen, die Wünsche des Kunden entgegennehmen, schwerwiegende Entschlüsse fassen, großangelegte Überredungen ausführen, vor allem aber während des Ganzen unwillkürlich durch die Zimmerwand Harras Bericht erstatten. (E, 497)

Mehr noch: Das Ich vermutet, dass Harras mit diesen geteilten Informationen noch vor Ende des jeweiligen Geschäftstelephonats in die Stadt gehen könnte und, noch bevor es die Hörmuschel aufgelegt hat, schon daran sei, „mir entgegenzuarbeiten." (E, 497) Das ist zweideutig genug, kann ‚entgegenarbeiten' ja sowohl ‚zuarbeiten' als auch ‚zuwiderhandeln' bedeuten.

Das entscheidende Verb in diesem Abschnitt ist ‚horchen', also intensives Hören. Zum Horchen bemerkt Roland Barthes, es sei „jene vorausgehende Aufmerksamkeit, durch die sich alles erfassen läßt, was das territoriale System stören kann." Das trifft recht genau auf die Bureau-/Nebenwohnungssituation der Kafka-Geschichte zu, ein ‚territoriales System' intrikater Räumlichkeit, die durch das Horchen geradezu aufgehoben wird. Barthes verweist aber auch auf die Ambiguität des Horchens:

> Wieviele Gruselfilme setzen das Horchen auf das Fremde ein, das panische Warten auf das unregelmäßige Geräusch, das den akustischen Komfort, die Sicherheit des Hauses stören wird: In diesem Stadium ist der wesentliche Partner des Lauschens das Ungewöhnliche, das heißt die Gefahr oder das unverhoffte Glück; umgekehrt wird das Horchen, falls es auf die Besänftigung eines Phantasmas abzielt, sehr rasch halluzinogen: Ich glaube tatsächlich zu hören, was ich als Glücksverheißung gerne hören würde.[195]

Was Harras aus den Telephonaten des Ich-Erzählers durch sein Horchen heraushört, und ob er hört, was er hören will, das bleibt offen. Das „Ungewöhnliche" ist hier die Tatsache des Horchens selbst, seiner Intensität und Wirkung. Der ‚akustische Komfort' eines entspannten Telephonierens freilich ist für das Ich der Geschichte definitiv ‚gestört'.

In der Literatur der Zeit findet sich das Nachbar-Motiv wiederum vorrangig durch Rilke besetzt. Und einmal mehr fällt auf, wie verwandt diverse Ausgestaltungen dieses Motivs bei Rilke und Kafka sind.

---

[195] (beide Zitate) Barthes, Der entgegenkommende und der stumpfe Sinn, S. 251.

Bereits im *Stunden-Buch* (1905) spricht das poetische Ich Gott als ‚Nachbarn' an, weil *es* vermutet, er leide an seiner Einsamkeit. Deswegen klopft es, horcht und rät, mehr als es fordert: „Gieb ein kleines Zeichen." Symbolisch bedeutsam nun diese Feststellung:

> Nur eine schmale Wand ist zwischen uns,
> durch Zufall; denn es könnte sein:
> ein Rufen deines oder meines Munds –
> und sie bricht ein
> ganz ohne Lärm und Laut.[196]

Diese Wand ist nicht ‚elend dünn', sondern erwünscht ‚schmal' – gerade damit sie einbrechen kann im Bedarfsfall und alle Grenzen zwischen dem Ich und dem möglicherweise bedürftigen Nachbarn namens Gott verschwinden können.

Der andere Nachbar in Rilkes lyrischem Werk ist jener im *Buch der Bilder* (1902/1906), der nur als gespielte Geige hörbar wird.[197] Sie präludiert gewissermaßen dem dritten und bekanntesten Auftritt des Nachbarn in seinem Werk, nämlich in *Die Aufzeichnungen des Malte Laurids Brigge* (1910):

> Es giebt ein Wesen das vollkommen unschädlich ist, wenn es dir in die Augen kommt. Du merkst es kaum und hast es gleich wieder vergessen. Sobald es dir aber unsichtbar auf irgendeine Weise ins Gehör geräth, so entwickelt es sich dort, es kriecht gleichsam aus, und man hat Fälle gesehen, wo es bis ins Gehirn vordrang und in diesem Organ verheerend gedieh, ähnlich den Pneumokokken des Hundes, die durch die Nase eindringen.
>
> Dieses Wesen ist der Nachbar.[198]

Bei der Charakterisierung des Phänomens Nachbar war sich Rilke offenbar sicher. Das ansonsten streichungsintensive Manuskript des Berner Taschenbuchs weist in dieser und den folgenden Nachbar-Passagen kaum Streichungen auf.[199] Besonders fällt die rein akustische Dimension dieser Nachbarschaft auf. Auch im Text Kafkas bleibt Harras ungesehen, „huscht" er doch „förmlich an mir vorüber, genau gesehn habe ich ihn noch gar nicht [...]. Im Augenblick hat er die Tür geöffnet, wie der Schwanz einer Ratte ist er hineingeglitten [...]." (E, 496) Das Ver-

---

[196] Rainer Maria Rilke, Du, Nachbar Gott, wenn ich dich manches Mal. In: Rilke, Sämtliche Werke, Bd. 1: Gedichte. Erster Teil, Frankfurt a. M. 1987, S. 255.
[197] Rainer Maria Rilke, Der Nachbar. In: Ebd., S. 392 f.
[198] Rainer Maria Rilke, Die Aufzeichnungen des Malte Laurids Brigge. Das Manuskript des „Berner Taschenbuchs", Faksimile und Textgenetische Edition, hrsg. von Thomas Richter u. Franziska Kolp, mit einem Nachwort von Irmgard M. Wirtz, Textgenetische Edition, Göttingen 2012, S. 56.
[199] Ebd.

störende an dieser akustisch bedingten Nachbarschaft bei Kafka ergibt sich aus der dünnwandigen Beschaffenheit des Hauses und der Art der akustischen Gerätschaft. Doch auch bei Rilke erweist sich diese Nachbarschaft als negativ, ja als pathologisches Phänomen. Das Akustische daran zeigt sich im Wahrnehmungsorgan, dem Ohr, das durch den unsichtbar bleibenden Nachbarn affiziert wird. Maltes hypothetisch erwogene Arbeit einer „Geschichte meiner Nachbaren", er bezeichnet sie als mögliches „Lebenswerk", versteht er sogar als „die Geschichte der Krankheitserscheinungen, die sie in mir erzeugt haben".[200]

Felice Bauer als Parlographin: Der andere Klangprozess

Für die hier in Rede stehende Verdinglichung des Akustischen durch Telephon, Grammophon und Parlographen und deren innerem – technischem wie symbolischem – Zusammenhang sind Kafkas Briefe an Felice Bauer *die* wesentliche Quelle. Wie bereits gezeigt, finden sich in diesen Briefen – auch in jenen an Grete Bloch – zentrale Reflexionen Kafkas zur Musik und zum Musikalischen überhaupt; doch gewinnen in ihnen Überlegungen zur technischen Materialität des Akustischen einen spezifischen Eigenwert. Ihm sei hier nun im Einzelnen nachzugehen, gerade weil er – auch in seinen ironischen Volten – belegt, wie aufmerksam bis intensiv Kafka die technische Produzierbarkeit des Akustischen beschäftigte. Dass dies ursächlich mit seinem Verhältnis zu Felice Bauer und ihrem Arbeitsbereich zu tun hatte, steht dabei außer Frage; denn als die beiden sich kennenlernten, arbeitete Felice nach einem Stenotypistinnen-Jahr bei der Schallplattenfirma Odeon (1909) bereits als Prokuristin im damals führenden Herstellungsbetrieb für Diktiergeräte und Phonographen, der Firma Carl Lindström A.G.[201] Die hier bereits erörterte Telephon-Problematik, wie sie Kafka insbesondere in *Der Verschollene* und *Das Schloß* literarisiert hat, findet in den einschlägigen brieflichen Äußerungen an Felice ihre Grundlage. Sie beginnen damit, dass Kafka bekennt: „Wie gut mußt Du das Telephonieren verstehn, wenn Du vor dem Telephon so lachen kannst. Mir vergeht das Lachen schon, wenn ich

---

200 Ebd., S. 57.
201 Zum Profil der Firma vgl. Rainer E. Lotz, Carl Lindström und die Carl Lindström Aktiengesellschaft, Vortrag auf dem 9. Discografentag, Immenstadt 2008, http://www.phonomuseum.at/includes/content/lindstroem/aktiengesellschaft.pdf (abgerufen am 12. November 2018). Vgl. auch Horst Wahl, Odeon – die Geschichte einer Schallplattenfirma, Düsseldorf 1986; Alfred Gutmann (Red.), 25 Jahre Lindström 1904–1929, Berlin 1929.

ans Telephon nur denke." (BaF, 91 f.; Brief v. 14.11.1912)[202] Kafkas Phonophobie hatte jedoch auch ihre Grenzen, denn für die kommerzielle Seite des Phonobereichs interessierte er sich – und sei es nur zum ironischen Schein – zunehmend; zudem verband er dieses Interesse mit praktischen Vorschlägen, sogar die Vertriebspraxis von Felices Firma Lindström betreffend. Dass er dabei Scheinobjektiv-Produktionstechnisches mit Emotionalem verknüpft, ergibt sich folgerichtig aus der Art dieser Briefe. Das zeigt sich mustergültig in seinem Brief vom 27. November 1912, den er mit Invektiven zum Grammophon schließt:

> Euer Geschäft habe ich mir beiläufig richtig vorgestellt, daß aber von Euch täglich der ganze verfluchte Lärm von 1500 Grammophonen ausgeht, das hätte ich wirklich nicht gedacht. An den Leiden wie vieler Nerven hast Du Mitschuld, liebste Dame, hast Du das schon überlegt? Es gab Zeiten, wo ich die fixe Idee hatte, es werde und müsse irgendwo in der Nähe unserer Wohnung ein Grammophon eingeführt werden und das werde mein Verderben sein. [...] Immerhin 1500 Grammophone! Und die müssen doch, ehe sie weggeschickt werden, zumindest einmal geschrien haben. Arme Felice! Gibt es genug starke Mauern, um diese ersten 1500 Schreie von Dir abzuhalten. Deshalb hast Du Aspirin. Ich, ich muß gar kein Grammophon hören, schon daß sie in der Welt sind, empfinde ich als Drohung. (BaF, 134)

Das ist ein in jeder Hinsicht sprechendes Beispiel für *Scherz, Satire, Ironie und tiefere Bedeutung* à la Kafka, um den sprichwörtlich gewordenen Titel des Grabbe-Stücks aufzugreifen, wobei der Umschlag ins scheinbar Konstruktive nicht auf sich warten lässt – mit abschließender Volte ins Private:

> Nur in Paris haben sie mir gefallen, dort hat die Firma Pathé auf irgendeinem Boulevard einen Salon mit Pathephons, wo man für kleine Münze ein unendliches Programm (nach Wahl an der Hand eines dicken Programmbuches) sich vorspielen lassen kann. Das solltet Ihr auch in Berlin machen, wenn es das nicht schon gibt. Verkauft Ihr auch Platten? Ich bestelle 1000 Platten mit Deiner Stimme und Du mußt nichts anderes sagen, als daß Du mir soviele Küsse erlaubst, als ich brauche, um alles Traurige zu vergessen. (BaF, 134)

Wohl nicht nur zum Scherz fragt er eine Woche später nach, ob Felices Firma seinen „Rat" befolgt und einen „Grammophon Salon in der Friedrichstraße eröffnet" habe – nach dem Pariser Modell (BaF, 157; Brief v. 4./5.12.1912), wobei er offenbar nicht wusste, dass Lindström seine Grammophone als Lynophone vertrieb, Emil Berliners Hannoveraner Pionierleistung modifiziert übernehmend.[203] Auch im neuen Jahr 1913 kommt Kafka noch einmal auf die geschäftliche Seite

---

202 Vgl. zum Lachen auch Christine Lubkoll, Das Lachen in der Literatur. Begegnung mit einem Kulturthema am Beispiel von Franz Kafka. In: Didaktik Deutsch 3 (1998), H. 5, S. 18–35.
203 Vgl. dazu bes. Stefan Gauß, Nadel, Rille, Trichter. Kulturgeschichte des Phonographen und des Grammophons in Deutschland (1900–1940), Köln/Weimar/Wien 2009.

zurück: „Gibt es schon diesen öffentlichen Phonographensalon in der Friedrichstraße? Wenn nicht, wann wirst Du ihn einrichten? Ich habe übrigens noch einen geschäftlichen Einfall für Dich. In den Hotels sollte man für die Gäste, ebenso wie ein Telephon, auch einen Parlographen bereit halten." (BaF, 259; Brief v. 19.1.1913)

Besonders aufschlussreich nun ist der Brief vom 22. zum 23. Januar 1913, dessen Anfang, die ‚Pontus'-Fabel, wir eingangs in den Vorüberlegungen zu einer ‚Poetik des Akustischen' bei Kafka besprochen haben. Bemerkenswert an diesem Brief ist dabei, dass sein dezidiert poetischer Anfang, die Traumszene an der Hafenbrücke mit der Hoffnung auf Nachrichten vom Pontus zu fünf neuen „geschäftlichen Einfällen" (BaF, 264 ff.) in Sachen Parlograph, Grammophon und Telephon führt. Die Vorschläge reichen bis hin zu Überlegungen zu funktionalen Verbindungen zwischen diesen Akustik-Dingen. Anders gesagt: Aus dem Ansatz einer mythologisch konnotierten, an Ovid orientierten Traumpoetik entsteht eine Technopoetik, die dem ‚Machen' von imaginierten technischen Phonogeräten gilt. Worum handelt es sich nun im Einzelnen?

Kafka schwebt erstens ein „Schreibmaschinenbureau" vor, „in welchem alles, was in Lindströms Parlographen diktiert ist", in Schreibmaschinenschrift übertragen wird. Zweitens denkt er an einen Parlographen, „der das Diktat erst nach Einwurf einer Geldmünze aufnimmt." Drittens sollen solche Phonographen in „allen größeren Postämtern" aufgestellt werden. Überdies sollen viertens diese Geräte auch in „Eisenbahnwaggons, auf Schiffen, im Zeppelin, in der Elektrischen" zur Nutzung bereit stehen, wobei Kafka mit Blick auf die Straßenbahn die ironische Pointe nicht vergisst: „wenn man zum Professor" fährt, um ihm etwas Geschriebenes bringen zu können. Desgleichen in „Sommerfrischenhotels, wo die vor Geschäftsunruhe zappelnden Kaufleute die Parlographen umlagern würden." Fünftens dann denkt Kafka an eine „Verbindung zwischen dem Telephon und dem Parlographen", auch wenn er einräumt, „Angst" vor beiden Geräten zu haben. Dennoch sei der Gedanke „ganz hübsch, daß in Berlin ein Parlograph zum Telephon geht und in Prag ein Grammophon, und diese zwei eine kleine Unterhaltung miteinander führen." (BaF, 265 f.) Auffallend daran ist, dass sich Kafka überhaupt eine Dissoziierung der akustischen Geräte vom Menschen vorstellen kann. Mögen hier zunächst auch menschliche Stimmen – sprechend oder singend – aufgezeichnet sein, es sind die Aufzeichnungen selbst, ihre technischen Konservierungen, die miteinander kommunizieren.

Einen anderen quasi juristischen Aspekt erwähnt Kafka wenig später. Der Parlograph könnte eine „unwiderlegliche Zeugenschaft" der Stimme erlangen, und zwar dort, wo es um „wichtige, peinlich genau aufzunehmende Gespräche der Banken, Agenturen" gehe. (BaF, 274; Brief v. 27./28.1.1913) Kafka spielt damit auf eine Art ‚Vokaloskopie' an, einen Stimmabdruck analog zum Fingerabdruck.

Seit William James Herschel als britischer Kolonialbeamter in der indischen Provinz Bengalen den Fingerabdruck 1858 als Identifizierungsmerkmal erstmals eingesetzt hatte, wurde die Daktyloskopie rasch zu einem international anerkannten Rechtsmittel. Kafkas Vorstellungen kreisen demnach um eine analoge Authentisierung von stimmlichem Material in rechtlichen Kontexten.

Dass Kafkas hier aufkeimende Begeisterung für technische Innovationen jedoch im entscheidenden Augenblick emotional überlagert blieben – vor allem natürlich im Verhältnis zu Felice Bauer –, kann schwerlich überraschen. Die telephonische Kommunikation blieb für ihn ein Problem. So schreibt er am 27. Mai 1913, dass er Felices Stimme am Telephon „nur ganz wenig verstanden" habe, „denn vor Glück, Deine Stimme zu hören, rauschte es mir zu sehr in den Ohren." (BaF, 391) Umso eindrucksvoller und höher zu bewerten ist Kafkas Vorstellungskraft gerade im Bereich möglicher Neuerungen in der akustischen Technik. Es scheint, als habe er durch solche Überlegungen oder Technophantasien sich die Realität des Akustischen vom Leib halten wollen, der mit allen seinen Sinnen und Organen zu hören schien.

Der Bau oder: Im Labyrinth der Geräusche

Wenn sich im Werk Kafkas so etwas wie eine Anatomie des Akustischen abzeichnete, wie diese Studie nahegelegt hat, dann beansprucht darin das späte, 1923/24 entstandene Erzählfragment *Der Bau* geradezu eine Schlüsselstellung. Denn keine Prosa Kafkas widmet sich so ausschließlich dem ‚Phänomen Geräusch' wie diese poetologisch, rationalitäts- und kulturkritisch lesbare Erzählung.[204] Es fällt dabei auf, dass die Forschung die für den zweiten Teil der Erzählung zentrale Geräusch-Problematik selten eigens thematisiert, wenn nicht gar umgangen hat.[205]

Geräusche gleichen einem akustischen Nebel; sie sind – sonantisch verstanden – das Diffuse schlechthin. Erinnern wir uns aber im Zusammenhang mit dieser vermeintlichen Tier-Geschichte (das Ich in *Der Bau* darf man sich durchaus als maulwurfsähnlich vorstellen,[206] als etwas – zuletzt sich selbst – Untergrabendes) an Roland Barthes' Definition des Geräuschs als dem Medium, durch das die Natur „vor Sinn" vibriere.[207]

Auch in Kafkas Erzählung vibriert der Vertreter der Natur, das Tier-Ich, aufgrund von Geräuschen, vibriert aber zunehmend vor Angst angesichts der scheinbar ohne Ursache präsenten Geräusche. Vivian Liska hat darauf aufmerksam gemacht, dass das jedem rationalen Zugriff sich entziehende Geräusch „paradoxerweise nur am Eingangsloch [zum Bau] als unhörbar" sich erweist.[208]

---

[204] Zu den diversen Forschungspositionen vgl. bes. Vivian Liska, [Art.] Der Bau. In: Kafka-Handbuch. Leben – Werk – Wirkung, hrsg. von Manfred Engel u. Bernd Auerochs, Stuttgart/Weimar 2010, S. 337–343, bes. S. 339 f. Liska unterscheidet hilfreich zwischen textimmanenten, autobiographischen, existentialistisch-philosophischen, formanalytischen, psychoanalytischen und dekonstruktivistischen Interpretationsansätzen, die von der Bandbreite der Deutungsmöglichkeiten dieser Erzählung zeugen, die jedoch allesamt das Geräusch nicht als einen – vom sonantischen Standpunkt her gesehen – diffusen gemeinsamen Nenner anerkennen.
[205] Ausnahmen sind Britta Maché, The Noise in the Burrow. Kafka's Final Dilemma. In: The German Quarterly 55/4 (1982), S. 526–540; sowie Kurz, Das Rauschen der Stille. – Das Geräusch als kulturkritisches Phänomen erwähnt Markus Winkler, Kulturkritik in Kafkas ‚Der Bau'. In: Zeitschrift für Deutsche Philologie 118 (1999), Sonderheft, S. 144–164. Das Diffuse, ja Irrationale dieser Geräuschobsession des Tier-Ichs in Kafkas Erzählung thematisiert Jochen Schmidt, Am Grenzwert des Denkens. Moderne Rationalitätskritik in Kafkas später Erzählung ‚Der Bau'. In: Figurationen der literarischen Moderne, hrsg. von Carsten Dutt u. Roman Luckscheiter, Heidelberg 2007, S. 331–346.
[206] Vgl. Liska, [Art.] Der Bau, S. 337.
[207] Barthes, Der entgegenkommende und der stumpfe Sinn, S. 254.
[208] Liska, [Art.] Der Bau, S. 338.

Doch zeigt sich darin womöglich eher etwas Nicht-Paradoxales, da diese Geräusche erst im Inneren der Natur, in ihrer Substanz hörbar sind, und zwar für diejenige Kreatur, die diesem Inneren wesensverwandt ist und es durchgraben kann, eben den Maulwurf. Er hört im Dunklen seines Baus, gerade *weil* er draußen im Licht blind wäre. Ausgeprägt sind sein Hör-, Geruchs- und Tastsinn, wobei ausgerechnet – und in diesem Fall wirklich paradoxerweise – sein scharfer Hörsinn ihn desorientieren wird.

Dieses Tier-Ich exemplifiziert, was Manfred Engel die „Pathographien des modernen Ich" bei Kafka genannt hat.[209] Zu einer solchen Pathographie gehört, dass es sich im Unsicheren einrichten muss, ja dass das Unsichere seiner Existenzbedingungen die einzige Gewissheit bietet, über die es verfügt. Das erweist sich bereits auf den ersten Seiten dieser Erzählung, wenn das Tier-Ich konstatiert: „Das schönste an meinem Bau ist aber seine Stille, freilich ist sie trügerisch, plötzlich einmal kann sie unterbrochen werden und alles ist zu ende [...]." (E, 640) Hier deutet sich eine Verunsicherung an, welche die ganze Geschichte über anhält und sich von Abschnitt zu Abschnitt verstärkt, nicht zuletzt weil die Unterbrechung der schönen Stille, dieses stundenlange durch die Gänge des Baus Schleichen-Können und Nichts-Hören-Müssen bereits als vorausweisende Gewissheit formuliert ist.

Bezeichnend ist, dass das Tier-Ich aus einem ganz bestimmten Grund bereit wäre, selbst diese Stille zu unterbrechen, nämlich um einen „Gesang" anzustimmen auf die „Unverletzbarkeit des Baus", eine Hymne also, zu der sich dieses maulwurfsartige Wesen befähigt glaubt. (E, 641) Nur ein solcher Gesang wäre eine Steigerung der Schönheit der Stille. Doch kommt es nicht dazu. Ausbau der unterirdischen Anlage, ihre Absicherung, Selbstversorgung und Vorratsbeschaffung nehmen das Tier-Ich völlig in Anspruch, wobei sich rasch Zweifel an der Wehrhaftigkeit des Baus einschleichen. Dann und wann will es seinen Bau „revidieren" (E, 645); zuweilen träumt es davon, den „Eingangsbau" umzubauen – aus Sorge um die Sicherheit im Inneren des Baus. (E, 647)

Was diese anfängliche Stille im Bau angeht, so gehört sie zum Sicherheitsgefühl, das dem Tier-Ich so wichtig ist. Ihre „Schönheit" bietet Anlass, ihr genussvoll zu „lauschen". (E, 641) Es wird diese Stille sogar rauschen hören.

Irritiert spricht das Tier-Ich von der „Pein", die ihm sein labyrinthischer Bau bereitet, und die in diesem frühen Stadium in erster Linie durch die Sorge um die

---

209 Manfred Engel, [Art.] Kafka und die moderne Welt. In: Kafka-Handbuch. Leben – Werk – Wirkung, hrsg. von Manfred Engel und Bernd Auerochs, Stuttgart/Weimar 2010, S. 498–515, hier S. 508.

Absicherung der unzähligen Gänge und des zentralen Burgplatzes[210] bedingt ist. Diese „Pein" wird sich schon bald auf die Geräusche beziehen, die das Erzähler-Ich überall in seinem Bau hören und verfolgen wird. Denn der eigentliche Umschlag hin zur Geräuschdominanz in dieser Erzählung erfolgt, als ihr Erzähler durch ein „kaum hörbares Zischen" (E, 659) geweckt wird. Von da an setzt ein geradezu filigranes Erzählen ein, das dem Versuch gilt, in die sich nun bildende Welt der Geräusche einzudringen.

Von Anbeginn versucht der Erzähler, durch Vermutungen über die Ursache des Geräuschs oder Akusticons und durch eine genaue Charakterisierung seiner habhaft zu werden, dem Prinzip folgend: Was man benennt, über das verfügt man. Es ‚zischt' also, woraus der Erzähler dann auch sogleich eine Art Selbstbeschwichtigung ableitet: „Dieses Geräusch ist übrigens ein verhältnismäßig unschuldiges; ich habe es gar nicht gehört, als ich kam, trotzdem es gewiß schon vorhanden war; ich mußte erst wieder völlig heimisch werden, um es zu hören, es ist gewissermaßen nur mit dem Ohr des wirklichen sein Amt ausübenden Hausbesitzers hörbar." (E, 659 f.)

Was dieses Geräusch verursacht hat, darüber glaubt der Bau-Kundige Bescheid zu wissen; es handele sich um einen sich verfangenden Luftzug in den Gängen, entstanden durch eine Grabung von unbekanntem „Kleinzeug" (E, 664). Kaum aber hat das Erzähler-Tier-Ich die Harmlosigkeit dieses Geräuschs konstatiert, beginnt es damit, diese Bagatellisierung zu relativieren. Was nun folgt, ist eine am Prinzip von nuancierter Variation und differenzierender Wiederholung orientierte Geräuschanalytik. Sie ist im Werk Kafkas einzigartig und gleicht einer Übung in verbalen Akustikstudien, die einer spezifischen Aufgabe zu genügen versucht: einem in sich diffusen akustischen Phänomen, den Geräuschen, sprachlich nicht nur nahezukommen, sondern es zu erfassen und zu zergliedern. Das Akusticon selbst vermittels sprachlicher Imitation zu veranschaulichen oder gar nachzuahmen und damit in der sonantischen Phantasie des Lesers zu evozieren, versucht der Erzähler jedoch nicht.

Was nun einsetzt, ist der – vergeblich bleibende – Versuch des erzählenden Tierwesens, die Herkunft des Geräuschs zu ermitteln. Dabei beginnt den Geräscheforscher folgender früher Befund langsam zu zermürben: „Ich komme gar nicht dem Ort des Geräusches näher, immer klingt es unverändert dünn in regelmäßigen Pausen, einmal wie Zischen, einmal wie ein Pfeifen." (E, 660) Was sich das Erzähler-Tier von der Ermittlung der Herkunft des Geräuschs wirklich

---

[210] Es erscheint wenig sinnvoll, Kafkas angebliche Äußerung, bei diesem Vorräte versammelnden und Übersicht gewährenden Burgplatz handele es sich um seine Freundin Dora Dymant, zu sehr zu gewichten. Mag sie auch der ‚Burgplatz' seiner letzten Liebe gewesen sein, so ist diese Bemerkung doch durchaus auch ironisch deutbar.

verspricht, bleibt offen. Zumindest ist es nicht seine erklärte Absicht, es zu beseitigen. Im Grunde will es das Geräusch verstehen. Die Geräuschanalyse dient aber auch dem Schärfen des Gehörsinns, was jedoch auch zu auraler Täuschung führen kann. Das Ohr des Erzählers glaubt, differente Geräuschwerte zu hören, die sich aber als nichtig erweisen: „[I]n Wirklichkeit ist überall ganz genau das gleiche Geräusch." (E, 661) Dieses ‚Gleichbleiben an allen Orten' ist die am meisten irritierende Qualität dieses Geräuschs. Zwar glaubt der Erzähler, zwei „Geräuschcentren" (E, ebd.) auszumachen, die sich dann aber gleichfalls als Hörillusion erweisen. Da die Klangunterschiede das Illusionäre sind, stellt der Bericht dieses maulwurfsartigen Forschers das Prinzip der Differenzierung selbst in Frage. Zwar betont er den Sinn des Vergleichens; er beschließt aber auch, die Wände des Baus systematisch abzuhorchen, wobei die Anstrengung des Horchens und Lauschens auch zu einer anderen Untersuchungsart führen soll: Der Maulwurferzähler will einen tiefen Graben innerhalb seines Baus ziehen, um auf diese paradoxe Weise dem Geräusch auf den Grund zu kommen. (E, 665) Dabei aber bringt er sich um den Genuss, den „das Rauschen der Stille" (E, 663) ihm sonst bereitete. Er glaubt mehr und mehr, „Kleinzeug", kleine Tiere bei ihrer Arbeit zu hören. Doch ergibt sich hierbei ein weiterer qualitativer Umschlag: Das Geräusch scheint selbsttätig zu werden, es beginnt, selbst zu arbeiten. (E, 671)

Das Graben des Erzählermaulwurfs bleibt Projekt und das, was es bewirken könnte, damit Spekulation. Einerseits verlangt ihn nach Gewissheit über die Ursache des Geräuschs, andererseits handelt es sich dabei um eine Gewissheit, die er gar nicht mehr haben will. (E, 676)

Signifikant nun ist, dass gegen Ende der fragmentarisch überlieferten Erzählung von einem zweiten Tier die Rede ist, einer – wenn man so will – gebündelten Verkörperung des tierischen ‚Kleinzeugs', von dem am Anfang die Rede war. Dessen Tätigkeit, ein vermutetes Graben „in seinem eigenen Bau", scheint sich an „Nachbarschaft" nicht zu stören. Doch der Erzählermaulwurf befindet kategorisch, sein Bau dulde keine Nachbarschaft, „zumindest eine hörbare Nachbarschaft verträgt er nicht." (E, 677)

Soweit die akustischen Befunde. Aber was bedeuten sie?

Nahe liegt eine biographische Deutung. Zu denken wäre hier vor allem an Kafkas zum Zeitpunkt der Niederschrift dieser Erzählung weit fortgeschrittene Lungenkrankheit „und das damit verbundene pfeifende Atemgeräusch – dann wäre der innere Feind leicht als nahender Tod zu identifizieren."[211] Dies wäre ein möglicher Hauptgrund für den Umstand, dass der Erzähler selbst, seine Tätigkeit, auch wenn sie nur erwogen wird, Verursacher des Geräuschs ist.

---

211 Engel, [Art.] Kafka und die moderne Welt, S. 511.

Dass ein solcher Deutungsansatz gerade bei Kafka nicht hinreichend sein kann, bedarf keiner Begründung. Entsprechend wurde darauf verwiesen, dass hier nur der „individuelle[ ] Spezialfall eines viel allgemeineren (Subjekt-)Modells" vorliege.[212] Entscheidend jedoch ist eine erzählästhetische Einsicht, wie sie Liska im Hinblick auf die Struktur des Textes herausgestellt hat. Sie spricht von der „Spannung zwischen einer fast monotonen Gleichförmigkeit der Textoberfläche und einer komplexen, aus minimalen Verschiebungen, Schwankungen und Ambivalenzen der Zeitebene, der Tonlage, der Perspektive und der Sprechsituation bestehenden Erzählweise, die sich jeder Festschreibung entzieht."[213] Die Gänge des Baus sind demnach in erster Linie Gedankengänge, deren Bewegung und innere Bewegtheit von, so Liska, „Pseudologik" bestimmt werden.[214] Die Geräusche erscheinen dabei gleichsam als der O-Ton dieses Denkens. Sie gehören konstitutiv zu diesem Bau. Das Geräusch ist Teil der Poetik nicht nur dieses Textes, sondern des Kafka'schen Textverständnisses überhaupt. Es ist selbst das nicht festgelegte und nicht festlegbare Bau-Element in seinem Schreiben. Wenn nun der Erzählermaulwurf in Der Bau das Geräusch als etwas Gleichbleibendes beschreibt und seine Dauer ohne wesentlichen Wechsel betont, dann verweist dies auf eine Stabilität des Instabilen, was nicht minder charakteristisch für Kafkas Erzählverfahren ist. Dieses Geräuschhafte grundiert die Erzählung, bildet den akustischen Hinter-, Mittel- und Vordergrund dieses Erzählbaus sowie die akustische Bedingung für das prospektive endlose Weiterbauen an ihm. Die Bemühung um differenzierende Beschreibung dessen, was sich der Differenzierung widersetzt, des Geräuschs nämlich, indiziert einen Willen zum Unmöglichen. Sie setzt jedoch auch das mühevolle, anstrengende Horchen und Lauschen voraus, das Risiko des Sich-Verhörens, dem der Erzählermaulwurf häufig ausgesetzt ist. Aber dieses Sich-Verhören meint eben nicht nur, einer akustischen Täuschung erliegen, sondern auch sich selbst ins Kreuzfeuer nehmen, sich peinlich befragen und untersuchen.

Dass dieser tierähnliche Erzähler überhaupt ‚ich' sagen kann, verweist auf seinen reflektierten Subjektstatus. Dieses Ich gräbt in seinem Inneren, droht sich selbst zu untergraben, geht seinen eigenen Gedankengängen nach und begreift allmählich, dass das Geräusch zu seinem Leben gehört und in diesem Sinne ein Lebenszeichen ist, so bedrohlich es auch wirken mag.

Als bloßes Geräusch bleibt das Geräusch ein akustisches Phänomen; verdichtete oder verwandelte es sich zum Rauschen (der Stille), würde daraus ein

---

212 Ebd.
213 Liska, [Art.] Der Bau, S. 340.
214 Ebd.

ästhetisches Ereignis. Wie gesehen und, wenn man so will, lesend gehört, spielt der Erzähler durchaus mit beiden auralen Qualitäten. Im Text stellt sich das Geräusch entsprechend als ein diffus gewordenes, poröses Rauschen dar, das seinen ästhetischen Reiz entweder längst eingebüßt oder nie wirklich darüber verfügt hat. Als ein quasi akustischer Nebel konkurriert das Geräusch in dieser Erzählung mehr noch als in vielen anderen Texten Kafkas mit einer um Präzision bemühten Erzählersprache. Ja, der Leser soll offenbar den Eindruck gewinnen, dass sich dieses differenzierende, sprachlich scharf konturierte Erzählen umso wirkungsvoller gegen diesen akustisch diffusen Hintergrund abhebt. Auch das Umgekehrte trifft zu: Das Geräusch setzt sich sinnfällig von der Genauigkeit suggerierenden Sprache des Erzählers ab. Hierbei weist der Erzähler auf eine subtile Differenz zwischen sprachlicher Aussage und sinnlicher Wahrnehmung hin: Das Ohr könne das Geräusch „in allen seinen Feinheiten unterscheiden", wobei er dieses sinnliche Vermögen zum Anlass nimmt, das Ergebnis dieses unterscheidenden Hörens sprachlich „aufzuzeichnen" und vor allem „nachzuprüfen", ob „die Wirklichkeit dem entspricht." (E, 660) Denn das Vertrauen in den Hörsinn ist ja seit Plato erschüttert; daher bedarf es des ständigen ‚Nachprüfens', um die sinnlichen Eindrücke zu verifizieren. Doch genau dieses Verifizieren ist dem Erzähler nicht eigentlich möglich. Er kann allenfalls Eventualitäten durchspielen, die das Geräusch erklären, hier etwa die Vermutung, ein bloßes „Sandkorn", das von einer „Wand herabfällt", könnte die Ursache für dieses Geräusch sein. (E, 661) Doch das wiederum zeugt vom ungewöhnlichen Hörvermögen des Ich-Erzählers.

Daraus etwas über den Zustand des modernen Subjekts beziehungsweise über das Subjekt in der Moderne abzuleiten, kann nur mit Vorbehalt geschehen. Was sich aber sagen lässt: Dieses Ich ist umgeben und durchdrungen von einem Etwas, das sich nicht (mehr) als Stimme artikulieren kann oder will, ein Es, *das* Geräusch eben, das man nicht stimmen und auf das man sich nicht wirklich einstimmen kann. Es ist das Fremde in und um uns als das Unbestimmbare schlechthin – längst schon vor, während und nach der Moderne. Es ist etwas akustisch Konstantes als Teil der anthropologischen Bedingungen. So gesehen oder besser: gehört ist Kafkas *Bau* der akustische Raum, in dem das Prekäre der menschlichen Befindlichkeit auf verstörende Weise vernehmbar wird.

Finaler Exkurs: György Kurtág, *Kafka-Fragmente* op. 24

Musikalische Auseinandersetzungen mit literarischen Werken bedeuten primär eine andere Art des Verstehens.[215] Hierbei ist grundsätzlich zu unterscheiden zwischen der Musik, die zu einer filmischen Umsetzung komponiert wurde – man denke an Cliff Martinez' Musik zu dem Film *Kafka* (F/USA 1991) von Steven Soderbergh –, und der musikalischen Arbeit mit Kafka'schem Material. Hier wären Philip Glass' Oper *The Trial* (2014) zu nennen und die nachfolgend zu bedenkenden *Kafka-Fragmente* (1985–1987) von György Kurtág. Bei letzterem Fall handelt es sich um musikalische Interpretationen für Solovioline und Sopran von einzelnen Stellen aus Kafkas Tagebüchern, Aphorismen und Briefen.[216] Diese Studie gibt Kurtágs Komposition den Vorzug vor der *Trial*-Oper, weil sie genauer die musikalische Deutungsarbeit nachvollziehen lassen, orientiert sie sich doch zumeist an knapp gehaltenen Texten, mit denen sie sonantisch arbeitet. Von einer ‚Vertonung' im strengen Sinne kann dabei jedoch schwerlich die Rede sein; eher von einer Entsprechung zum *visual turn* in der Kafka-Interpretation. Der *aural turn*, der sich an den sonantischen Strukturen Kafka'scher Texte orientiert und seine ostinaten Geräusch-Reflexionen ernst nimmt, sei damit neben das ‚Lesen von Visualität' gestellt, um Sandra Poppes Begriff abzuwandeln.[217]

Diese vierteilige Komposition mit vierzig Einzelsätzen bietet einen emotionalen Kosmos, der von Glückserfahrung ebenso weiß wie von Verzweiflung, Lebensfreude und Todeswissen. Thomas Bösche hat darauf aufmerksam gemacht, dass Kurtágs Kompositionsprinzip an E.T.A. Hoffmanns *Fantasiestücke in Callot's Manier* erinnere, die bekanntlich „heterogenste Elemente" miteinander in Verbindung bringen.[218] Wie bei Hoffmann geht es bei Kurtág um die Kunst, „in einem

---

215 Vgl. dazu Rüdiger Görner, „Verstehen ist immer gestimmtes". Über ein (musik-)hermeneutisches Problem. In: Ders., Schreibrhythmen. Musikliterarische Fragestellungen. Heidelberg 2019, S. 117–138.
216 Vgl. Thomas Bösche, „Den Himmel aufreißen". György Kurtág – Komponist, Musiker, Lehrer. In: Österreichische Musikzeitschrift 49/10 (1994), S. 597–600.
217 Sandra Poppe, Visualität lesen – neue Lektürezugänge zu Kafkas Werken. In: Kafka. Schriftenreihe der Deutschen Kafka-Gesellschaft, Bd. 2 (2008), S. 163–178. Vgl. grundlegend Barbara Beutner, Die Bildsprache Franz Kafkas, München 1973; sowie Volker Mergenthaler, Sehen schreiben – Schreiben sehen. Literatur und visuelle Wahrnehmung im Zusammenspiel, Tübingen 2002.
218 Thomas Bösche, Annäherung von den Rändern. Zu György Kurtágs Kafka-Fragmenten op. 24. In: Booklet zur Audio-CD György Kurtág, Kafka-Fragmente, eingespielt von Juliane Banse (Sopran) u. András Keller (Solovioline), ECM Records, 2006, S. 7–12, hier S. 8.

kleinen Raum eine Fülle von Gegenständen zusammenzudrängen, die, ohne den Blick zu verwirren, neben einander, ja ineinander heraustreten, so daß das Einzelne als Einzelnes, für sich bestehend, doch dem Ganzen sich anreiht."[219]

Zunächst einmal ist das Besondere an dieser Tonumsetzung von Kafka-Fragmenten, dass sie eine Sopranstimme und zudem ein dezidiert weibliches Instrument, die Violine, vorsieht. Damit betont der Komponist die weiblich-gefühlvolle Dimension dieser präzisen Reflexionen des Schriftstellers Kafka. Weiterhin ist der Umstand bemerkenswert, dass Kurtág durch sein Verfahren des Herausnehmens oder Herausbrechens von Sätzen das Fragmentarische im Werk Kafkas noch weiter akzentuiert, wenn nicht gar potenziert. Bezieht man beides aufeinander, dann gewinnt man den Eindruck, dass die durch ihre Musikalisierung weibliche Konnotierung dieser Fragmente vom bloßen Reflektionsmodus ins Gefühlslogische gehoben werden soll.

Kurtág betont naturgemäß musikbezogene Reflexionen Kafkas, bindet sie aber ein in emotive Zusammenhänge. Wesentlich an diesen *Fragmenten* ist, dass der Komponist ihr Ausdruckspotential ausreizt. Er bricht diese Fragmente nicht nur aus dem Gesamtkorpus des Kafka'schen Werkes heraus, vielmehr bricht er sie gleichsam von innen heraus musikalisch auf, setzt ihre innere Sprengkraft frei. Diese Musik ist gestisch geprägt; auffahrende Attitüden in der Sopranstimme wechseln ab mit Flüstern und Schreien, staccatohaftem Sprechgesang und Melodiebögen an der Grenze zu ihrer Überspannung. Die Violine fungiert nicht wirklich als Partnerin, eher als Kontrast. Sie kommentiert und konterkariert, spiegelt und verzögert, beharrt und überrascht durch plötzliche Glissandi oder schrille Pfeiftöne. Die Violine ist im eigentlichen Sinne Geräuschkulisse mit ihren Pizzicati, hektischen Skalenläufen und leeren Quinten. In „Berceuse II" etwa – Sonntag, den 19. Juli 1910: „Geschlafen, aufgewacht, geschlafen, aufgewacht, elendes Leben" (T, 17) – verlangt Kurtág der Sopranistin einen jähen Wechsel von lethargischem Ausdruck („geschlafen") und jäher Exklamation („aufgewacht") ab. Das Aufschrecken der Schlafenden bereitet sich im Geigenpart durch vibrierende Flageoletttöne und Geräuschcluster vor, die nachzuahmen scheinen, was im Verlauf dieser Studie über Kafkas Erfahrung mit Geräuschen gesagt wurde: Sie sind das konstant Unbeständige, das akustische Irritat, wenn man so will, ein sirrender Störfaktor oder eine akustische Reibung, die eben die menschliche Befindlichkeit konditionieren.

Was Kurtág mit diesen *Fragmenten* gelingt: Er spürt dem Sinnlichen in Kafkas Reflexionen nach und realisiert dieses Nachspüren als etwas Musikalisches. Wenn Stimme und Violine in diesem großen Zyklus konvergieren, dann ergibt sich aus

---

[219] Hoffmann, Fantasiestücke, S. 17.

dieser Kongruenz ein in sich einheitliches Klangbild, wie etwa in der Sequenz auf das in anderem Zusammenhang bereits behandelte Notat: „Meine Ohrmuschel fühlte sich frisch rauh kühl saftig an wie ein Blatt." (T, 12; undat.) In diesem Fall führt das leicht Iterative zu einer überraschenden (Über-)Dehnung des letzten Wortes: „Blatt" – als komme alles auf die Vergleichsqualität für die Ohrmuschel an.

Darauf folgt im Kurtág-Zyklus der beinahe arienhafte Anfang von „Einmal brach ich mir das Bein", der die Theatralität (nicht unbedingt immer Dramatik) dieser Tonausdeutung des geschriebenen Wortes belegt.

Musik- oder geräuschbezogene Zitate Kafkas, die Kurtág als Fragmente klanglich bearbeitet, kontrastiert er mit musik- und geräuschfernen Textstellen. Dann wieder nimmt er Stellen auf, in denen Kafka Musikferne und -nähe vereinigt und von einem moralischen Argument überwölben lässt; so im Falle von Fragment 24 aus den *Briefen an Milena:* „Schmutzig bin ich, Milena, endlos schmutzig, darum mache ich ein solches Geschrei mit der Reinheit. Niemand singt so rein, als die welche in der tiefsten Hölle sind; was wir für den Gesang der Engel halten, ist ihr Gesang." (BaM, 228; Brief v. 26.8.1920) Stimme und Violine setzen genau gleichzeitig ein; das erste „Schmutzig" ist akzentuiert, das zweite mit „endlos" bereits verschleift und als Dauerzustand konstatiert. Der Name „Mi-le-na" ist in seinen Silben jeweils gleich betont; „Geschrei" ist als erstes Wort schrill intoniert. Zumeist Flageoletttöne begleiten die Stimme, bauen keine gegenteilige Stimmung auf. In der Pause nach „Reinheit" vollzieht sich der Umschlag von „Geschrei" in die ‚Reinheit des Gesangs', wobei Kurtág, den Abstieg in die Hölle in einer verlangsamten, an Moll erinnernden Tonfärbung vorführt. Was die Verdammten singen, hier vom Sopran vertreten, reicht an den Gesang der Engel heran, gerade weil sie der Verlust der moralischen Reinheit ästhetisch rein singen lässt. Bedeutsam nun, dass Kurtág diesem Fragment ein Nachspiel angedeihen lässt, das den Punkt nach dem letzten Wort „Gesang" gewissermaßen wieder auflöst und zeigt, was dieser „Gesang" ist. Das geschieht in einer Art Nachstimmen der Violine, so als sei sie auf das Wort „Gesang" gestimmt, wobei sie sich aber einem Ausphrasieren dieses Wortes hingibt.

Fragment 32, „Szene in der Elektrischen: Die Tänzerin Eduardowa", aus dem Anfang des Tagebuchs (T, 10 f.; undat.) bietet eine thematisch besonders reizvolle Vorlage für eine musikalische Bearbeitung. Da darin von „zwei Violinisten" die Rede ist, welche die Tänzerin engagiert hat, um in der Straßenbahn für sie und die anderen Fahrgäste aufzuspielen, teilt sich die Geigenstimme gleichsam auf: Sie spielt für zwei. Was Kurtág hier erprobt, gleicht einem fragmentarischen Ariensatz, den die Violine am Ende weiter ausspinnt, um vorzuführen, was es heißt, wenn Kafka notiert: „Aber bei voller Fahrt, starkem Luftzug und stiller Gasse klingt es hübsch." Diese Kontraste verarbeitet die Musik in Gestalt einer enggeführten, gedämpft bis getragen wirkenden Passacaglia.

Höchste Lagen der Geige deuten im letzten Fragment – Fragment 40, „Es blendete uns die Mondnacht ..." (NSF II, 92) – das Blenden des Mondlichts an. Das Schreien der Vögel „von Baum zu Baum", wird *pizzicato* unterlegt. Anklänge an jüdische Sangesweisen, die sich ins Koloraturhafte steigern, schließen den Zyklus, wobei die Violine das Unruhepotential aufnimmt und befriedet. Das „Schlangenpaar" am Ende entspricht der Paarung von Sopranstimme und Violine, die gemeinsam in der Gepaartheit verstummen. Der besondere Reiz dieses Schlußstücks besteht nun darin, dass „Es blendete uns die Mondnacht" Eichendorffs „Mondacht" („Es war, als hätt' der Himmel die Erde still geküßt") und Schumanns Vertonung als Kontrast wie von Ferne in Erinnerung ruft.

Was Malte Kleinwort als ‚Textkonstellationen' bei Kafka herausgearbeitet hat,[220] kann auf Kurtágs Verfahren in seinen *Kafka-Fragmenten* übertragen werden: Mit diesem Zyklus hat der Komponist Textklangkonstellationen geschaffen, die das Disparate in den Textsegmenten aufzeigt und das scheinbar Eindeutige der Aussagen Kafkas musikalisch als Täuschung entlarvt. Am Ende eines jeden ‚Fragments' dominiert nämlich der Eindruck des Zweideutigen, ja Zwiespältigen. So genau Kurtág mit seinen Angaben zum Vortrag auch ist, sie steigern nicht selten das Empfinden von Ambiguität im Hörer. Inwieweit diese Kompositionen jedoch dessen ‚Ambiguitätstoleranz' fördern, steht auf einem anderen Blatt.[221]

Diese Kompositionen zeigen in jedem Fall eines: das sonantische Feld, das um einen Text oder Textteil existiert, sein akustisches Umfeld, das aus dem Text selbst sich generiert oder komponierend generieren lässt. Kurtágs kompositorische Arbeit mit jenen Texten Kafkas, die er zu Fragmenten erklärte, belegt und vermittelt eine vielfach aufgebrochene Textakustik als das im eigentlichen Sinne Auratisch-Sonantische dieser Stellen. Wenn vorher vom Ausreizen des klanglichen Materials einer Kafka-Stelle die Rede war, dann hat sich hiermit, mit der Bezeichnung des ‚sonantischen Feldes' um einen Text, der treffendere Begriff ergeben. Es ließe sich auch von einem Resonanzbereich des jeweiligen Textes sprechen, je nachdem, welchen Aspekt des Klanglich-Geräuschhaften man im Sinn hat. Da kann zum einen – im Fall der ‚Resonanz' – die Ausstrahlung der Bedeutung eines Textstücks gemeint sein, die musikalisch aufgefangen und transformiert wird. Zum anderen betrifft es das akustische Potential dieser Stellen, das Kurtág auch – und vor allem – assoziativ erschließt. Das zeigt sich ins-

---

220 Vgl. Malte Kleinwort, Kafkas Verfahren. Literatur, Individuum und Gesellschaft im Umkreis von Kafkas Briefen an Milena, Würzburg 2004.
221 Vgl. Thomas Bauer, Die Vereindeutigung der Welt. Über den Verlust an Mehrdeutigkeit und Vielfalt, 6. Aufl., Stuttgart 2018, darin bes. die beiden Kapitel zur Musik und Kunst, S. 41–61.

besondere dann, wenn er vergleichsweise abstrakte Reflexionen Kafkas ‚vertont', etwa Fragment 3: „Verstecke sind unzählige, Rettung nur eine, aber Möglichkeiten der Rettung wieder so viele wie Verstecke." (NSF II, 118/Nr. 26) Musikalisch baut sich ganz knapp auf der ersten „Rettung" wieder eine kleine Skalierung der Violine auf, als sollte ihr Gestimmt-Werden zitiert werden. Bei der zweiten Nennung von „Rettung" wiederholt sich dieses Verfahren nicht. Der Satz beginnt und endet mit dem Wort „Verstecke", wobei die Letztnennung die zweite Silbe pausenhaft dehnt und dadurch den Eindruck von Reflexion verstärkt; auch die Violine nimmt sich zurück und scheint ihrerseits im Reflexionsmodus angelangt. Er zeigte sich bereits nach der Erstnennung von „Rettung", die dem Wort noch etwas Dringliches, Rufhaftes verleiht, dann aber umschlägt in ein nachdenkliches *sotto voce* genommenes „nur eine". Der Satz funktioniert wie seine klangliche Bearbeitung nach dem Prinzip: Zusammenziehung und Öffnung, Systolē und Diastolē, was die Violinstimme nicht relativiert, sondern unterstreicht.

Von ganz wenigen *legato*-Stellen abgesehen, akzentuieren Violine und Sopran das Jähe, Plötzliche der innerhalb dieser zitierten und durch das Zitieren segmentierten Textstellen. Es entspricht dem Paradoxen, das Kafkas Sentenzen prägt.

Nur wenige Notate wirken durch Kurtágs Musikalisierung ihrer selbst entfremdet, um nicht zu sagen: entstellt.[222] Ein solches Beispiel ist Fragment 14 („Umpanzert"): „Einen Augenblick lang fühlte ich mich umpanzert." (T, 149; Eintrag v. 21.2.1911) Einem Ruf gleich intoniert die Violine durch ein Hochschrauben einer Phrase und ihrem Ablauten-Lassen den „Augenblick", wobei sie ausgerechnet nach „umpanzert" auf höchster Lage endet. Das Bedrückende dieser gefühlten Zwangslage im Text findet auf diese Weise im Musikalischen keine Entsprechung. Eher scheint es, als habe die Violine den ‚Panzer' aufgebrochen oder zumindest überhöht.

In manchen Fragmenten ereignet sich durch ihre kompositorische Bearbeitung eine überdeutlich vorgetragene Interpretation. So etwa in Fragment 19: „Nichts dergleichen." Kafka wiederholt sie einmal: „Nichts dergleichen, nichts dergleichen." (NSF II, 17)[223] Kurtág macht daraus ein schrilles Aufschreien zu auftaktig geprägten Wiederholungsfiguren der Violine, bis der Sopran den Text

---

[222] Vgl. Görner, Fremdklänge oder: Neues vom verlorenen Subjekt. Kursorische Annäherungen an die Verfremdung als musikästhetische Kategorie. In: *Verfremdungen. Ein Phänomen Bertolt Brechts in der Musik*, hrsg. von Jürgen Hillesheim, Freiburg i. Br./Berlin/Wien 2013 (= Litterae, Bd. 101), S. 273–283.

[223] Vgl. Kleinwort, Kafkas Verfahren, S. 118–125, hier: S. 121 f.. Zum Problemkomplex überhaupt vgl. bes. Mathias Mayer, Franz Kafkas Litotes. Logik und Rhetorik der doppelten Verneinung, Paderborn 2015.

vernehmbar artikuliert, wobei die Musik in eine jähe Acceleration, einen Beschleunigungsmodus übergeht, bis zuletzt aber am Wiederholungsprinzip mit subtil nuancierten Variationen festhält, und das trotz des ekstatischen Schreiens, das etwas von expressiven akustischen Zuckungen hat. In seiner Intensität erinnert dieser Schrei an den Anfang der hier bereits besprochenen Prosa *Unglücklichsein*, wo es sich um einen Schrei handelt, „dem nichts antwortet und dem auch nichts die Kraft des Schreiens nimmt, der also aufsteigt ohne Gegengewicht, und nicht aufhören kann, selbst wenn er verstummt". (E, 24 f.) Eigentlich überträgt Kurtág diese Stelle auf „Nichts dergleichen, nichts dergleichen" und *interpretiert* sie dadurch nicht als eine Gleichgültigkeit indizierende Aufzeichnung Kafkas, sondern als Ausdruck maßlosen Ungehaltenseins über diesen Zustand oder Befund.

Doch finden sich in diesem Großzyklus Kurtágs auch Beispiele für ein genaues Auszeichnen des sonantischen Feldes um einen Text, wobei die Komposition darum bemüht zu sein scheint, den Wortsinn zu deuten. In höchsten Lagen wiegend, so ließe sich die Geigenstimme in Fragment 18 bezeichnen: „Träumend hing die Blume am hohen Stengel. Abenddämmerung umzog sie." (NSF II, 515) Das Träumerische drückt sich paradoxerweise durch diesen wiegenden Ton aus, der ans Schrille grenzt, ohne schrill zu werden, wobei das Adjektiv „hohen" – hier wie an vielen Stellen spielt Ironie mit herein – vom Sopran betont tief genommen wird. Das Hohe wird zur tiefsten Stelle der Tonsequenz – ganz im Sinne des lateinischen *altissimus*, das Höhe und Tiefe und damit reine Ambiguität bezeichnen kann. Dem ‚Dämmern' dagegen ganz entsprechend ruht der Sopran auf dem ü in „Abenddämmerung" geradezu aus, wobei sie das „umzög" eher als Hinaufziehen in wiederum höchste Höhen deutet. Die am hohen Stengel träumend hängende Blume scheint dieses ‚Hohe' im Traum weiter zu intensivieren und dabei buchstäblich jede Bodenhaftung zu verlieren; dennoch kann sie sich ihrer Ummantelung durch die Abenddämmerung sicher sein; diese wird nämlich durch die ostinaten Wiederholungsfiguren der Violine in den Oberlagen bestätigt.

Durch diese Kompositionsweise hat Kurtág die sonantischen Felder der von ihm als Fragmente ausgewählten Kafka-Texte in jedem Sinne ‚bestellt', sie, paradox gesagt, öffnend begrenzt, gleichsam gepflügt und eingesät. Mit jeder neuen Aufführung geht diese Saat neu auf und mit ihr die Möglichkeiten der Interpretation.

Kadenzloser Schluss: „Einmal dem Fehlläuten der Nachtglocke gefolgt"

Furchtbarer als Geräusche sei nur die Stille, befand Rilkes Malte Laurids Brigge, wobei auch er eine Analytik der Geräusche vorlegte, die Kafka für vorbildlich gehalten haben dürfte, hätte er sie denn gekannt, was nicht auszuschließen ist. Die besagte Stelle lautet:

> Beinah jeder kennt den Lärm, den irgendein blechernes, rundes Ding, nehmen wir an, der Deckel einer Blechbüchse, verursacht, wenn er einem entglitten ist. Gewöhnlich kommt er gar nicht einmal sehr laut unten an, er fällt kurz auf, rollt auf dem Rande weiter und wird eigentlich erst unangenehm, wenn der Schwung zu Ende geht und er nach allen Seiten taumelnd aufschlägt, eh er ins Liegen kommt. Nun also: das ist das Ganze; so ein blecherner Gegenstand fiel nebenan, rollte, blieb liegen, und dazwischen, in gewissen Abständen, stampfte es. Wie alle Geräusche, die sich wiederholt durchsetzen, hatte auch dieses sich innerlich organisiert; es wandelte sich ab, es war niemals genau dasselbe.[224]

Das ist eine ganz Rilke-gemäße Anatomie des Geräuschs: Ursache und (verzögerte) Wirkung sieht sich bis ins Kleinste beschrieben – in etwa eine Entsprechung zum herabrollenden Sandkorn, an dem der Erzähler in *Der Bau* sein Verständnis von Geräusch misst. Nur dass Malte hier die Genese des Geräuschs noch treffender beschreibt und ihr das sprachlich Äußerste an Differenziertheit abgewinnt.

Da tritt es zudem wieder in Erscheinung oder genauer, ins Gehör: das Organisierte am Geräusch – wie später bei Varèse im zuvor in dieser Studie angetroffenen ‚organisierten Klang'. Oder eben bei Kafka: das Problem des strukturbildenden Geräuschs, das sich über und neben alles legt und das erzählende Maulwurf-Ich nicht mehr zur Ruhe kommen lässt.

Bei Rilke meldet sich dann jedoch eine genuine Stimme zu Wort, der Gesang der Abelone; der Ich-Erzähler präzisiert: Die Stimme erhob sich in ihr. Und das mitten unter Passanten; diese „stießen aneinander, entschuldigten sich, hüstelten. Schon wollten sie in ein allgemeines verwischendes Geräusch übergehen, da

---

[224] Im Berner Taschenbuch Rilkes, das die textgenetische Edition der „Aufzeichnungen des Malte Laurids Brigge" wiedergibt, ist diese Stelle noch ohne Bezug auf das Geräusch. Dort steht die bloße Materialität der Büchse im Mittelpunkt. In: Rainer Maria Rilke, Die Aufzeichnungen des Malte Laurids Brigge, Textgenetische Edition, S. 73 u. 74. Hier in: Rilke, Rainer Maria: *Sämtliche Werke*, Bd. 6: *Prosa* hrsg. vom Rilke-Archiv in Verbindung mit Ruth Sieber-Rilke, besorgt durch Ernst Zinn, Frankfurt a. M. 1987, S 871–872.

https://doi.org/10.1515/9783110542240-012

brach plötzlich die Stimme aus, entschlossenen, breit und gedrängt [...]. Alle standen gleichsam geduckt unter dieser Stimme."[225]

Sie, diese Stimme, kann niemand ernsthaft etwa mit dem Pfeifen einer Josefine verwechseln; sie ist nicht zweideutig, sondern unzweifelhaft artikuliert, eine Stimme, wie man sie bei Kafka nicht findet. Denn eines ist nunmehr festzuhalten: So sehr Kafka und seine Protagonisten Geräuschen misstrauen, sie verstörend finden, einer reinen Stimme oder Kantilene gegenüber wären beide noch skeptischer eingestellt gewesen.

Kurtágs Verfahren hat erwiesen, dass es Motive im Werk Kafkas gibt, die sich durch eine weitere Fragmentierung der Fragmente, aber auch der abgeschlossenen Texte, deutlicher herausarbeiten lassen. Folgen wir zuletzt diesem Beispiel insofern, als wir bislang angesichts der erörterten thematischen Struktur unberücksichtigt gebliebene Stellen würdigen, um auf diese Weise die bisher gewonnenen Einsichten zum Thema ‚Kafkas Verhältnis zum Akustischen' einer gewissen Abrundung zuzuführen, auch wenn dabei regelgerechte Kadenzen nicht werden zustande kommen können.

Hier bietet sich zunächst der diskret akustisch strukturierte, 1918 erstmals veröffentlichte Text *Ein Landarzt* an. Seine Schlusszeile entschlüsselt wie im Nachhinein die Sinnstruktur dieser parabelhaften Prosa: „Einmal dem Fehlläuten der Nachtglocke gefolgt – es ist niemals gutzumachen." (E, 183) Was sich da retrospektiv oder soll man sagen: retroauditiv erschließt, setzt mit dem dreifachen besonderen Hören des Landarztes ein: Er hört die „Türkette klirren", die Rosa, des Arztes Dienstmagd, deren Schönheit ihm bislang nicht bewusst gewesen ist, geräuschvoll vorlegt „im richtigen Vorgefühl der Unabwendbarkeit ihres Schicksals"; denn sie fürchtet ihre Vergewaltigung durch den sinistren Pferdeknecht, der wundersamerweise dem Landarzt zwei Pferde beschafft um den Preis, während seines Patientenbesuchs sich an Rosa zu vergehen. (E, 179) Der Landarzt hört weiter „das Schloß einspringen" und zuletzt vernimmt er, wie die Tür seines Hauses „unter dem Ansturm des Knechtes birst und splittert", was ihm „Augen und Ohren von einem zu allen Sinnen gleichmäßig dringenden Sausen erfüllt." (E, 178) Hier fällt auf, dass auch die Augen ‚hören', und dass dieses „Sausen" – wie später die Geräusche im *Bau* – sich „gleichmäßig" auf die Sinne verteilt.

Wieder begegnen wir dem Gegensatz von ‚Flüstern' und Aufschreien im elterlichen Haus des kleinen Patienten: Dieser flüstert dem Arzt ins Ohr, er solle ihn sterben lassen, wogegen seine Angehörigen den Arzt beschreien, weiter den Kranken zu betreuen und sie nicht zu verlassen.

---

[225] Ebd., S. 936.

Die nächste Phase der Geschichte ist mit einem „Schulchor" verbunden, wohl bestehend aus Freunden des Jungen, die eine „äußerst einfache Melodie" singen, jedoch auf einen mörderischen Text: „Entkleidet ihn, dann wird er heilen, / Und heilt er nicht, so tötet ihn! / 'Sist nur ein Arzt, 'sist nur ein Arzt." (E, 181) Dieser Chorsatz erfolgt geradezu als Echo auf die vom Landarzt zuletzt gefundene schwärende Wunde an der Seite des Jungen. Der Diagnose geht ein „von höhern Orts angeordnet[er]" (E, 180) Lärm in Gestalt von Pferdewiehern voraus. Die solchermaßen akustisch umrahmte (Nicht-)Behandlung des Jungen, der mit dieser „schönen Wunde" zur Welt kam als einer „ganzen Ausstattung", erfährt dann nochmals ein Echo durch einen „neuen, aber irrtümlichen Gesang der Kinder", die davon ausgehen, dass der Arzt ihrem Freund hilft. (E, 183) Dieser aber flüstert dem Landarzt seine Geringschätzung für ihn auf nahezu intime Weise zu, der ihn seinerseits nur mit Worten beruhigen kann. Denn für diese existentielle Wunde gibt es keine Behandlung. Das Akustische entpuppt sich hier als Geräuschkulisse von Täuschungen, wie dann ja auch der Arzt selbst einsehen muss, dass er umsonst gerufen und damit sogar um seine Praxis gebracht wurde, noch verstärkt durch den zweimaligen Ausruf „Betrogen! Betrogen!" (E, 183)

Akustische Eindrücke synkopieren in Kafkas Texten nicht selten die optischen Wahrnehmungen. Eine Besonderheit findet sich in dieser Hinsicht unter den 1912 in den *Herder-Blättern* teilweise veröffentlichten Aufzeichnungen *Richard und Samuel*, in denen die Richard-Figur (Kafka verwandt) eine Geräuschsituation beschreibt, in der sich akustische Phänomene gegenseitig zu einer „vollkommenen Ruhe" neutralisieren. Es handelt sich dabei um Bahnfahrtgeräusche. Gewöhnlich könne er (Richard alias Kafka) aufgrund seiner „aus Überarbeitung stammenden Nervosität durch den Lärm" nicht schlafen. Dagegen herrsche in der Eisenbahn „die Gleichmäßigkeit der Fahrtgeräusche, ob es nun gerade die arbeitende Federung des Waggons ist, oder das sich Reiben der Räder, das Aneinanderschlagen der Schienen, das Zittern des ganzen Holz-, Glas- und Eisenbaues", sofern ein „Pfiff der Lokomotive" diesen Eindruck der gegenseitigen Harmonisierung der Geräusche nicht stört. (E, 296 f.; dort auch alle anderen Zit.)

Dabei können akustische Momente bei Kafka leicht ins Hyperreale umschlagen. Im Kapitel „Geschichte des Beters" der *Beschreibung eines Kampfes* bekommt ein „Herr" von einem „Fräulein" Folgendes zu hören: „Sie sind in Ihrer ganzen Länge nach aus Seidenpapier herausgeschnitten, aus gelbem Seidenpapier, so silhuettenartig [sic!] und wenn Sie gehen, so muß man Sie knittern hören." (E, 364)

In der frühen *Beschreibung eines Kampfes* (gegen Ende der Fassung A, Herbst 1904 / Frühjahr 1905) findet sich das Akustische wiederum ins scheinbar Harmlose zurückgestuft: „Oh, da ist Musik, man hört die Pferde weit, es ist keine Sorge nötig, da ist Geschrei und Leierkästen spielen in den Alleen." (E, 381) Das klingt konventionell, dürfte auch genau so gemeint sein, auch wenn diese akustische Genreskizze gerade im Vorgriff auf spätere Entwicklungen des Akustischen im Werk Kafkas eine bemerkenswerte Schichtung aufweist. Vom Zusammenspiel des Disparaten („Musik und Pferde", „Geschrei und Leierkästen") im Kontext strukturierter oder gezähmter Natur (angelegte „Alleen", „Pferde") geht etwas Beruhigendes aus. Doch was droht, wenn diese akustischen Momente oder Komponenten, sich verselbständigend, auseinandertreten?

In der Fassung B lässt sich diese Trennung im akustischen Umfeld der Handlung nachvollziehen. Konventionell klingt: „Eine Geige spielte zart im Strandhotel." (E, 388) Aber diese Konventionalität ändert sich rasch, wenn der Ich-Erzähler seine bevorstehende Ermordung vermutet. Der putative Täter „hob den rechten Arm, zuckte mit der Hand und horchte auf den Kastagnettenklang des Manschettenkettchens. Jetzt kam offenbar der Mord." (E, 391) Davon getrennt ein anderes Geräusch: „[Z]weihundert Schritte von einem baldigen Mord" entfernt gebärdet sich ein Polizist seltsam. Offenbar angeregt durch eine Melodie in seinem Inneren bewegt er sich wie ein Eisläufer über das Straßenpflaster. Ja, er dreht sogar eine Pirouette. „Endlich juchzte er noch schwach und, Melodien im Kopfe, fieng er wieder zu schleifen an." (Ebd.)

Akustische Phänomene dieser Art – ob für andere hörbar oder nicht – verhelfen den absurden Situationen in Kafkas Texten zu ihrem angemessenen Ausdruck. In einem Notat zum Fragment *Jäger Gracchus* etwa findet sich eine absurde, auf Akustisches bezogene Aussage, wobei das Gewitzte darin besteht, dass ihr Inhalt einfach als gegeben deklariert wird. Er manifestiert sich in einer ebenso schlichten wie verblüffenden Sequenz:

> Jeder Mensch trägt ein Zimmer in sich. Diese Tatsache kann man sogar durch das Gehör nachprüfen. Wenn einer schnell geht und man hinhorcht, etwa in der Nacht wenn alles ringsherum still ist, so hört man z.B. das Scheppern eines nicht genug befestigten Wandspiegels oder der Schirm [...] (E, 469; der Satz bricht hier ab, d. Verf.)

Das Gehör gilt dem Erzähler hier sogar – wie sonst eher selten bei Kafka – als eine Instanz. Dass das Gehör nachprüfen *kann*, verleiht ihm Glaubwürdigkeit, ja Autorität.

Diese potentiell geräuschvolle Einrichtung des Inneren darf als negative Entsprechung zu jenem „Gesang" gelten, zu dem Gracchus nach eigener Aussage vor seinem scheintödlichen Sturz fähig gewesen ist. (E, 470)

Dabei gibt es bei Kafka, wie vielfach gesehen, eine erhebliche Bandbreite zwischen augenscheinlich ironisch gemeinten Musikbezügen – gerade auch indirekter Art – und Anspielungen an das (einst) Musikalisch-Erhabene. So berichtet etwa der Erzähler in dem 1909 veröffentlichten Text *Die Aeroplane in*

Brescia von seinem Blick auf die (Ehren-)Tribüne, über deren Geländer das „starke Gesicht Puccinis" schaut, „mit einer Nase, die man eine Trinkernase nennen könnte." (E, 281) Dessen Musik verschwindet hinter diesem optischen Eindruck ganz. Anders der Bezug auf Akustisch-Musikalisches in der 1917 verfassten Prosa *Beim Bau der chinesischen Mauer*. Da ist zum einen der „Jubel neuer Arbeitsheere, die aus der Tiefe der Länder herbeiströmten", wobei man hört, wie sie dann „Berge in Mauersteine zerhämmern." Zum anderen werden im Verlauf der Erzählung die Gesänge der Frommen hörbar, die „auf den heiligen Stätten" die Vollendung des Baues erflehen. Zudem ist bei Kafka die Rede davon, dass dieses Hoffen auf die Vollendung der Mauer „die Saiten der Seelen" „spannte", eine angesichts seiner sonstigen stilistischen Disposition vergleichsweise selten auftretende pathetische Formulierung. (E, 478; dort auch alle anderen Zit.)

Der Geräuschtest war für Kafka stets der ausschlaggebende, gerade auch wenn es ihm um lebenspraktische Belange ging, etwa die (stets existentielle) Wohnungsfrage. Seine Berichte darüber lesen sich wie ‚Parallelaktionen' zur parabelhaften Erzählung *Der Bau*. Oder anders gewendet, die Darstellung des maulwurfshaften Ich-Erzählers speist sich aus Erfahrungen wie dieser, die Kafka in seinem Brief vom 21. März 1915 Felice Bauer mitteilt: „Ich bin übersiedelt, in ein Zimmer, in dem der Lärm etwa zehnmal größer ist als in dem frühern, das aber im übrigen unvergleichlich schöner ist." (BaF, 630) Wenn es sich auch um ein Zimmer ohne Aussicht handelt, so hat es doch zumindest „Morgensonne". Doch nun die akustisch bedingte erhebliche Einschränkung:

> Damit ich aber nicht übermütig werde, trampelt über mir in einem (leeren, nichtvermieteten !!) Atelier bis abend jemand mit schweren Stiefeln hin und her und hat dort einen im übrigen zwecklosen Lärmapparat aufgestellt, der die Illusion eines Kegelspiels erzeugt. Eine schwere Kugel rollt schnell geschoben über die ganze Länge der Zimmerdecke, trifft in der Ecke auf und rollt schwerfällig krachend zurück. Die Dame, von der ich das Zimmer gemietet habe, hört es zwar auch, versucht aber, weil man für einen Mieter nichts unversucht läßt, den Lärm logisch zu negieren, indem sie darauf hinweist, daß das Atelier unvermietet und leer ist. (BaF, 631)

Der Leerraum über ihm füllt sich mit Lärm, wobei sich Kafka wiederum einen akustischen ‚Apparat' vorstellt, in diesem Fall zur Erzeugung von Lärm. Der Lärm selbst scheint jedoch nicht imaginiert, sondern real zu sein, auch wenn seine Zimmervermieterin diesen Lärm gegen ihr besseres Hören als nicht existent bezeichnet. Man fühlt sich an jenen Geräuschterror im leeren Oberzimmer erinnert, dem sich die Protagonistin in Theodor Fontanes Roman *Effi Briest* ausgesetzt sieht (oder besser: *hört* – wie doch der Mangel an auditiven Verben im Deutschen und überhaupt irritiert!). Kafka beschreibt hier einen Zustand, der gerade deswegen *ist*, weil er nicht sein soll, eine Logik wider alle Vernunft oder nur eine (selbst-)

täuschungskonsequente Irritation um der (Selbst-)Täuschung und Irritation willen.

Wieder zurück in der elterlichen Wohnung, Anfang April 1915, gewinnt die Geräuschkulisse geradezu disphonische Ausmaße:

> In meinem Zimmer [...], dort *lärmt* wahrscheinlich die Hölle, hinter der rechten Wand werden scheinbar Baumstämme abgelagert, man hört, wie der Stamm im Wagen gelockert wird, dann wird er gehoben, er *seufzt* wie etwas Lebendiges, dann ein Krach, er fällt und die Resonanz des ganzen verfluchten Betonhauses nimmt sich seiner an. Über dem Zimmer auf dem Boden *schnurrt* die Maschinerie des Aufzugs und *hallt* durch die leeren Bodenräume. (Das ist das frühere vermeintliche Ateliergespenst, es gibt aber dort auch Dienstmädchen, die beim Wäschetrocknen mit ihren Pantoffeln förmlich meine Schädeldecke abtasten.) Unter mir ist ein Kinder- und Gesellschaftszimmer, bei Tag *schreien* und laufen die Kinder, immer wieder *flötet* irgendwo eine Tür, die aufgerissen wird, das Kindermädchen will ihrerseits durch Schreien Ruhe erzwingen, am Abend *schwatzen* die Erwachsenen durcheinander, als hätten sie unten jeden Tag ein Fest. (BaF, 632; Hervorh. d. Verf.)

Die verbale Differenzierung des Akustischen fällt in diesem Briefabschnitt besonders auf. Kafka mobilisiert die ganze Brandbreite sprachlicher Möglichkeiten, zu denen auch die knappe Charakterisierung der den Lärm noch verstärkenden Resonanzaufnahme eines imaginierten, ins Rutschen geratenen, gefällten und weiter fallenden Baumstammes durch die Bausubstanz des Hauses gehört. Es scheint, dass für ihn jeder Raum zum Resonanzraum geworden war. Doch wird hier auch ein Beschreibungsmuster erkennbar, das sich für Kafka von Wohnung zu Wohnung, Raum zu Raum übertragen ließ. Seine, wie er selbst schreibt, „Wohnungsgeschichte" (BaF, 749), die ihn als „gewaltiges Thema" (ebd.) ein Leben lang begleitete, erwies sich als Geräuschsaga. Die Übertragbarkeit der sprachlichen Darstellungsformen für eine ans Neurotische grenzende Lärmempfindlichkeit lässt jedoch auch vermuten, dass sich diese Lärmerfahrungen als kleine in sich geschlossene Sprachkunstwerke verselbständigten. So lesen wir in einem Ende Dezember 1916 oder Anfang Januar 1917 verfassten Brief an Felice:

> Lärmende Gasse, Schwerfuhrwerke am frühesten Morgen, an das ich aber schon fast gewöhnt bin. Das Zimmer aber doch für mich unbewohnbar. Zwar liegt es am Ende eines sehr langen Vorzimmers und ist äußerlich abgesondert genug, aber es ist ein Betonhaus, ich höre oder vielmehr hörte bis über 10 Uhr hinaus das Seufzen der Nachbarn, die Unterhaltung der Tieferwohnenden, hie und da einen Krach aus der Küche. Außerdem ist über der dünnen Zimmerdecke der Boden und es ist unberechenbar, an welchen Spätnachmittagen, da ich gerade etwas arbeiten wollte, ein wäschehängendes Dienstmädchen mir förmlich, ganz unschuldig, mit dem Stiefelabsatz in den Schädel trat. (BaF, 749)

Bis zu einem gewissen Grad ist diese Darstellungsweise im Briefwerk Kafkas austauschbar, wodurch Zweifel an der Authentizität der jeweiligen Erfahrung entstehen können, nicht aber an seiner Kunst der sprachlichen Vermittlung. Hier findet sich nun der bei ihm seltene Fall einer diese widrige Erfahrung überhöhenden Kadenz, die sich dann aber als scheinhaft erweist. Denn gleich im absatzlosen Anschluss an diesen vermeintlichen akustischen Stiefeltritt gegen seinen Kopf schreibt Kafka:

> Hie und da gab es auch ein Klavierspiel und im Sommer aus dem Halbkreis der andern nahegerückten Häuser Gesang, eine Violine und ein Grammophon. Annähernd vollständige Ruhe also erst von 11 Uhr nachts. Also Unmöglichkeit zum Frieden zu kommen, vollkommene Heimatlosigkeit, Brutstätte allen Wahnes, immer größere Schwäche und Aussichtslosigkeit. (BaF, 749 f.)

Was sich zunächst nach Lärmlinderung anhört („Klavierspiel", „Gesang", „eine Violine und ein Grammophon") erweist sich einmal mehr als Bedrohung, da die Musik-Geräusche sogar die Häuser, in denen sie entstehen, haben näher rücken lassen. Damit werden sie aber für das Brief-Ich zur existentiellen Bedrohung.

Wir haben im Laufe dieser Studie Geräusche verschiedenster Ausprägung als das Irritat schlechthin im Leben Kafkas kennengelernt. Zu ergänzen bleibt, dass ihn bereits früh die Nicht-Lokalisierbarkeit von Geräuschen irritierte. So notiert er unter dem 6. November 1910, ihn habe ein „Klavier, ein fernes Streichorchester, ein Hämmern endlich, eine Zänkerei" deshalb so gereizt, weil er nicht habe bestimmen können, woher diese Geräusche kamen. (T, 121) Dieses Phänomen setzt sich dann produktionsästhetisch erst dreizehn Jahre später um, und zwar, wie gesehen, in der Erzählung *Der Bau*. Geräusche stehen in diesem Werk für das problematisch Diverse, schwer Bestimmbare; sie sind das akustische Äquivalent zum Vieldeutigen, das in zweifacher Hinsicht ‚reizt': Es irritiert und verlockt. Sie, die Geräusche gehören bei Kafka konstitutiv zu den sonantischen Feldern seines Erzählens, dem akustischen Umfeld seines Sprachverständnisses. Er notiert: „Kein Wort fast, das ich schreibe, paßt zum andern, ich höre, wie sich die Konsonanten blechern aneinanderreiben, und die Vokale singen dazu wie Ausstellungsneger." (T, 130; 15.12.1910) Zweifel umstellen ihm daher kreisförmig jedes Wort, was entsprechende Auswirkungen auf die Art haben muss, wie er oder sein erzählendes, reflektierendes Ich mit Sprache umgeht. Der frühe Kafka entwirft hierfür ein verstörendes Bild:

> Wenn ich mich zum Schreibtisch setze, ist mir nicht wohler als einem, der mitten im Verkehr der Place de l'Opéra fällt und beide Beine bricht. Alle Wagen streben trotz ihres Lärmens schweigend von allen Seiten nach allen Seiten, aber bessere Ordnung als die Schutzleute macht der Schmerz jenes Mannes, der ihm die Augen schließt und den Platz und die Gassen verödet, ohne daß die Wagen umkehren müßten. (T, 130 f.)

Diese „Wagen" dürften für die ‚Worte' stehen, die dem Verletzten entgleiten – und das trotz „ihres Lärmens schweigend". Das Echo, die Resonanz dieses lärmenden Schweigens und schweigenden Lärmens, besteht in Verödung, eben weil eine kritische sprach- und richtungsbewusste Kontrolle dieser Wagen und Worte diesem angeschlagenen Dichter nicht (mehr) möglich ist.

Geräusche sind aus dem Leben nicht wegzudenken. Sie sind seine sonantische Bedingung. Diese Einsicht überträgt sich bei Kafka sogar auch auf sein Verhältnis zum Judentum. Hier ist es nicht nur der Einfluss jüdischer Musik vermittels des jüdischen Theaters auf die Art seines Hörens oder Wahrnehmens des Akustischen. Seine Vergleiche sind zunächst basaler Natur, wobei er das Klischee nicht scheut: „Jüdische Frauengewohnheit des Schmatzens" notiert er anlässlich der erwähnten Vorstellung der französischen Vortragskünstlerin Marguerite Chenu am 6. November 1910 in sein Tagebuch. (T, 120) Drastischer noch vergleicht er das am Vorabend des Versöhnungstages Jom Kippur gesungene Kol Nidre mit „gedämpftem Börsengemurmel". (T, 47; 1.10.1911) Doch auch hier bleibt Kafka als Ohrenzeuge in der Synagoge beschreibungsgenau: „Nicht eigentlich oder hauptsächlich wird das Wort gesungen, aber hinter dem Wort her werden Arabesken gezogen aus dem haardünn weitergesponnenen Wort." (Ebd.) Dabei handelt es sich um eine Beobachtung Kafkas, die er auf seine eigene Wortverwendung nicht übertragen hat; die gerade auch lautliche Arabeske *nach* seinen Worten blieb ihm fremd. Ein Auszieren kennt seine Sprache nicht.

Das schließt jedoch nicht aus, dass ihn das Melodische, genauer: Melodiöse des jüdischen Gesangs angesprochen hätte. Im Gegenteil, was ihm daran imponierte, war die Körperlichkeit dieses Gesangs, ja seine physische Wirkung; man könnte geradezu von einer spezifischen Köperresonanz sprechen, die dieser Gesang auslöst. Erinnern wir uns, was Kafka dazu geschrieben hatte: „Die Melodien sind lang, der Körper vertraut sich ihnen gerne an. Infolge ihrer gerade verlaufenden Länge wird ihnen am besten durch das Wiegen der Hüften, durch ausgebreitete, in ruhigem Atem gehobene und gesenkte Arme, durch Annäherung der Handflächen an die Schläfen und sorgfältige Vermeidung der Berührung entsprochen." (T, 59; 5.10.1911) Kafka weiß jedoch auch von der „talmudischen Melodie genauer Fragen" zu berichten und davon, dass „diese Melodien dazu geeignet" seien, „jeden aufspringenden Menschen aufzufangen und, ohne zu zerreißen, seine ganze Begeisterung zu umfassen [...]." (T, 60 f.; 5./6.10.1911)

Letzten Endes waren es jedoch nicht diese physischen Reaktionen auf Reize solcher Art, die für Kafkas Haltung dem Akustischen gegenüber den Ausschlag gaben. Denn selbst der drastischste Reiz, der Lärm, erwies sich für ihn als ein innenweltliches Phänomen, das sein Schreiben bedingte. So spürte er besonders „gegen Abend aber noch mehr am Morgen das Wehen, die nahe Möglichkeit großer, mich aufreißender Zustände, die mich zu allem fähig machen könnten, und bekomme dann in dem allgemeinen Lärm, der in mir ist und dem ich zu befehlen nicht die Zeit habe, keine Ruhe." (T, 51; 2. 10.1911) Damit erklärte er sich seine Schlaflosigkeit. Dann folgte der entscheidende Zusatz, der gewissermaßen rückwirkend auch diese ganze Studie überwölbt: „Schließlich ist dieser Lärm nur eine bedrückte, zurückgehaltene Harmonie, die freigelassen mich ganz erfüllen, ja sogar noch in die Weite spannen und dann noch erfüllen würde." (Ebd.)

Demnach ging Kafka doch von einer inneren dissonanten Kongruenz zwischen Lärm und Harmonie aus, die aufzulösen ihm nur im Schreibakt möglich war. Das Akustische bedeutete ihm Störung und irritierenden Impuls, ein ebenso konzentriertes wie diffuses Amalgam sonantischer (Lebens-)Zeichen. Es wurde ihm zum Skandalon als einem Psychosen auslösenden Phänomen und gleichzeitig zum misstönend grundierten literarischen Material. Es bot ihm Anlass für techno-akustische Phantasien, regelrechte Lärm-Jeremiaden und existentielle Verunsicherungen. Und doch glaubte er, seinem Gehör trauen zu können; denn es blieb ihm, der sich – nicht selten damit kokettierend – für unzuständig in Sachen Musik erklärte, wichtig, „mit dem Ohr *nachzuprüfen*" (T, 292; 13.12.1911, Hervorh. d. Verf.), was dem Auge sich als mögliche Täuschung zeigte.

Auch für Kafka und K. galt: Der Gehörsinn stirbt zuletzt.

Siglenverzeichnis

BaF   Franz Kafka, *Briefe an Felice und andere Korrespondenz aus der Verlobungszeit*, hrsg. von Erich Heller und Jürgen Born, 11. Aufl., Frankfurt a. M. 2009.
BaM   Franz Kafka, *Briefe an Milena*, erweiterte und neu geordnete Ausgabe, hrsg. von Jürgen Born und Michael Müller, 15. Aufl., Frankfurt a. M. 2015.
E   Franz Kafka, *Die Erzählungen. Drucke zu Lebzeiten aus dem Nachlaß*, hrsg. von Dieter Lamping in Zusammenarbeit mit Sandra Poppe, Düsseldorf 2008.
MBFK   Max Brod und Franz Kafka, *Eine Freundschaft. Briefwechsel*, hrsg. von Malcolm Pasley, Frankfurt a. M. 1989.
NSF I   Franz Kafka, *Nachgelassene Schriften und Fragmente I*. Textband. Hrsg. v. Malcolm Pasley. Frankfurt a. M. 1993.
NSF II   Franz Kafka, *Nachgelassene Schriften und Fragmente II*, Textband. Hrsg. von Jost Schillemeit, Frankfurt a. M. 1992.
R   Franz Kafka, *Romane. Der Proceß. Das Schloß. Der Verschollene*, hrsg. von Dieter Lamping, Düsseldorf 2007.
T   Franz Kafka, *Tagebücher in der Fassung der Handschrift*, hrsg. von Hans-Gerd Koch, Michael Müller und Malcolm Pasley, Frankfurt a. M. 1990.

Bibliographie

Primärquellen

Adorno, Theodor W.: Valérys Abweichungen. In: Adorno, *Gesammelte Schriften*, Bd. 11: *Noten zur Literatur*, hrsg. von Rolf Tiedemann unter Mitwirkung von Gretel Adorno, Susan Buck-Morss und Klaus Schultz, Frankfurt a. M. 2003, S. 158–202.

Aristoteles: *Politik*, übers., hrsg. und mit einer Einleitung sowie Anmerkungen versehen von Eckart Schütrumpf, Hamburg 2012.

Barthes, Roland: *Der entgegenkommende und der stumpfe Sinn. Kritische Essays III*, übers. von Dieter Hornig, 7. Aufl., Frankfurt a. M. 2013.

Benjamin, Walter: Berliner Kindheit um Neunzehnhundert. In: Benjamin, *Gesammelte Schriften*, Bd. IV/1: *Kleine Prosa, Baudelaire-Übertragungen 1*, hrsg. von Tillman Rexroth, Frankfurt a. M. 1991, S. 235–304.

Benjamin, Walter: Franz Kafka. Zur zehnten Wiederkehr seines Todestages. In: Benjamin, *Gesammelte Schriften*, Bd. II/2: *Aufsätze, Essays, Vorträge 2*, hrsg. von Rolf Tiedemann und Hermann Schweppenhäuser, Frankfurt a. M. 1991, S. 409–438.

Berlioz, Hector: Anmerkung zu klassischer und romantischer Musik. In: Berlioz, *Schriften. Betrachtungen eines musikalischen Enthusiasten*, ausgewählt, hrsg. und kommentiert von Frank Heidlberger, übers. von Dagmar Kreher, Kassel/Stuttgart/Weimar 2002, S. 49–53.

Brod, Max, und Franz Kafka: *Eine Freundschaft. Briefwechsel*, hrsg. von Malcolm Pasley, Frankfurt a. M. 1989.

Celan, Paul: Der Meridian. In: Celan, *Der Meridian und andere Prosa*, 3. Aufl., Frankfurt a. M. 1994, S. 40–62.

Eliot, T.S.: *Collected Poems*, London 1983.

Frisch, Max: *Antwort aus der Stille. Eine Erzählung aus den Bergen*, mit einem Nachwort von Peter von Matt, Frankfurt a. M. 2009.

Grillparzer, Franz: Der arme Spielmann. In: *Deutsche Künstlernovellen des 19. Jahrhunderts*, hrsg. von Jochen Schmidt, Frankfurt a. M. 1982, S. 197–250.

Handke, Peter: *Die morawische Nacht. Erzählung*, Frankfurt a. M. 2009.

Helmholtz, Hermann von: *Die Lehre von den Tonempfindungen als physiologische Grundlage für die Theorie der Musik*, 6. Aufl., Braunschweig 1913.

Hildesheimer, Wolfgang: *Gesammelte Werke in sieben Bänden*, Bd. 1: *Erzählende Prosa*, hrsg. von Christiaan Lucas Hart Nibbrig und Volker Jehle, Frankfurt a. M. 1991.

Hoffmann, E.T.A.: *Fantasiestücke in Callot's Manier. Werke 1814*, hrsg. von Hartmut Steinecke unter Mitarbeit von Gerhard Allroggen, Frankfurt a. M. 1993 (= Hoffmann, Sämtliche Werke in sechs Bänden, Bd. 2/1).

Hoffmann, E.T.A.: *Kreisler. Berganza. Magnetiseur. Autographe der Bibliotheca Bodmeriana*, hrsg. von Kaltërina Latifi, Frankfurt a. M. 2014 (= editionTEXT, Bd. 13).

Hofmannsthal, Hugo von: Ein Brief. In: Hofmannsthal, *Erzählungen, Erfundene Gespräche und Briefe, Reisen*, Frankfurt a. M. 1979 (= Hofmannsthal, Gesammelte Werke in Einzelbänden, hrsg. von Bernd Schoeller), S. 460–472.

Jean Paul: *Vorrede zu E.T.A. Hoffmann, Fantasiestücke in Callot's Manier*. Historisch-kritische Edition, hrsg. von Kaltërina Latifi, Frankfurt a. M. 2013 (= editionTEXT, Bd. 12).

Joyce, James: *Ulysses. The Corrected Text*, hrsg. von Hans Walter Gabler mit Wolfhard Steppe und Claus Melchior, mit einem neuen Vorwort von Richard Ellmann, Harmondsworth 1986.
Kafka, Franz: *Briefe an die Eltern aus den Jahren 1922–1924*, hrsg. von Josef Čermák und Martin Svatoš, Frankfurt a. M. 1990.
Kafka, Franz: *Tagebücher in der Fassung der Handschrift*, Textband und Kommentarband, hrsg. von Hans-Gerd Koch, Michael Müller und Malcolm Pasley, Frankfurt a. M. 1990.
Kafka, Franz: *Nachgelassene Schriften und Fragmente I*. Textband. Hrsg. v. Malcolm Pasley. Frankfurt am Main 1993.
Kafka, Franz: *Nachgelassene Schriften und Fragmente II*, hrsg. von Jost Schillemeit, Frankfurt a. M. 1992.
Kafka, Franz: *Romane. Der Proceß. Das Schloß. Der Verschollene*, hrsg. und mit einem Nachwort versehen von Dieter Lamping, mit Anmerkungen und Zeittafel von Sandra Poppe, Düsseldorf 2007.
Kafka, Franz: *Die Erzählungen. Drucke zu Lebzeiten aus dem Nachlaß*, hrsg. von Dieter Lamping in Zusammenarbeit mit Sandra Poppe, mit einem Nachwort von Dieter Lamping, Anmerkungen, Kommentar und Zeittafel von Sandra Poppe, Düsseldorf 2008.
Kafka, Franz: *Briefe an Felice und andere Korrespondenz aus der Verlobungszeit*, hrsg. von Erich Heller und Jürgen Born, 11. Aufl., Frankfurt a. M. 2009.
Kafka, Franz: *Briefe an Milena*, erweiterte und neu geordnete Ausgabe, hrsg. von Jürgen Born und Michael Müller, 15. Aufl., Frankfurt a. M. 2015.
Lessing, Theodor: *Der Lärm. Eine Kampfschrift gegen die Geräusche unseres Lebens*, Wiesbaden 1908; reproduzierte Neuausgabe Berlin 2014.
Mann, Thomas: *Gesammelte Werke in dreizehn Bänden*, Bd. VI: *Doktor Faustus. Das Leben des deutschen Tonsetzers Adrian Leverkühn erzählt von einem Freunde*, Frankfurt a. M. 1990.
Musil, Robert: *Nachlaß zu Lebzeiten*. In: Musil, *Frühe Prosa und aus dem Nachlaß zu Lebzeiten*, Hamburg 1983, S. 289–380.
Nietzsche, Friedrich: *Sämtliche Werke. Kritische Studienausgabe in 15 Einzelbänden*, Bd. 1: *Die Geburt der Tragödie*, Bd. 4: *Also sprach Zarathustra*, Bd. 13: *Nachgelassene Fragmente 1887–1889*, hrsg. von Giorgio Colli und Mazzino Montinari, München 1988.
Nordau, Max: *Entartung*, hrsg., kommentiert und mit einem Nachwort versehen von Karin Tebben, Berlin/Boston 2013 (= Europäisch-jüdische Studien / Editionen, Bd. 1).
Rilke, Rainer Maria: *Sämtliche Werke*, Bd. 1: *Gedichte. Erster Teil*, hrsg. vom Rilke-Archiv in Verbindung mit Ruth Sieber-Rilke, besorgt durch Ernst Zinn, Frankfurt a. M. 1987.
Rilke, Rainer Maria: *Die Aufzeichnungen des Malte Laurids Brigge. Das Manuskript des „Berner Taschenbuchs"*, Faksimile und Textgenetische Edition, hrsg. von Thomas Richter und Franziska Kolp, mit einem Nachwort von Irmgard M. Wirtz. Göttingen 2012.
Walser, Robert: *Fritz Kochers Aufsätze*, Zürich/Frankfurt a. M. 1986 (= Walser, Sämtliche Werke in Einzelausgaben, hrsg. von Jochen Greven, Bd. 1).
Walser, Robert: *Geschwister Tanner*, Zürich/Frankfurt a. M. 1986 (= Walser, Sämtliche Werke in Einzelausgaben, hrsg. von Jochen Greven, Bd. 9).
Walser, Robert: *Aus dem Bleistiftgebiet*. Mikrogramme aus den Jahren 1925–1932. Bd. 6: Gedichte und Dramatische Szenen. Hrsg. v. Bernhard Echte. Entzifferung in Zusammenarbeit mit Werner Morlang. Frankfurt am Main 2000, S. 526–528 („In einem Stübchen wuchs er auf").
Weiß, Ernst: *Franziska. Roman*, Frankfurt a. M. 1982.

Werfel, Franz: *Verdi. Roman der Oper*, Frankfurt a. M. 1992 (= Werfel, Gesammelte Werke in Einzelbänden).
Wildenhain, Michael: *Das Singen der Sirenen. Roman*, Stuttgart 2017.
Wolff, Kurt: Briefwechsel eines Verlegers 1911–1963. Hrsg. v. Bernhard Zeller und Ellen Otten. Frankfurt am Main 1980

Sekundärliteratur

Adler, Jeremy: *Franz Kafka*, London 2001.
Allemann, Beda: Kafka und die Mythologie. In: *Zeitschrift für Ästhetik und allgemeine Kunstwissenschaft* 20 (1975), S. 129–144.
Andrian-Werburg, Ferdinand von: Die Siebenzahl im Geistesleben der Völker. In: *Mittheilungen der Anthropologischen Gesellschaft in Wien*, Bd. 31 (1901), S. 225–274.
Arend, Helga: Sirene, Taube und Möwe: Die Frau als Vogel. In: *Frauen in Kultur und Gesellschaft. Ausgewählte Beiträge der 2. Fachtagung Frauen-/Gender-Forschung in Rheinland-Pfalz*, hrsg. von Renate von Bardeleben, Tübingen 2000, S. 111–122.
Auerochs, Bernd: [Art.] In der Strafkolonie. In: *Kafka-Handbuch. Leben – Werk – Wirkung*, hrsg. von Manfred Engel und Bernd Auerochs, Stuttgart/Weimar 2010, S. 207–217.
Bauer, Thomas: *Die Vereindeutigung der Welt. Über den Verlust an Mehrdeutigkeit und Vielfalt*, 6. Aufl., Stuttgart 2018.
Beutner, Barbara: *Die Bildsprache Franz Kafkas*, München 1973.
Binder, Hartmut: *Kafka-Kommentar zu sämtlichen Erzählungen*, München 1975.
Binder, Hartmut: *„Vor dem Gesetz". Einführung in Kafkas Welt*, Stuttgart 1993.
Blanchot, Maurice: Le Chant des Sirènes. In: *Nouvelle Revue Française* 19 (1954), S. 95–104. – Dt.: Der Gesang der Sirenen. In: Blanchot, *Der Gesang der Sirenen. Essays zur modernen Literatur*, München 1962, S. 9–40.
Bogdal, Klaus-Michael (Hrsg.): *Neue Literaturtheorien in der Praxis. Textanalyse von Kafkas „Vor dem Gesetz"*, Opladen 1993.
Born, Jürgen: Kafkas Türhüterlegende. Versuch einer positiven Deutung. In: *Jenseits der Gleichnisse. Kafka und sein Werk*, hrsg. von Luc Lamberechts und Jaak De Vos, Bern/Frankfurt a. M./New York 1986 (= Jahrbuch für Internationale Germanistik 17), S. 170–181.
Born, Jürgen (Hrsg.): Franz Kafka. Kritik und Rezeption zu seinen Lebzeiten 1912–1924. Frankfurt am Main 1979.
Bösche, Thomas: „Den Himmel aufreißen". György Kurtág – Komponist, Musiker, Lehrer. In: *Österreichische Musikzeitschrift* 49/10 (1994), S. 597–600.
Bösche, Thomas: Annäherung von den Rändern. Zu György Kurtágs Kafka-Fragmenten op. 24. In: Booklet zur Audio-CD *György Kurtág, Kafka-Fragmente*, eingespielt von Juliane Banse (Sopran) und András Keller (Solovioline), ECM Records, 2006, S. 7–12.
Bowen, Zack: The Bronzegold Sirensong. A Musical Analysis of the Sirens Episode in Joyce's Ulysses. In: Bowen, *Bloom's Old Sweet Song. Essays on Joyce and Music*, Gainesville 1995, S. 25–76.
Bridgwater, Patrick: *Kafka and Nietzsche*, Bonn 1974.
Brown, Hilda Meldrum: *E.T.A. Hoffmann and the Serapiontic Principle*, Rochester 2006.
Brugier, Gustav: Geschichte der Deutschen Literatur. Berlin u. Leipzig 1904.

Budde, Gudrun: Fuge als literarische Form? Zum Sirenen-Kapitel aus ‚Ulysses' von James Joyce. In: *Musik und Literatur. Komparatistische Studien zur Strukturverwandtschaft*, hrsg. von Albert Gier und Gerold W. Gruber, Frankfurt a. M. u. a. 1995, S. 195–213.
Canetti, Elias: Der andere Prozeß. Kafkas Briefe an Felice. In: Canetti, *Das Gewissen der Worte. Essays*, Frankfurt a. M. 1992, S. 78–169.
Daiber, Jürgen: *Kafka und der Lärm. Klanglandschaften der frühen Moderne*, Münster 2015.
de la Motte-Haber, Helga: *Die Musik von Edgard Varèse. Studien zu seinen nach 1918 entstandenen Werken*, Hofheim i. Ts. 1993.
Deleuze, Gilles, und Félix Guattari: *Kafka. Für eine kleine Literatur*, übers. von Burkhart Kroeber, Frankfurt a. M. 1976.
Engel, Manfred: [Art.] *Der Verschollene*. In: *Kafka-Handbuch. Leben – Werk – Wirkung*, hrsg. von Manfred Engel und Bernd Auerochs, Stuttgart/Weimar 2010, S. 175–191.
Engel, Manfred: [Art.] Kafka und die moderne Welt. In: *Kafka-Handbuch. Leben – Werk – Wirkung*, hrsg. von Manfred Engel und Bernd Auerochs, Stuttgart/Weimar 2010, S. 498–515.
Engel, Manfred: [Art.] Kleine nachgelassene Schriften und Fragmente 3. In: *Kafka-Handbuch. Leben – Werk – Wirkung*, hrsg. von Manfred Engel und Bernd Auerochs, Stuttgart/Weimar 2010, S. 343–370.
Engel, Manfred: [Art.] Zu Kafkas Kunst- und Literaturtheorie: Kunst und Künstler im literarischen Werk. In: *Kafka-Handbuch. Leben – Werk – Wirkung*, hrsg. von Manfred Engel und Bernd Auerochs, Stuttgart/Weimar 2010, S. 483–498.
Engel, Manfred: [Art.] Zürauer Aphorismen. In: *Kafka-Handbuch. Leben – Werk – Wirkung*, hrsg. von Manfred Engel und Bernd Auerochs, Stuttgart/Weimar 2010, S. 281–292.
Fiedler, Peter: *Dissoziative Störungen*, 2., überarb. Aufl., Göttingen 2013.
Gauß, Stefan: *Nadel, Rille, Trichter. Kulturgeschichte des Phonographen und des Grammophons in Deutschland (1900–1940)*, Köln/Weimar/Wien 2009.
Geiger, Hans, und Karl Scheel (Hrsg.): *Handbuch der Physik*, Bd. VIII: *Akustik*, hrsg. von Ferdinand Trendelenburg, Berlin 1927.
Goebel, Rolf J.: Auditory Desires, Auditory Fears. The Sounds of German Literary Modernism. In: *Germanisch-Romanische Monatsschrift* 66/4 (2016), S. 417–437.
Goldschmitt, Wolf H.: Künstliche Ruhe. Ohropax beherrscht seit 99 Jahren den Markt für Ohrstöpsel. In: *Die Welt* vom 11. Februar 2006; online unter: https://www.welt.de/print-welt/article197278/Kuenstliche-Ruhe.html (abgerufen am 12. November 2018)
Goodyear, John: Escaping the Urban Din. A Comparative Study of Theodor Lessing's Antilärmverein (1908) and Maximilian Negwer's Ohropax (1908), in: Florence Feiereisen und Alexandra Merley Hill (Hg.), Germany in the Loud Twentieth Century. An Introduction, New York 2011, S. 19–34.
Görner, Rüdiger: Nach dem Sinn. Amerika oder das Selbstverständliche im Absurden. In: *Franz Kafka und die Weltliteratur*, hrsg. von Manfred Engel und Dieter Lamping, Göttingen 2006, S. 291–304.
Görner, Rüdiger: „Fremdklänge oder: Neues vom verlorenen Subjekt". Kursorische Annäherungen an die Verfremdung als musikästhetische Kategorie. In: *Verfremdungen. Ein Phänomen Bertolt Brechts in der Musik*, hrsg. von Jürgen Hillesheim, Freiburg i. Br./Berlin/Wien 2013 (= Litterae, Bd. 101), S. 273–283.
Görner, Rüdiger: Das Schweigen der Sirenen und Pfeifen der Mäuse. Stimmen bei Franz Kafka und die Tendenz zum Verstummen. In: Görner, *Stimmenzauber. Über eine*

literaturästhetische Vokalistik. Die Salzburger Vorlesungen II, Freiburg i. Br./Berlin/Wien 2014, S. 69–82.
Görner, Rüdiger: Als K. Hamlet sah und hörte. Eine Episode aus theatralischer Zeit. In: *Neue Rundschau* 129/3 (2018), S. 224–228.
Görner, Rüdiger: „Verstehen ist immer gestimmtes". Über ein (musik-) hermeneutisches Problem. In: Ders., Schreibrhythmen. Musikliterarische Fragestellungen. Heidelberg 2019, S. 117–138.
Graf, Johann Heinrich: *Die Zahl „Sieben"*, Bern 1917.
Guntermann, Georg: *Vom Fremdwerden der Dinge beim Schreiben. Kafkas Tagebücher als literarische Physiognomie des Autors*, Tübingen 1991.
Gutmann, Alfred (Red.): *25 Jahre Lindström 1904–1929*, Berlin 1929.
Halliday, Sam: *Sonic Modernity. Representing Sound in Literature, Culture and the Arts*, Edinburgh 2013.
Hansen-Löve, Aage A.: *Vor dem Gesetz*. In: *Franz Kafka. Romane und Erzählungen*, hrsg. von Michael Müller, Stuttgart 1994, S. 146–157.
Haring, Ekkehard W.: [Art.] Das Briefwerk. In: *Kafka-Handbuch. Leben – Werk – Wirkung*, hrsg. von Manfred Engel und Bernd Auerochs, Stuttgart/Weimar 2010, S. 390–401.
Haring, Ekkehard W.: [Art.] Leben und Persönlichkeit. In: *Kafka-Handbuch. Leben – Werk – Wirkung*, hrsg. von Manfred Engel und Bernd Auerochs, Stuttgart/Weimar 2010, S. 1–27.
Hiepko, Andreas, und Katja Stopka (Hrsg.): *Rauschen. Seine Phänomenologie und Semantik zwischen Sinn und Störung*, Würzburg 2001.
Hinz, Berthold: [Art.] Sirenen. In: *Mythenrezeption. Die antike Mythologie in Literatur, Musik und Kunst von den Anfängen bis zur Gegenwart*, hrsg. von Maria Moog-Grünewald, Stuttgart/Weimar 2008 (= Der Neue Pauly. Supplemente, Bd. 5), S. 655–661.
Höfle, Peter: *Von der Unfähigkeit, historisch zu werden. Die Form der Erzählung und Kafkas Erzählform*, München 1998.
Jahraus, Oliver: *Kafka. Leben, Schreiben, Machtapparate*, Stuttgart 2006.
Jahraus, Oliver, und Bettina von Jagow: Kafkas Tier- und Künstlergeschichten. In: *Kafka-Handbuch. Leben – Werk – Wirkung*, hrsg. von Bettina von Jagow und Oliver Jahraus, Göttingen 2008, S. 530–552.
Jürgens, Burkhard: Siegeszug von Ohropax begann im Ersten Weltkrieg. In: *Die Welt* vom 2. August 2014; online unter: https://www.welt.de/gesundheit/psychologie/article130815520/Siegeszug-von-Ohropax-begann-im-Ersten-Weltkrieg.html (abgerufen am 12. November 2018).
Kimber, Gerri: Tonedeaf in Our Nose. The Music of *Ulysses* and *Finnegans Wake*. In: *The Times Literary Supplement* vom 18. Mai 2018, S. 25; online unter: https://www.the-tls.co.uk/articles/public/joyce-music-centenary-ulysses (abgerufen am 12. November 2018).
Kittler, Wolf: *Der Turmbau zu Babel und das Schweigen der Sirenen. Über das Reden, das Schweigen, die Stimme und die Schrift in vier Texten von Franz Kafka*, Erlangen 1985.
Kleinwort, Malte: *Kafkas Verfahren. Literatur, Individuum und Gesellschaft im Umkreis von Kafkas Briefen an Milena*, Würzburg 2004.
Koelb, Clayton: Kafka and the Sirens. Writing as Lethetic Reading. In: *The Comparative Perspective on Literature. Approaches to Theory and Practice*, hrsg. von Clayton Koelb und Susan Noakes, Ithaca/London 1988, S. 300–314.
Kracauer, Siegfried: *Jacques Offenbach und das Paris seiner Zeit*, mit einem Nachwort von Karsten Witte, Frankfurt a. M. 1994.

Kraft, Werner: *Franz Kafka. Durchdringung und Geheimnis*, Frankfurt a. M. 1968.
Kurz, Gerhard: Das Rauschen der Stille. Annäherungen an Kafkas Der Bau. In: *Franz Kafka. Zur ethischen und ästhetischen Rechtfertigung*, hrsg. von Beatrice Sandberg und Jakob Lothe, Freiburg i. Br. 2002, S. 151–174.
Latifi, Kaltërina: *„Mit Glück". E.T.A. Hoffmanns Poetik*, Frankfurt a. M. 2017 (= editionTEXT, Bd. 16).
Leikert, Sebastian: *Die vergessene Kunst. Der Orpheusmythos und die Psychoanalyse der Musik*, Gießen 2005.
Liska, Vivian: [Art.] Der Bau. In: *Kafka-Handbuch. Leben – Werk – Wirkung*, hrsg. von Manfred Engel und Bernd Auerochs, Stuttgart/Weimar 2010, S. 337–343.
Lotz, Rainer E.: Carl Lindström und die Carl Lindström Aktiengesellschaft, Vortrag auf dem 9. Discografentag, Immenstadt 2008; online unter: http://www.phonomuseum.at/includes/content/lindstroem/aktiengesellschaft.pdf (abgerufen am 12. November 2018).
Lubkoll, Christine: Das Lachen in der Literatur. Begegnung mit einem Kulturthema am Beispiel von Franz Kafka. In: *Didaktik Deutsch* 3 (1998), H. 5, S. 18–35.
Lubkoll, Christine: Dies ist kein Pfeifen. Musik und die Negation in Franz Kafkas Erzählung *Josefine, die Sängerin oder Das Volk der Mäuse*. In: *Franz Kafka. Neue Wege der Forschung*, hrsg. von Claudia Liebrand, Darmstadt 2006, S. 180–193.
Maché, Britta: The Noise in the Burrow. Kafka's Final Dilemma. In: *The German Quarterly* 55/4 (1982), S. 526–540.
Mayer, Mathias: *Stillstand. Entrückte Perspektive. Zur Praxis literarischer Entschleunigung*, Göttingen 2014.
Mayer, Mathias: *Franz Kafkas Litotes. Logik und Rhetorik der doppelten Verneinung*, Paderborn 2015.
Menke, Bettine: Das Schweigen der Sirenen. Die Rhetorik und das Schweigen. In: *Franz Kafka. Neue Wege der Forschung*, hrsg. von Claudia Liebrand, Darmstadt 2006, S. 116–130.
Mergenthaler, Volker: *Sehen schreiben – Schreiben sehen. Literatur und visuelle Wahrnehmung im Zusammenspiel*, Tübingen 2002.
Miller, J. Hillis: Geglückte und mißlungene Sprechakte in Kafkas Der Proceß. In: *Franz Kafka. Eine ethische und ästhetische Rechtfertigung*, hrsg. von Beatrice Sandberg und Jakob Lothe, Freiburg i. Br. 2002, S. 233–246.
Moellendorff, Friederike von: *Die Musik des Jiddischen Theaters*, München 2008.
Philippe Manoury, Die Erfindung der Musik. In: *Lettre International* 123 (Winter 2018), S. 89–94.
Nagel, Bert: *Kafka und die Weltliteratur. Zusammenhänge und Wechselwirkungen*, München 1983.
Nemtsov, Jascha: *Der Zionismus in der Musik. Jüdische Musik und nationale Idee*, Wiesbaden 2009.
Neumann, Gerhard. Nachrichten vom ‚Pontus'. Das Problem der Kunst im Werk Franz Kafkas. In: *Franz Kafka. Schriftverkehr*, hrsg. von Wolf Kittler und Gerhard Neumann, Freiburg i. Br. 1990, S. 164–198.
Neymeyr, Barbara: [Art.] Beschreibung eines Kampfes. In: *Kafka-Handbuch. Leben – Werk – Wirkung*, hrsg. von Manfred Engel und Bernd Auerochs, Stuttgart/Weimar 2010, S. 91–102.

Niebisch, Arndt: Noise – Rauschen zwischen Störung und Geräusch im 19. Jahrhundert. In: *Das ‚Prinzip Störung' in den Geistes- und Sozialwissenschaften*, hrsg. von Carsten Gansel und Norman Ächtler, Berlin/Boston 2013, S. 83–96.
Pater, Walter: The School of Giorgione. In: Pater, *The Renaissance. Studies in Art and Poetry*, hrsg. von Donald L. Hill, Berkeley 1980, S. 102–122.
Petrescu, Mihaela: Billy Wilder's Work as Eintänzer in Weimar Berlin. In: *New German Critique* 40/3 (2013), S. 65–84.
Politzer, Heinz: *Das Schweigen der Sirenen. Studien zur deutschen und österreichischen Literatur*, Stuttgart 1968.
Poppe, Sandra: Visualität lesen – neue Lektürezugänge zu Kafkas Werken. In: *Kafka. Schriftenreihe der Deutschen Kafka-Gesellschaft*, Bd. 2 (2008), S. 163–178.
Poppe, Sandra: [Art.] *Die Verwandlung*. In: *Kafka-Handbuch. Leben – Werk – Wirkung*, hrsg. von Manfred Engel und Bernd Auerochs, Stuttgart/Weimar 2010, S. 164–174.
Prawer, Siegbert S.: ‚Ein poetischer Hund': E.T.A. Hoffmann's *Nachrichten von den neuesten Schicksalen des Hundes Berganza* and its Antecedents in European Literature. In: *Aspekte der Goethezeit*, hrsg. von Stanley A. Corngold u. a., Göttingen 1977, S. 273–292.
Quint, Alyssa P.: Pomul Verde. In: *Enzyklopädie jüdischer Geschichte und Kultur* (EJGK), hrsg. von Dan Diner, Bd. 4, Stuttgart/Weimar 2013, S. 590–597.
Radkau, Joachim: *Das Zeitalter der Nervosität. Deutschland zwischen Bismarck und Hitler*, München/Wien 1998.
Rath, Norbert: Mythos-Auflösung. Kafkas *Das Schweigen der Sirenen*. In: *„Zerstörung, Rettung des Mythos durch Licht"*, hrsg. von Christa Bürger, Frankfurt a. M. 1986, S. 86–110.
Robertson, Ritchie: Kafka's Zürau-Aphorisms. In: *Oxford German Studies* 14 (1983), S. 73–91.
Robertson, Ritchie: *Kafka. Judentum – Gesellschaft – Literatur*, übers. von Josef Billen, Stuttgart 1988.
Rudloff, Holger: Zu Kafkas Erzählung ‚Die Verwandlung'. Metamorphose-Dichtung zwischen Degradation und Emanzipation. In: *Wirkendes Wort* 38 (1988), S. 321–337.
Saße, Günter: Aporien der Kunst. Kafkas Künstlererzählungen *Josefine, die Sängerin* und *Ein Hungerkünstler*. In: *Literarische Moderne. Begriff und Phänomen*, hrsg. von Sabina Becker und Helmuth Kiesel, Berlin/New York 2007, S. 245–255.
Schiffermüller, Isolde: *Franz Kafkas Gesten: Studien zur Entstellung der menschlichen Sprache*, Tübingen 2011.
Schlüter, Reinhard: *Sieben. Eine magische Zahl*, München 2011.
Schmidt, Jochen: Sobria ebrietas. Hölderlins „Hälfte des Lebens". In: *Hölderlin Jahrbuch* 23 (1982–1983), S. 182–190.
Schmidt, Jochen: Am Grenzwert des Denkens. Moderne Rationalitätskritik in Kafkas später Erzählung *Der Bau*. In: *Figurationen der literarischen Moderne*, hrsg. von Carsten Dutt und Roman Luckscheiter, Heidelberg 2007, S. 331–346.
Schmitz-Emans, Monika: *Seetiefen und Seelentiefen. Literarische Spiegelungen innerer und äußerer Fremde*, Würzburg 2003.
Schößler, Franziska: Verborgene Künstlerkonzepte in Kafkas Romanfragment „Der Verschollene". In: *Hofmannsthal-Jahrbuch* 6 (1998), S. 281–305.
Seel, Martin: *Ästhetik des Erscheinens*, München 2000.
Sokel, Walter H.: *Franz Kafka. Tragik und Ironie. Zur Struktur seiner Kunst*, Frankfurt a. M. 1986.
Stach, Reiner: *Kafka. Die Jahre der Entscheidungen*, Frankfurt a. M. 2002.
Stadler, Ulrich: *Kafkas Poetik*, Zürich 2019 [im Druck].

Strelka, Joseph P.: Kafkaesque Elements in Kafka's Novels and in Contemporary Narrative Prose. In: *Comparative Literature Studies* 21/4 (1984), S. 434–444.
Theisohn, Philipp: [Art.] Die Tagebücher. In: *Kafka-Handbuch. Leben – Werk – Wirkung*, hrsg. von Manfred Engel und Bernd Auerochs, Stuttgart/Weimar 2010, S. 378–390.
Uekötter, Frank: *Umweltgeschichte im 19. und 20. Jahrhundert*, München 2007.
Ullrich, Volker: Quietschen, hupen, fauchen. In: *DIE ZEIT* vom 21. Mai 2013 (ZEIT Geschichte, Nr. 2/2013), online unter: https://www.zeit.de/zeit-geschichte/2013/02/theodor-lessing-laerm-kaiserreich (abgerufen am 12. November 2018).
Ursprung, Philip: Whispering Room. Janet Cardiffs erzählerische Räume. In: *Stimm-Welten. Philosophische, medientheoretische und ästhetische Perspektiven*, hrsg. von Doris Kolesch, Vito Pinto und Jenny Schrödl, Bielefeld 2009, S. 67–78.
Utz, Peter: Robert Walsers Ohralität. Eine Einladung, Walsers Werk horchend zu lesen. In: *Neue Zürcher Zeitung* vom 25./26. Oktober 1997 (Nr. 248), S. 52.
Utz, Peter: *Tanz auf den Rändern. Robert Walsers „Jetztzeitstil"*, Frankfurt a. M. 1998.
Voigts, Manfred (Hrsg.): *Franz Kafka. „Vor dem Gesetz". Aufsätze und Materialien*, Würzburg 1994.
Wahl, Horst: *Odeon, die Geschichte einer Schallplattenfirma*, hrsg. von Hansfried Sieben, Düsseldorf 1986.
Walser, Martin: Kafkas Stil und Sterben. In: *DIE ZEIT* vom 26. Juli 1991, online unter: https://www.zeit.de/1991/31/kafkas-stil-und-sterben (abgerufen am 12. November 2018).
Weissberg, Liliane: Singing of Tales. Kafka's Sirens. In: *Kafka and the Contemporary Critical Performance. Centenary Readings*, hrsg. von Alan Udoff, Bloomington 1987, S. 165–177.
Winkelman, John: Kafka's *Forschungen eines Hundes*. In: *Monatshefte* 59/3 (1967), S. 204–216.
Winkler, Markus: Kulturkritik in Kafkas *Der Bau*. In: *Zeitschrift für Deutsche Philologie* 118 (1999), Sonderheft, S. 144–164.
Zilcosky, John: Wildes Reisen. Kolonialer Sadismus und Masochismus in Kafkas *Strafkolonie*. In: *Weimarer Beiträge* 50 (2004), S. 33–54.
Zimmerman, Nadya: Musical Form as Narrator: The Fugue of the Sirens in James Joyce's *Ulysses*. In: *Journal of Modern Literature* 26/1 (Herbst 2002), S. 108–118.

Audioquellen

Moissi, Alexander: Der Erlkönig von Johann Wolfgang von Goethe [Tonaufnahme 1922; Audiodatei mit Untertiteln]. https://www.youtube.com/watch?v=XzBo7thSYtk (abgerufen am 12. November 2018).
Service, Paul: Deep Listening: Pauline Oliveros [Radiosendung]. The Listening Service, BBC Radio 3 vom 5. März 2017. www.bbc.co.uk/programmes/b08h0cc6 (abgerufen am 12. November 2018).

www.ingramcontent.com/pod-product-compliance
Lightning Source LLC
Chambersburg PA
CBHW030111170426
43198CB00009B/573